Die Arbeitsplatzcomputer A 7100 und A 7150

Jörg Buckbesch
Wiesenhof 2, Potsdam,
1585

Die Arbeitsplatzcomputer A 7100 und A 7150

Verlag Die Wirtschaft Berlin

Herausgegeben im Auftrage des VEB Kombinat Robotron
von Dr. sc. techn. Hans-Jürgen Lodahl

Autoren:
Dr.-Ing. Eckehart Stamer
Gerhard Ziese

Lektor:
Petra Tredup

Stamer, Eckehart:
Die Arbeitsplatzcomputer A 7100 und A 7150 /
Eckehart Stamer ; Gerhard Ziese.
Hrsg. vom VEB Kombinat Robotron. - 1. Aufl. -
Berlin : Verl. Die Wirtschaft, 1988. -
192 S. : 20 Abb.
NE: 2. Verf.:

Redaktionsschluß: 30. 6. 1988

ISBN 3-349-00306-0

C Verlag Die Wirtschaft 1988
Am Friedrichshain 22, Berlin, 1055
Lizenz-Nr. 122, Druckgenehmigungs-Nr. 195/121/88
LSV 0395
Einbandgestaltung: Marlies Hawemann
Typografie: Verlag Die Wirtschaft
Printed in the German Democratic Republic
Satz: Schreibsatz / Dr.-Ing. Eckehart Stamer
Druck und buchbinderische Weiterverarbeitung:
(140) Druckerei Neues Deutschland, Berlin
Bestell-Nr.: 676 146 2
01200

Inhaltsverzeichnis

	An den Leser	7
1.	Ihr Arbeitsplatzcomputer A 7100/A 7150	8
1.1.	Gerätekonfiguration und konstruktiver Aufbau	10
1.1.1.	Die Komponenten eines Arbeitsplatzcomputersystems	11
1.1.2.	Architektur, konstruktiver Aufbau und Funktionsprinzipien	14
1.2.	Vom Umgang mit der Hardware Ihres Arbeitsplatzcomputers	22
1.2.1.	Über die Bedienung des Arbeitsplatzcomputers	22
1.2.2.	Nun kann der Arbeitsplatzcomputer kommen	26
2.	Monitorprogramm und Betriebssystem SCP 1700	30
2.1.	Das Monitorprogramm	30
2.2.	SCP 1700: Brücke zwischen 8- und 16-Bit-Computern	32
2.3.	Dateien	33
2.4.	Kommandos: Schnittstelle zwischen Nutzer und Computer	39
2.5.	Beschreibung der wichtigsten Kommandos	41
2.5.1.	Die residenten Kommandos	41
2.5.2.	Die wichtigsten transienten Kommandos	43

PIP, STAT, SUBMIT

3.	Die weiteren Betriebssysteme des Arbeitsplatzcomputers	50
3.1.	DCP	50
3.1.1.	Die wichtigsten Merkmale	50
3.1.2.	Start des Systems	51
3.1.3.	Das DCP-Dateisystem	52
3.1.4.	Einige wichtige Kommandos	55
3.1.5.	Stapeldateien	58
3.1.6.	Die Datei CONFIG.SYS	59
3.1.7.	Kompatibilität zu anderen Betriebssystemen	60
3.2.	MUTOS 1700	60
3.3.	BOS 1810	64

4.	Die wichtigsten Softwareprodukte	66
4.1.	Textverarbeitung	66
4.1.1.	Das Textverarbeitungssystem TEXT 40	66
4.1.2.	Das Textverarbeitungsprogramm TP	68
4.2.	REDABAS	74
4.3.	TABCALC	83
4.4.	Der Grafik-Editor GEDIT	89
4.5.	Geschäftsgrafik mit GRAFIK/M16	101
5.	Kurze Beschreibung weiterer Softwareprodukte	107
5.1.	Informationsrecherche mit AIDOS	107
5.2.	Numerische Mathematik mit NUMATH	109
5.3.	Lösung ökonomischer Aufgaben mit POESY	110
5.4.	Integrierte Bearbeitung von Texten, Datenbanken, Tabellen und Grafik mit ARIADNE	110
5.5.	Statistik mit STAVE	112
5.6.	Tourenplanung und Fahrzeugeinsatz mit TOUR	113
6.	Interpreter und Compiler	114
6.1.	Der BASIC-Interpreter (SCP 1700)	114
6.2.	Die Programmierumgebung PASCAL-886	121
6.3.	Die Arbeit mit konventionellen Compilern	131
6.4.	Compiler für FORTRAN 77	133
6.5.	Compiler für die Programmiersprache C	140
6.5.1.	C unter SCP 1700	141
6.5.2.	C unter DCP	146
6.6.	Compiler für COBOL	156
6.7.	Compiler für Modula-2	162
7.	Der Arbeitsplatzcomputer intern	169
7.1.	Register und Hauptspeicher	169
7.2.	Der interne Aufbau des Betriebssystems SCP 1700	172
7.3.	Der interne Aufbau des Betriebssystems DCP	173
7.4.	Ausblick: Musik nach Noten	174
Anhang 1: Diskettenformate		179
Anhang 2: Was muß ich tun, wenn ich ...		183
Sachwortverzeichnis		191
Literaturverzeichnis		192

An den Leser

Wenn Sie bisher nur wenige oder noch gar keine praktischen Erfahrungen im Umgang mit Computern besitzen, seit kurzer Zeit aber über einen Arbeitsplatzcomputer A 7100 bzw. A 7150 verfügen oder demnächst ein solches Gerät an Ihrem Arbeitsplatz erwarten, dann sind genau Sie der Leser, an den wir uns mit diesem Buch in erster Linie wenden. Gerade von Ihren Informationsbedürfnissen ausgehend haben wir das Wichtigste in für Sie geeigneter Weise zusammengestellt. Als ein Leitfaden für Nutzer des Arbeitsplatzcomputers kann und soll die Broschüre keinesfalls Betriebsdokumentationen und Spezialliteratur ersetzen. Sie sollen durch dieses Buch in erster Linie zur praktischen Arbeit befähigt werden. Dazu gehört aber selbstverständlich nicht nur einführendes Grundlagenwissen, wie Sie es in den ersten Kapiteln des Buches finden.
In den nachfolgenden Kapiteln steigen die Anforderungen an die Vorbildung des Lesers. Wenn Sie sich noch nicht zu den fortgeschrittenen Anwendern eines Arbeitsplatzcomputers zählen können, werden Sie einige Informationen dieser Kapitel erst mit Gewinn nutzen können, nachdem Sie die jetzt erst einmal zu erwerbenden Grundkenntnisse durch eigene praktische Erfahrungen in der täglichen Arbeit vertieft haben. Es ist ohnehin vorgesehen, in einer zweiten Broschüre weitere Hinweise und Erfahrungen für die effektive Nutzung des Arbeitsplatzcomputers zu vermitteln.
Die Rechner A 7100 und A 7150 sind in ihrer Leistungsfähigkeit abgestufte Varianten eines einheitlichen Arbeitsplatzcomputersystems. Neben Unterschieden in der konkreten konstruktiven Lösung und vor allem in der Softwarebasis weisen sie eine ganze Reihe übereinstimmender Merkmale auf. Deshalb werden die beiden Rechner immer dann miteinander verglichen, wenn es um Unterschiede zwischen ihnen geht. Wird schlechthin vom "Arbeitsplatzcomputer" gesprochen, gelten die Aussagen für beide Computer gleichermaßen.
Bei alledem gehen wir, wie schon eingangs angedeutet, von den Anforderungen aus, die ein Nutzer des Arbeitsplatzcomputers, der weder Elektroniker noch Systemprogrammierer ist, an ein einführendes Buch hat.

Herausgeber und Autoren

1. Ihr Arbeitsplatzcomputer A 7100/A 7150

Der Arbeitsplatzcomputer eignet sich für einen universellen Einsatz im Bereich der Büroautomatisierung, insbesondere für Abrechnungsaufgaben, Grafikarbeit, wissenschaftlich-technische Berechnungen und Textverarbeitung sowie als Terminal in größeren Informationssystemen. Das für Sie relevante Betriebssystem bei der Arbeit mit dem A 7100 ist SCP 1700. Beim A 7150 handelt es sich um eine Weiterentwicklung des Arbeitsplatzcomputers A 7100. Seine erweiterten Einsatzmöglichkeiten beruhen einmal auf einer leistungsstärkeren Peripherie, sodann auf dem zusätzlichen für Sie wichtigen Betriebssystem DCP. Dieser Rechner eignet sich hervorragend für leistungsfähige CAD-Arbeitsplätze.
Der Grundaufbau des Arbeitsplatzcomputers umfaßt neben dem Auftisch-Grundgerät ein absetzbares Bildschirmgerät und die am Kabel frei bewegliche Tastatur.
Kernstück des Arbeitsplatzcomputers ist das sowjetische Mikrorechnerschaltkreissystem K 1810 mit dem 16-Bit-Mikroprozessor K 1810 WM 86. Neben der identischen mikroelektronischen Basis weisen beide Varianten des Arbeitsplatzcomputers auch eine weitgehend übereinstimmende konstruktive Lösung auf. Eine modulare Leiterplattentechnologie, der gleiche Systembus (der im SKR standardisierte Mikrorechnerbus I-41) sowie die Realisierung der Logikbaugruppen als abgeschlossene Funktionseinheiten sind übereinstimmende charakteristische Merkmale beider Rechner.
Am äußeren Erscheinungsbild (vgl. die beiden Abbildungen auf dem Außenumschlag) lassen sich die beiden Rechnergrundgeräte (RGG) K 1710 (A 7100) und K 1711 (A 7150) unschwer unterscheiden. Daneben sind aber auch bereits von außen gewisse Kennzeichen der grundlegenden Hardware-Lösung zu sehen, die für beide Rechner gleichermaßen typisch ist. Die "Gesichter" der beiden Computer werden von der unterschiedlichen Anordnung der Diskettenlaufwerke geprägt. Beim A 7100 liegen die Disketteneinführschlitze der beiden Laufwerke nebeneinander, während die Laufwerke beim A 7150 übereinander gesetzt wurden, um Platz zu schaffen für den Festplattenspeicher. Dieser kann dadurch in dem Raum hinter der glatten Frontblende (Mitte der Stirnseite) im RGG des A 7150 untergebracht werden.
Die genannten Äußerlichkeiten weisen bereits auf einen der wesentlichen Unterschiede in der Leistungsfähigkeit der beiden Rechner hin, der sich hier in den externen Speichermöglichkeiten zeigt.
Von außen erkennbare grundsätzliche Übereinstimmungen in der Konstruktion der beiden Arbeitsplatzcomputer zeigt die Rückansicht. Spätestens bei der ersten Betätigung des Netzsteckers müssen Sie ohnehin einen Blick auf die Rückwand des RGG werfen. Sie sehen dann, vom Durchbruch der äußeren Rückwand freigelegt, mehrere metallene Blenden von jeweils etwa 20 mm Höhe in waagerechter Anordnung zu einer "inneren" Rückwand zusammengefügt

(vgl. die Abbildungen 1a und 1b). Hierbei handelt es sich um Frontblenden der sieben Logikmodule, die von den im hinteren Teil des RGG angeordneten Steckplätzen aufgenommen werden.
Stellen Sie sich hinter diesen Frontblenden jeweils eine in der Ebene liegende mehrlagige Leiterplatte vor, die einfach in das RGG hineingeschoben und schließlich über Steckkontakte angeschlossen wurde, und Sie haben bereits einen Eindruck vom modularen (abwandelbaren, erweiterungsfähigen) Aufbau des Arbeitsplatzcomputers.
Die Leiterplatte mit den auf ihr verschalteten Bauelementen verkörpert eine in sich geschlossene Funktionseinheit. Dadurch erst wird der modulare Aufbau aus derartigen Funktionseinheiten (**Logikmodulen**) möglich.

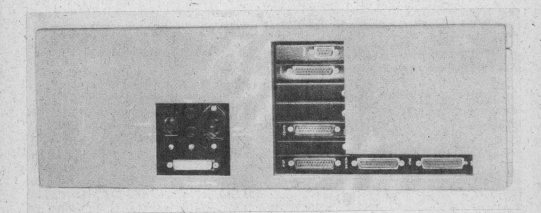

Abbildung 1a
Rückansicht des Arbeitsplatzcomputers A 7100

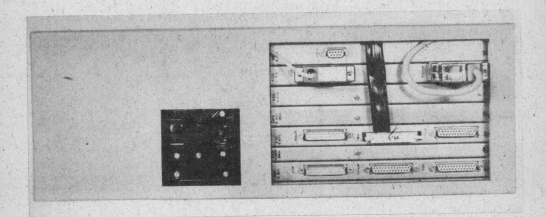

Abbildung 1b
Rückansicht des Arbeitsplatzcomputers A 7150

Jede der sichtbaren Frontblenden kann also einen Logikmodul hinter sich verbergen, der sich relativ einfach auswechseln läßt. Und tatsächlich existieren zum Beispiel die Zentrale Verarbeitungseinheit oder der Operativspeicher (Hauptspeicher) des Arbeitsplatzcomputers als abgeschlossene Logikmodule in der eben beschriebenen Form (siehe Abbildung 2 auf S. 16).
Gemeinsamkeiten, aber auch bedeutende Unterschiede zwischen den beiden Arbeitsplatzcomputern A 7100 und A 7150 zeigen sich wie bei der Hardware auch bei der Betrachtung der Softwarebasis. Das in den nachfolgenden Kapiteln ausführlicher vorgestellte Betriebssystem SCP 1700 ist für Sie am A 7100 das Hauptbetriebssystem. Ebenso kann man mit SCP 1700 auch auf dem A 7150 arbeiten; dieser Rechner verfügt aber im Unterschied zum A 7100 auch über das Betriebssystem DCP, das voll kompatibel zu den international für diese Klasse von Rechnern am häufigsten eingesetzten Betriebssystemen ist. Damit wird Ihnen die Nutzung eines reichhaltigen Softwareangebots ermöglicht.
Andere Betriebssysteme dürften für Ihre Zwecke nur in seltenen Fällen von Interesse sein.

1.1. Gerätekonfiguration und konstruktiver Aufbau

Der aus der Astronomie stammende Begriff der Konfiguration ist bereits seit vielen Jahren in der elektronischen Rechentechnik eingeführt. Ähnlich wie man dort eine auffällige Gruppierung von Gestirnen als Konfiguration bezeichnet, verstehen wir eine aufgabenbezogene Gruppierung bestimmter Gerätekomponenten der Informationsverarbeitungstechnik als Konfiguration. Die sogenannte Grundkonfiguration des Arbeitsplatzcomputers ist die Zusammenstellung seines Rechnergrundgerätes mit den für die meisten Nutzerbelange wichtigsten Peripheriegeräten Tastatur und Bildschirmeinheit. Die Grundkonfiguration ist die minimale Gerätekombination, ohne die Sie als Nutzer überhaupt nicht in einen Dialog mit dem Arbeitsplatzcomputer eintreten können. Mit Hilfe der Tastatur geben Sie Ihren Dialogbeitrag in den Rechner ein, während Sie vom Bildschirm sowohl das "Echo" Ihrer Eingaben wie auch die Dialogausgaben des Rechners entnehmen können. Dabei handelt es sich sowohl um Ergebnisse der von Ihnen mit Hilfe der Tastatur (Tastaturkommandos) veranlaßten Rechnertätigkeit wie auch um "aktive" Dialogbeiträge des Computers, zum Beispiel in Form einer Aufforderung zur Eingabe eines Kommandos oder von Daten.
Das für Sie nächstwichtige Gerät ist der Drucker. Er ermöglicht es Ihnen, alles schwarz auf weiß "mit nach Hause zu nehmen", was der Dialog mit dem Rechner für Sie als Ergebnis erbrachte. Oft wird der Systemdrucker auch als zur Grundkonfiguration gehörend betrachtet. Verschiedenartige weitere Geräte in der "Peripherie" des Rechners erweitern den Grundaufbau zu einer aufgabenbezogenen Konfiguration des Rechnersystems.
Unter dem konstruktiven Aufbau eines Rechnersystems wollen wir in Abgrenzung zur "Konfiguration" die technische Realisierung der inneren Struktur des Computers und gegebenenfalls die seiner peripheren Geräte verstehen. Dieser Aspekt berührt im Gegensatz zur Konfiguration des Rechnersystems die spezielle Anwendung nur indirekt. Sie als Nutzer des Arbeitsplatzcomputers benötigen für Ihre Arbeit am Rechner zwar nur begrenzte Kenntnisse über sein konstruktives Innenleben, als interessierter Anwender der Rechentechnik werden Sie an diesen Hardware-Fragen aber nicht ganz achtlos vorbeigehen wollen.

1.1.1. Die Komponenten eines Arbeitsplatzcomputersystems

Die verschiedenartigen Aufgaben, die mit Hilfe eines Arbeitsplatzcomputers gelöst werden können, lassen sich im wesentlichen danach in zwei Klassen gliedern, ob vorrangig nur alphanumerische Ergebnisinformationen benötigt werden oder ob auch Grafik-Anwendungen realisiert werden müssen. Diese Frage wirkt sich entscheidend auf die Konfiguration des Rechnersystems aus.
Für Anwendungsfälle der erstgenannten Art ist in der Regel die Grundkonfiguration möglichst unter Einschluß eines Druckers als Gerätebasis ausreichend. Vorwiegend grafikorientierte Anwendungen stellen besondere Anforderungen an die Bildschirmwiedergabe und erfordern meist auch eine größere Peripherie, insbesondere die Grafikarbeit unterstützende Eingabe- und Ausgabegeräte.
In der Hardware-Übersicht 1 sind die wichtigsten Geräte und Gerätekomponenten zusammengestellt, aus denen eine Ihren konkreten Aufgabenstellungen entsprechende Konfiguration des Arbeitsplatzcomputersystems gebildet werden kann. Es sind nur typische Gerätekomponenten aufgeführt, und Vollständigkeit wurde nicht angestrebt.
Nachfolgend werden lediglich einige der in der Hardware-Übersicht 1 aufgeführten Geräte bzw. ausgewählte Einzeldaten miteinander verglichen und ergänzende Hinweise gegeben. Das Studium der Betriebsdokumentation zum jeweiligen Gerät kann durch das Lesen dieser Zeilen also nicht ersetzt werden.
Der Vergleich der beiden Laufwerkstypen K 5600.20 und K 5601 ergibt neben der halbierten Bauhöhe (slim-line-Ausführung) des Laufwerks K 5601 die verdoppelte Speicherkapazität je Diskette als wichtigsten Unterschied. Bei sonst gleichen oder nur unerheblich abweichenden Kenndaten ist dies allein durch das doppelseitige Arbeiten des neuen Laufwerks bedingt. Natürlich können Sie diesen Vorteil nur voll erschließen, wenn Sie im Laufwerk K 5601 doppelseitig nutzbare Disketten einsetzen. Der Hersteller des Laufwerks schreibt ohnehin vor, daß als Datenträger nur klassifizierte Disketten mit 5.25" Durchmesser verwendet werden dürfen, wenn diese vom Diskettenhersteller für die doppelseitige Arbeit (DS) mit doppelter Dichte (DD) zugelassen wurden.
Der Magnetkopf bzw. Doppelkopf des Diskettenlaufwerks wird in festen Schritten von der äußersten Spur in Richtung Diskettenmittelpunkt und umgekehrt bewegt. Nur wenn sich der Kopf in feststehender Position befindet, kann er Informationen lesen oder schreiben. Dabei fixiert er auf der sich unter (über) ihm drehenden Diskette einen Kreis, die "Spur" (track) bzw. den Zylinder. Die Schrittzeiten von Spur zu Spur sind also für die Informationsaufnahme bzw. -abgabe ungenutzte Zeit. Die Schrittgeschwindigkeit von Spur zu Spur ist deshalb ein weiteres Leistungsmerkmal für Diskettenlaufwerke.
Eine Erhöhung der externen Speichermöglichkeiten beim A 7150 gegenüber den Angaben in der Hardware-Übersicht 1 ist möglich, wenn die dazu erforderlichen Arbeiten vom Anwender selbst ausgeführt werden können. Es ist nämlich möglich, Plattenspeicher mit bis zu 8 Arbeitsflächen und maximal 1024 Zylindern anzuschließen. Wenn der Einbau-Festplattenspeicher des A 7150 nicht in Normalbauform (Höhe 82 mm), sondern in halber Bauhöhe (slim-line) ausgeführt ist, kann im Rechnergrundgerät eine weitere Speicherbaugruppe (zum Beispiel ein zweiter Festplattenspeicher oder ein Kassettenmagnetbandstreamer) in slim-line-Bauform Aufnahme finden. Das Rechnergrundgerät ist dafür konstruktiv vorbereitet.

Hardware-Übersicht 1
Gerätetechnische Komponenten des Arbeitsplatzcomputersystems

Rechnergrundgerät	K 1710 (A 7100), K 1711 (A 7150)
Maße (H*B*T)	174 mm * 486 mm * 451 mm
Masse	etwa 22 kg
Bedienfeld (Frontpaneel)	RESET-Taste, optische Anzeigen (Netzausfallkontrolle, Lüfterüberwachung), akustisches Signal nur A 7150: Laufanzeige für Festplattenspeicher

Diskettenlaufwerke (im Grundgerät)	K 5601 und zu diesem Laufwerk kompatible Laufwerke: A 7100, A 7150
	  Masse: 1.3 kg; Bauhöhe: 41.5 mm
	  2 Arbeitsflächen; 2 * 80 Spuren; MFM
	  1 MByte Speicherkapazität unformatiert
	  Schrittzeit Spur/Spur: 3 ms
	  Spurdichte: 96 Spuren/Zoll
	K 5600.20: nur A 7100
	  Masse: 1.5 kg; Bauhöhe: 82.6 mm
	  1 Arbeitsfläche; 1 * 80 Spuren; MFM
	  0.5 MByte Speicherkapazität unformatiert
	  Schrittzeit Spur/Spur: 8 ms
	  Spurdichte: 96 Spuren/Zoll

Festplattenspeicher (im Grundgerät)	K 5504 in verschiedenen Ausführungen: nur A 7150
	  Masse: 1.4 kg; Bauhöhe: 41.4 mm
	  Die weiteren technischen Daten sind abhängig von der eingesetzten Ausführung. Häufig werden diese Ausführungen eingesetzt:
	  - 6 Arbeitsflächen; 6 Köpfe, 820 Zylinder
	    51.25 MByte Speicherkapazität unformatiert
	  - 4 Arbeitsflächen; 4 Köpfe, 615 Zylinder
	    25.52 MByte Speicherkapazität unformatiert

Tastatur	K 7672.03: A 7100, A 7150
	  Masse: ca. 2 kg; Höhe: 27 mm;
	  104 Tasten; 4 Zeichensätze, Scan-Codes
	K 7672.01: nur A 7100; Daten wie K 7672.03, ohne Abtastcodes (siehe Abschnitt 7.3.)
	K 7637.91: nur A 7100
	  Masse: 4.5 kg; Höhe: 60 mm
	  106 Tasten, 3 Zeichensätze

Bildschirm	K 7229.22, K 7229.24:
	  A 7100: alphanumerische und grafische Varianten
	  A 7150: alphanumerische Varianten
	  Bildfeldgröße: 220 mm * 138 mm
	K 7229.25: nur A 7150
	  Bildfeldgröße: 220 mm * 165 mm
	Alle Bildschirme: Masse mit Fuß: 18 kg; dreh- und neigbar; Bildröhre monochromatisch, grün, reflexgemindert; Bildschirmdiagonale 31 cm

Hardware-Übersicht 1 (Fortsetzung)

Nadeldrucker	K 6313/K 6314: A 7100, A 7150
	Masse: 7 kg/9 kg
	Maße (B*H*T): 370 mm/520 mm * 130 mm * 280 mm
	Druckbreite: 203 mm/345 mm (80/136 Zeichen)
	Druckgeschwindigkeit: 100 Zeichen/s
	Bis zu 2 Durchschläge + Original (max. 0.3 mm)
	Zeichenmatrix: 9 * 9 Punkte
	Verschiedene Schriftarten und -breiten sowie
	Grafikdruck (Einzelnadelansteuerung) möglich
Grafisches Tablett	K 6405: A 7100, A 7150
	Masse: 5 kg
	Maße (B*H*T): 490 mm * 45 mm * 385 mm
	Aktive Arbeitsfläche: 297 mm * 210 mm
	Auflösung: 0.1 mm
	Meßwertaufnehmer: Stift oder Kursor (Fadenkreuz)
Plotter	K 6418: A 7100, A 7150
	Masse: 16 kg
	Maße (B*H*T): 520 mm * 140 mm * 510 mm
	Format: A3; Arbeitsfläche: 420 mm * 297 mm
	Adressierbare Koordinatenpunkte: 3700 * 2700
	(Schrittweite: 0.1 mm)
	Zeichengenauigkeit: mindestens 0.1 mm
	Zeichengeschwindigkeit in Achsrichtung: 240 mm/s
	Stiftwechsel von Hand
	K 6411: A 7100, A 7150
	Masse: 48 kg
	Maße (B*H*T): 830 mm * 230 mm * 675 mm
	Format: A2; Arbeitsfläche: 604 mm * 440 mm
	Adressierbare Koordinatenpunkte: 24160 * 17600
	(kleinste adressierbare Schrittweite: 0.025 mm)
	Zeichengenauigkeit: mindestens 0.1%
	Zeichengeschwindigkeit in Achsrichtung: 600 mm/s
	Stiftwechsel programmgesteuert,
	Magazin (8 Stifte)
Digitalisiergerät	K 6401: A 7100, A 7150
	Format: A2; aktive Arbeitsfläche: 594 mm * 420 mm
	Auflösung: 0.01 mm
	Meßwertaufnehmer: Stift oder Kursor (Fadenkreuz)
	Einzelpunkt- oder kontinuierliche Meßwertaufnahme
	K 6404: A 7100, A 7150
	Format: A0
	aktive Arbeitsfläche: 841 mm * 1189 mm
	Auflösung: 0.01 mm
	Meß- und Auswerteeinheit mit Kursor und Stift
	Einzelpunkt- oder kontinuierliche Meßwertaufnahme
	GKS-Metafilestation oder GKS-Workstation

Bei der Verarbeitung grafischer Informationen ist es angebracht, die Peripherie des Arbeitsplatzcomputers um das Grafische Tablett K 6405 zu erweitern. Es erlaubt als Bediengerät für die Grafikarbeit die gewünschte Bewegung des Bildschirmkursors, die Eingabe grafischer Daten und eine Digitalisierung grafischer Informationen im Rahmen seines Formats und seiner Genauigkeit (siehe Hardware-Übersicht 1).
Für die grafische Ausgabe von Ergebnissen der Informationsverarbeitung mit Arbeitsplatzcomputern (Diagramme, Karten, Zeichnungen u. a. grafische Gebilde) eignen sich besonders die Plotter K 6418 und K 6411. Diese Grafik-Peripheriegeräte enthalten einen eigenen Mikrocomputer, der die vom Arbeitsplatzcomputer empfangenen Kommandos (mit zugehörigen Parametern) auswertet und einen Schreibwagen (mit Schreibstift) sowie die elektrostatische Papierhalterung steuert. Der plottereigene Rechner verleiht dem Gerät ein sogenanntes Ortsbewußtsein. Dazu ist die Schreibfläche des Plotters in ein virtuelles Koordinatenfeld eingeteilt, dessen Punktabstände den angegebenen Schrittweiten (siehe Hardware-Übersicht 1) entsprechen.
Als grafikfähige Ausgabegeräte kommen für viele Anwendungen auch die Nadeldrucker K 6313/K 6314 in Betracht. Spezielle Befehle für den Einzelpunktmodus und unterschiedlich setzbare Zeilenabstände ermöglichen mit diesen Druckern eine ansprechende Grafikausgabe.
Auch mit einem AC A 7100 läßt sich eine alle aufgeführten Peripheriegeräte umfassende Konfiguration für anspruchsvolle Grafikarbeit realisieren. Voraussetzung ist allerdings, daß das Rechnergrundgerät mit allen nötigen Anschlußsteuerungen (Logikmodulen) bestückt ist (siehe Abschnitt 1.1.2.). In der Praxis ließe sich dann eine derart umfassende Konfiguration mit dem A 7100 im Mittelpunkt nicht nur als Büroarbeitsplatz mit Aufgabenstellungen der Leitungsgrafik, sondern auch als Digitalisierungsarbeitsplatz für die rechnergestützte Verarbeitung grafischer Informationen oder als Arbeitsplatz für interaktiven Entwurf, für die Manipulation grafischer Darstellungen und weitere Aufgaben einsetzen. Die Beschränkung der Möglichkeiten an solchen Arbeitsplätzen gegenüber gleichen mit dem A 7150 im Zentrum ist nicht durch eine unterschiedliche Architektur des Rechnersystems, sondern durch die weniger reichhaltige Softwarebasis begründet.

1.1.2. Architektur, konstruktiver Aufbau und Funktionsprinzipien

Die Architektur eines Computers ist das grundlegende Regelwerk für das Zusammenwirken aller seiner Komponenten. Die Architektur des Arbeitsplatzcomputers gestattet die Bildung von unterschiedlichen, an viele Bedürfnisse der Nutzer anpaßbare Konfigurationen.
Jede konkrete Gerätekonfiguration eines Computersystems bedarf einer entsprechend modifizierten Gerätesteuerungselektronik im Rechner.
Beim Arbeitsplatzcomputer gewährleistet der leicht austauschbare Einsatz von Geräteanschlußsteuerungen in Form abgeschlossener Funktionseinheiten eine flexible Konfigurierung der Gerätetechnik.
Die Grundidee der Architektur des Arbeitsplatzcomputers ist die Bildung von Logikmodulen, die jeweils eine abgeschlossene Funktion ausführen, und die steckbare Verbindung aller Logikmodule untereinander über das rechnerinterne Bussystem.
Physisch ist diese Grundidee durch die Ausführung des Bussystems in Form von Rückverdrahtungsleiterplatten mit Steckverbindern für die Logikbaugruppen realisiert. Die Logikmodule sind in der Tat einfach auf den

Systembus bzw. auf Nebenbusse aufgesteckt und können ohne größere Mühe ausgewechselt, ausgetauscht oder erneuert werden. Derartige Um- oder Nachrüstungen können bei fachlicher Befähigung auch vom Nutzer des Arbeitsplatzcomputers selbst vorgenommen werden. Diese Variabilität des logischen Rechneraufbaus gestattet es, den Arbeitsplatzcomputer als ein offenes, jederzeit erweiterbares System zu betrachten.
In der Hardware-Übersicht 2 sind die für Sie wichtigsten Logikmodule aufgeführt, die im Rechnergrundgerät des Arbeitsplatzcomputers zum Einsatz kommen können.
Außerdem können die Module durch Schalter und Wickelbrücken auf weitere Einsatzfälle eingestellt werden. Während manche dieser Einstellarbeiten nur dem speziell qualifizierten Nutzer vorbehalten bleiben müssen oder nur vom Hersteller oder dessen Kundendienst ausgeführt werden dürfen, sind jedem Nutzer unter Beachtung der Betriebsdokumentation vor allem die notwendigen Einstellungen zur Anpassung von Interfaceanschlüssen an die Anforderungen von Peripheriegeräten gestattet. Dies betrifft zum Beispiel für das IFSS die Einstellung aktiv/passiv. Die Schnittstelle V.24 wird bei der Prüfung im Werk und durch Testsoftware (PSU) synchron betrieben und ist daher werksseitig entsprechend eingestellt. Viele Peripheriegeräte betreiben diese Schnittstelle jedoch asynchron, dazu ist ein entsprechender Schalter auf dem Modul ASP umzuschalten.
Sie entnehmen der Hardware-Übersicht 2, daß einige Logikmodule des A 7100 unverändert auch im A 7150 genutzt werden. Die Zentrale Verarbeitungseinheit (ZVE) sowie die Kontroller für Externspeicher (KES) und Grafik-Subsystem (KGS) unterscheiden sich bei beiden Computern durch die für den A 7150 geänderte Firmware, während die Grafische Bildschirmsteuerung K 7075 eine völlige Neuentwicklung ist. Dieser neue Logikmodul ABG K 7075 benötigt wegen einer größeren Bauhöhe (26 mm) den Steckplatz P 7, der beim A 7150 mit 27.5 mm vom übrigen Steckrastermaß des Arbeitsplatzcomputers

Hardware-Übersicht 2
Funktionseinheiten und andere Baugruppen des Arbeitsplatzcomputers

Funktionseinheit (Logikmodul)	A 7100, A 7150	nur A 7100	nur A 7150
ZVE (Zentrale Verarbeitungseinheit)		K 2771.10	K 2771.30
NDP (Numerikdatenprozessor)			K 2075
OPS (Operativspeicher 256 KByte)	K 3571		
KES (Kontroller Externspeicher)		K 5170.10	K 5170.20
AFS (Anschlußsteuerung Folienspeicher)		K 5171.10	K 5171.20
AFP (Anschlußsteuerung Festplattensp.)			K 5172
ABS (Alphanumerische Bildschirmanst.)	K 7071		
KGS (Kontroller Grafiksubsystem)		K 7070.10	K 7070.20
ABG (Anschlußsteuerung Bildsch., graf.)		K 7072	K 7075
ASP (Anschlußsteuerung für serielles/ paralleles Interface)	K 8071		

Hardware-Übersicht 2 (Fortsetzung)

Baugruppen

Verdrahtungsbaugruppe: Verteilung der Netz= und Kleinspannungen sowie logischer Signale über 2 Rückverdrahtungsleiterplatten (Mehrlagenleiterplatten, 130 mm * 100 mm) mit 96poligen indirekten Steckverbindern nach IEC 603.2 Typ C6-F-C1H DIN 4112 (Federleiste).
Modulaufnahme: 10 Plätze für Steckeinheiten (Logikmodule); Kassette mit den Steckplätzen P1 (unten) bis P7 (oben) im linken hinteren Teil des Rechnergrundgerätes, Steckplätze P8 bis P10 vorn unter den Einbau-Externspeichern. Steckraster: 15.24 mm (P2, P8 - P10), 20.32 mm (P1, P3 - P6), 20.32 mm (P7, A 7100), 27.5 mm (P7, A 7150).
Frontbaugruppe: Lüfterüberwachung, Netzausfallkontrolle, Ferneinschaltung/RESET-Taste, 3 Anzeigen, akustisches Signal.
Stromversorgung: 3 Module: STM 5 V/40 A, STM +5 V/0.1 A, STM +12 V/4 A; -12 V/0.5 A; Netzeingang: Wechselspannung 220 V +10%/-15%, 47 - 63 Hz; 2 Axiallüfter, Zwangsbelüftung von links nach rechts, Luftfilterung durch Matte im linken Seitenteil.

Abbildung 2
Logikmodul ZVE eines AC A 7150

abweicht (vgl. Hardware-Übersicht 2, Baugruppe Modulaufnahme). Ebenfalls eine Neuentwicklung für den A 7150 ist die Anschlußsteuerung für Festplattenspeicher (AFP) K 5172.
Der Numerikdatenprozessor (NDP) K 2075 gehört nicht zur Standardausrüstung des A 7150. Er ist eine optionale Zusatzbaugruppe zur ZVE K 2771.30 und benötigt keinen eigenen Steckplatz. Durch den Einsatz des NDP kann die Leistungsfähigkeit des A 7150 in bezug auf die Verarbeitung numerischer Daten um ein mehrfaches gesteigert werden, wenn Software eingesetzt wird, die den NDP unterstützt.
Die Abbildung 2 zeigt als Beispiel für einen Logikmodul die ZVE K 2771.30 mit NDP.
Die Weiterentwicklung der Firmware beim A 7150 bewirkt vor allem seine DCP-Fähigkeit. So enthält der EPROM der ZVE K 2771.30 neben den fest eingeschriebenen Programmen Monitor und ACT neu die Firmware-Komponente ROM-IO. Von ihr wird der physische Verkehr zwischen den E/A-Kontrollern und dem Betriebssystem DCP organisiert, sobald bei Beginn des Betriebssystem-Ladens der Typus von DCP erkannt worden ist.

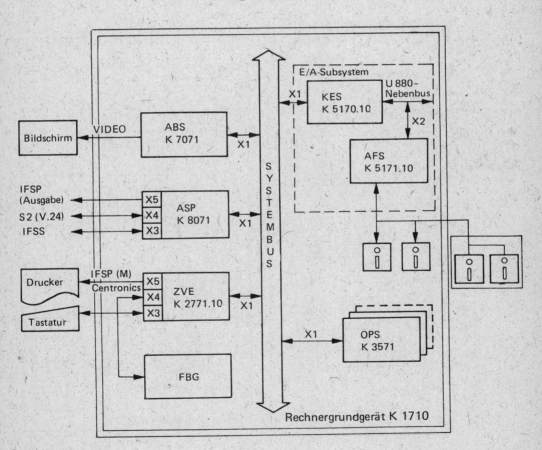

Abbildung 3a
Logikstruktur des Arbeitsplatzcomputers A 7100

Während sich beim Betriebssystem SCP 1700 die entsprechende Komponente (BIOS) immer im Hauptspeicher befindet, ist sie für DCP grundsätzlich in einem Festwertspeicher (ROM) abgelegt. Allerdings wird auch unter DCP die Möglichkeit genutzt, weitere Komponenten zur Ergänzung des ROM-IO (zum Beispiel zur Unterstützung spezieller Peripheriegeräte) von einer Diskette oder Festplatte in den Hauptspeicher nachzuladen. Unter DCP erfolgt unter anderem, wenn nötig, eine automatische Uminitialisierung der Diskettenlaufwerke.
Die Abbildungen 3a und 3b verdeutlichen die Realisierung der Logikstruktur bei den Arbeitsplatzcomputern A 7100 und A 7150 sowie den rechnerinternen Ursprung jedes nach außen führenden Interfaces.
Die Abbildung 3c gewährt Ihnen einen Blick hinter das Gehäuse Ihres Arbeitsplatzcomputers. Sie können dadurch eine Vorstellung von der räumlichen Anordnung der in der Hardware-Übersicht 2 aufgelisteten Baugruppen innerhalb des Rechnergrundgerätes gewinnen.
Die in der Mitte des Rechnergrundgerätes querstehende Verdrahtungsbaugruppe (1) teilt gewissermaßen das Innere des Rechners in einen vorderen und einen hinteren Bereich.

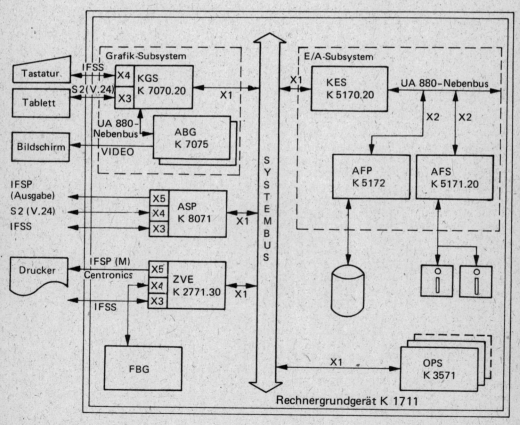

Abbildung 3b
Logikstruktur des Arbeitsplatzcomputers A 7150

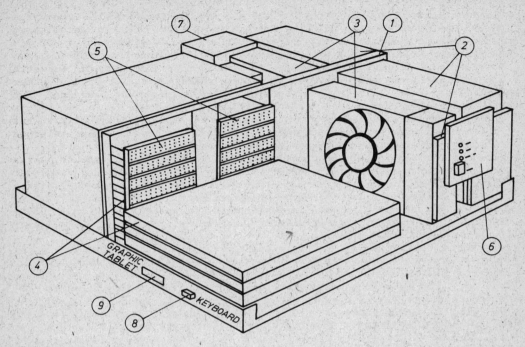

Abbildung 3c
Konstruktiver Aufbau des Arbeitsplatzcomputers (intern)

Ähnlich ist eine markante Längsteilung erkennbar. Rechts sind von hinten und von vorn die Stromversorgungen (2) und Lüfter (3) an die Verdrahtungsbaugruppe angelagert. Links führen ebenfalls von hinten wie von vorn die Steckplätze (4) für Logikmodule an die Verdrahtungsbaugruppe heran und erlauben das Aufstecken der Module auf die Rückverdrahtungsleiterplatten (5), die das rechnerinterne Bussystem repräsentieren. Die 96poligen Bussteckverbindungen tragen die Kennzeichnungen X1 oder X2 (siehe auch die Kennzeichnungen in den Abbildungen 3a und 3b). Die Steckverbinderreihe X1, die auf den rückwärtigen Steckplätzen 1 bis 7 durchgängig realisiert ist, bildet den Systembus. Die Steckverbinderreihe X2 ist unterteilt und kann dadurch zwei Subsystembusse mit 2 bzw. 5 Anschlußplätzen (Steckplätze 6 und 7 bzw. 5, 10, 9, 4 und 8) bilden.
Der in der Skizze der Überschaubarkeit wegen freigelassene Raum oberhalb der vorderen Steckplätze ist der Platz für die Einbau-Externspeicher. Vorn rechts befindet sich die Frontbaugruppe (6), an der Rückseite des Rechners der Netzeingang (7).
An der linken Außenwand des Rechnergrundgerätes sehen Sie die Interface-Anschlüsse für die Tastatur (8) und das Grafische Tablett (9). Alle übrigen Interface-Anschlüsse werden 25polig bzw. 9polig (VIDEO) an der Rückseite des Rechnergrundgerätes herausgeführt, entweder direkt aus den Logikmodulen ZVE, ASP, ABS bzw. KGS und ABG oder über Bandkabel von einem vorderen Steckplatz aus dem Modul AFS zum Rechnergrundgerät-Gehäusestecker (Anschlußmöglichkeit für eine zusätzliche Minifolienspeichereinheit; nur A 7100).

Das rechnerinterne Bussystem besteht aus dem Systembus und in der hier vereinfacht betrachteten Struktur aus einem oder zwei lokalen Nebenbussen für das Eingabe/Ausgabe-Subsystem und das Grafik-Subsystem.
Subsysteme lassen sich wie im Falle der alphanumerischen Bildschirmsteuerung auf einem Modul (ABS K 7071) realisieren oder sind bei größerem Funktionsumfang über einen eigenen Nebenbus und den intelligenten Kontroller, der mit dem Mikroprozessor U 880 bestückt ist, mit dem Systembus verbunden. Dieses Multiprozessorsystem erlaubt eine Parallelarbeit von ZVE und intelligentem Subsystem, verringert die Systembusbelastung und ermöglicht darüber hinaus eine Reihe weiterer günstiger Effekte. Die ZVE kann so zeitunabhängiger arbeiten und wird von spezifischen Kontrollerfunktionen entlastet.
Der im Unterordnungsbetrieb (Master-Slave-Prinzip) universell arbeitende Systembus ist multimasterfähig, er erlaubt daher nicht nur den Anschluß mehrerer Slaves, sondern auch den mehrerer Master. Den Zugriff der Master zu den Busressourcen regelt ein Busmasterwechselsystem, das prioritätsabhängig die Zugriffsrechte über Arbitrage-Schaltungen (Schiedsrichterfunktion) erteilt.
Ein Master, der zur Zeit nicht im Busbesitz ist, bewirbt sich bei Bedarf durch das Aussenden sogenannter Arbitrage-Signale um den Bus. Die Zuweisung des Busses, die Arbitrage, erfolgt dann frühestens nach Ablauf des auf dem Systembus gerade erfolgenden Datenübertragungszyklus. Der prioritätshöchste sich bewerbende Master erhält den Busbesitz zugesprochen und kann seinen Datenübertragungszyklus durchführen. Die Wartezeit bis zum Erhalt des Busbesitzes wird durch WAIT-Takte des Prozessors überbrückt.
Als Busmaster fungieren die ZVE und das E/A-Subsystem. Das Grafik-Subsystem arbeitet am Bus ebenso als Slave wie alle übrigen am Systembus gesteckten Module.
Jeder Master arbeitet zeitlich autonom nach eigenem Programm mit seinen lokalen Einheiten und Ressourcen. Bei Bedarf führt er dann auch Zugriffe zu Slaves am Systembus durch. Dabei verhindert die Arbitrage den gleichzeitigen Zugriff mehrerer Master.
Der Busmaster beginnt einen Buszyklus, indem er Adreßsignale (gegebenenfalls auch Datensignale) an den Bus anlegt und anschließend ein Kommando erteilt. Der durch Adresse und Kommando angesprochene Slave reagiert zum Beispiel durch Übernahme der Schreibdaten bzw. durch Bereitstellung von Lesedaten und bestätigt abschließend die Übertragung mit einem Quittungssignal. Auf diese Weise kann jeder Master zu jedem Slave zugreifen.
Die Subsysteme erhalten Aufträge vom ZVE-Programm nach festvereinbarten Kommunikationsregeln, die allerdings bezüglich ihres Niveaus sehr unterschiedlich sind. So stellt zum Beispiel die alphanumerische Bildschirmsteuerung ABS für die interne Arbeit ein Subsystem mit eigenem Prozessor dar, arbeitet aber am Bus als Slave nur passiv, das heißt nur auf Anforderung eines Masters. Der alternativ zur ABS zum Einsatz kommende Kontroller für das Grafik-Subsystem KGS arbeitet am Systembus analog als Slave, der innere Prozessor bildet aber das Subsystem über den U 880-Nebenbus "Grafik". Beim KGS des A 7150 kommt als weiterer Niveauunterschied noch hinzu, daß die beim K 7070.20 geänderte Firmware (fest im EPROM, ladbar im RAM) unter anderem die alphanumerische Darstellung und Tastatureingabe steuert (siehe Abbildung 3b). Schließlich bildet der E/A-Prozessor KES nicht nur ein intelligentes Subsystem "Eingabe-/Ausgabesteuerung", sondern ist Master am Systembus mit einer bei Arbitrage sogar noch höheren Priorität, als sie dem Hauptprozessor ZVE zukommt.

Von den 96 Leitungen des Systembusses stehen 16 für die bitparallele Übertragung von Datenwörtern zur Verfügung (Datenbus). Insgesamt 27 Adreßsignale belegen einen Bereich, der als Adreßbus angesehen werden kann. Die übrigen Leitungen sind für Kommando-, Interrupt-, Arbitrage- und sonstige Steuersignale (Steuerbus) sowie Stromversorgung belegt bzw. reserviert oder nicht genutzt.

Die Funktionsprinzipien des Arbeitsplatzcomputers werden selbstverständlich nicht nur durch Logikstruktur und Busprinzipien bestimmt, sondern auch durch die besonderen Charakteristika der systembestimmenden Schaltkreise aus dem verwendeten Mikroprozessor-Schaltkreissystem K 1810. Auf das gesamte Bauelementespektrum und sein kompliziertes Zusammenwirken kann hier nicht eingegangen werden. Es sollen aber einige die Leistungsfähigkeit des Arbeitsplatzcomputers bestimmende Kenndaten betrachtet werden.

Der CPU-Schaltkreis K 1810 WM 86 (Taktfrequenz 4.915 MHz) als zentraler Prozessor des Arbeitsplatzcomputers verfügt über einen leistungsfähigen Befehlssatz sowie einen umfangreichen Registersatz und bildet zusammen mit dem Programmierbaren Interrupt-Kontroller-Schaltkreis (PIC) K 580 WN 59A die Hardware-Grundlage für das Interrupt-System des Arbeitsplatzcomputers. Das Befehlssystem umfaßt 70 Basisbefehle, die 1 bis 6 Byte lang sind. Der Befehlssatz enthält unter anderem Transportbefehle, die die Übertragung von Byte oder Wörtern realisieren, E/A-Befehle, die Eingaben oder Ausgaben von 8- oder 16-Bit-Operanden veranlassen, Arithmetik-/Logik-Befehle für alle vier Grundrechenarten und für logische Operationen, Befehle für Zeichenkettenoperationen (Vergleiche, Transporte), Steuerungsbefehle, die bedingte und unbedingte Programmverzweigungen ermöglichen und Befehle zur Prozessorsteuerung.

Der CPU-Schaltkreis K 1810 WM 86 bietet Verarbeitungsbreiten von 16 Bit und von 8 Bit, da die vier 16 Bit breiten Datenregister, die bei logischen und arithmetischen Operationen als Operandenspeicher dienen, auch jeweils als zwei 8-Bit-Register verwendet werden können. Dies hat den Vorteil, für 8-Bit-Operationen, die in der Regel weniger Zeit erfordern, auch nur 8-Bit-Register zu verwenden und damit durch entsprechend kürzere Operanden im Hauptspeicher Speicherplatz zu sparen. Der Prozessor verfügt neben diesen 4 Hauptregistern über 10 weitere 16-Bit-Register.

Die CPU K 1810 WM 86 besitzt einen zeitmultiplexen Adreß-/Datenbus, weil der CPU-Schaltkreis in einem 40-Pin-DIL-Gehäuse eingeschlossen ist. Es gibt also nur 40 Leitungswege, die aus der CPU herausführend über Zwischenstationen in die wesentlich größere Zahl genutzter Leitungen auf dem Systembus münden. Manche der 40 Anschlüsse müssen deshalb mehrfach genutzt werden. Das geschieht zeitlich versetzt. Ein Zyklus des zeitmultiplexen Busses der CPU besteht aus mindestens 4 Takten; innerhalb eines jeden Zyklusses werden immer zuerst Adressen und dann Daten ausgetauscht.

Die Taktversorgung des Arbeitsplatzcomputers wird durch den Taktgenerator KR 580 GF 84 realisiert. In einem komplizierten Zusammenwirken elektronischer Bauelemente erwachsen nicht nur der CPU-Takt von 4.915 MHz, sondern auch der Systembustakt von 9.832 MHz und andere noch größere Taktfrequenzen. Wir wollen uns abschließend vor Augen führen, was das bedeutet:

Die CPU schaltet in einer Sekunde etwa fünf Millionen Mal, der Systembus sogar zehn Millionen Mal. In diesen unvorstellbar kleinen Sekundenbruchteilen laufen also nacheinander präzise Arbeitsschritte in der Hardware ab, die letztendlich die Leistungsfähigkeit des Arbeitsplatzcomputers ausmachen.

1.2. Vom Umgang mit der Hardware Ihres Arbeitsplatzcomputers

Wie bei jedem elektrischen Gerät müssen auch im Umgang mit dem Arbeitsplatzcomputer die vorgeschriebenen Sicherheitsbedingungen eingehalten werden. Diese findet jeder Nutzer eines Arbeitsplatzcomputers in der Betriebsdokumentation. Es bedarf keiner besonderen Fachkenntnisse, um mit einem Arbeitsplatzcomputer sachgerecht umgehen zu können. Pflegliche Behandlung der teuren Geräte und Vorsicht beim Hantieren mit den Zuleitungen verstehen sich wohl von selbst. Wenn Sie darüber hinaus die wenigen nachstehenden Ratschläge beachten, wird es Ihnen der Arbeitsplatzcomputer danken.

Die an den beiden Außenseiten erkennbaren Lüftungsschlitze des Rechnergrundgerätes dürfen niemals abgedeckt werden, auch nicht durch vorübergehend angelehnte oder daneben gestellte Gegenstände. Eine seitliche Freiheit des Rechnergrundgerätes von mindestens 10 cm muß ständig gewährleistet sein, um die Belüftung nicht zu beeinträchtigen.

Selbstverständlich dürfen Sie alle Geräte nur in vorschriftsmäßig geschlossenem Zustand in Betrieb setzen.

Die Wartung der Geräte sollte durch Fachpersonal erfolgen. Unter der Voraussetzung, daß in Ihrem Arbeitsraum normale Bedingungen herrschen, ist eine Reinigung oder Auswechslung des Luftfilters (er befindet sich hinter den Lüftungsschlitzen der linken Seite des Rechnergrundgerätes) ohnehin erst nach 500 Betriebsstunden vonnöten.

Überhaupt sind alle Eingriffe in das Rechnergrundgerät und in die Peripheriegeräte nur entsprechend qualifizierten Fachleuten erlaubt. Alle eigenmächtigen Handlungen des Nutzers gehen auf sein Risiko. In Zweifelsfällen sollte der örtlich zuständige Robotron-Kundendienst zu Rate gezogen werden.

1.2.1. Über die Bedienung des Arbeitsplatzcomputers

Wenn Sie zum ersten Mal vor Ihrem Arbeitsplatzcomputer sitzen werden, ist Angst vor einer Fehlbedienung der sich Ihnen darbietenden Tasten oder Knöpfe unbegründet. Sie können zwar aus Unkenntnis einiges falsch machen, der AC hält dies aber aus, ohne gleich sein Leben auszuhauchen. Besondere Vorsicht sollten Sie allerdings von Anbeginn beim Umgang mit Disketten walten lassen.

Die sachgerechte Bedienung des Arbeitsplatzcomputers umfaßt eine ganze Reihe unterschiedlicher Aktivitäten. Als Bediener müssen Sie dabei unter anderem verschiedenartige Bedienungselemente betätigen bzw. berücksichtigen; keinesfalls dürfen hardwarefremde Werkzeuge bei der Bedienung des AC und der peripheren Geräte benutzt werden.

Sie werden bei der Bedienung Ihres Arbeitsplatzcomputers vorrangig folgende Bedienelemente gebrauchen:

- den Netzschalter des Rechnergrundgerätes (Rückseite des Rechnergrundgerätes) und die aller Geräte mit direktem Netzanschluß (zum Beispiel Bildschirmeinheit, Drucker u.a.)
- die Tastatur mit verschiedenen Leuchtdioden-Anzeigen
- die Disketteneinführschlitze, Verschlußklappen und Leuchtdioden (rot) der Diskettenlaufwerke
- die RESET-Taste und die optischen Anzeigen der Frontbaugruppe (Vorderseite des Rechnergrundgerätes rechts) sowie das akustische Signal.

Netzanschluß und -schalter

Das Rechnergrundgerät und alle peripheren Geräte außer Tastatur und Grafiktablett werden einzeln über Schuko-Steckverbinder an das Netz angeschlossen und sind separat ein- und ausschaltbar. Tastatur und Tablett erhalten die benötigte Gleichspannung über Interface-Kabel von der Stromversorgungsanlage des Rechnergrundgerätes, besitzen also keinen eigenen Netzanschluß und somit auch keine Schalter.
Die anderen zum Rechner gehörenden und an ihn angeschlossenen Geräte sollen durch einen separaten Leitungsverteiler mit dem Netz verbunden werden. Der Verteiler ist nahe dem Rechnergrundgerät anzuordnen, die von ihm ausgehenden Leitungen zu den Geräten sollen sternförmig geführt werden. Nicht zum Rechner gehörende Geräte dürfen keinesfalls an den Verteiler angeschlossen werden. Für die Verbindung zu den einzelnen Geräten sind die gelieferten Schutzkontakt-Kabel zu verwenden.
Bei nicht zu großer Systemkonfiguration (zum Beispiel Grundkonfiguration und zusätzlich ein Drucker) ist als Verteiler auch eine Mehrfachsteckdose zulässig.
Bei der für alle elektrischen Geräte gesetzlich vorgeschriebenen periodischen Schutzleiterprüfung ist jedes Gerät, das einen Netzanschluß besitzt (zum Beispiel RGG, Bildschirm, Drucker), getrennt zu prüfen. Es darf dabei nicht durch Interfaceleitungen mit anderen Geräten verbunden sein. Andernfalls können an den Geräten Schäden nicht ausgeschlossen werden.

Bedienung über Tastatur

Die Tastatur dient der Eingabe von Daten und Kommandos in Form von Buchstaben, Ziffern und Sonderzeichen in den Computer.
Eine Bedienung über die Tastatur kann immer erst erfolgen, nachdem der Rechner eingeschaltet wurde und ein Programm bereits läuft. Die Bedienmöglichkeiten sind damit stark von dem jeweiligen Programm abhängig. Mit Hilfe der Tastatur an den Rechner gegebene Steuerzeichen und -folgen können nur dann die beabsichtigte Wirkung erzeugen, wenn das im Rechner vorliegende Programm ihre Codes versteht und durch entsprechende Routinen verarbeitet bzw. an angeschlossene Geräte in angepaßter Form weitergibt. Neben der Programmbezogenheit hängt die Bedienungsfunktion auch von der konkreten Ausführung der Tastatur ab. Aus diesen Gründen beschränken wir uns an dieser Stelle auf allgemeingültige und nur einige tastaturbezogene Aussagen und verweisen Sie ansonsten auf das genaue Studium der Betriebsdokumentation zu der Ihnen gelieferten Tastaturvariante.
Zur Bedienung des Rechners ist die Tastatur am besten im sogenannten Grundzustand geeignet. Die Tastatur ist dann ausgabe- und empfangsbereit und unter anderem dadurch zu charakterisieren, daß der Basiszeichensatz KOI-7HO (ASCII) eingeschaltet ist, die Buchstabentasten entweder Großbuchstaben (Tastatur K 7637.91) oder Kleinbuchstaben (Tastatur K 7672.03) liefern und der Tastenklick, das akustische Signal für eine erfolgte Tastenbetätigung, eingestellt bleibt. Äußerlich liefert die Tastatur als Kennzeichen des eingeschalteten Grundzustandes eine bestimmte Kombination der Leuchtdioden (LED). Bei der Tastatur K 7672.03 ist im Grundzustand nur READY-LED (Tastatur bereit) eingeschaltet, alle anderen LED-Funktionsanzeigen sind ausgeschaltet. Der Grundzustand der Tastatur K 7637.91 ist zu erkennen an der Spannungsanzeige-LED (neben der BREAK-Taste) und der CAPS-LOCK-LED; alle anderen LED-Funktionsanzeigen sind ausgeschaltet.

Durch Betätigung spezieller Tasten kann die Tastatur in unterschiedliche Betriebsmodi gebracht werden, die sich durch die bei Tastendruck ausgegebenen Tastencodes unterscheiden. Als Beispiele seien hier zwei dieser Tasten und ihre Wirkungen genannt:

Taste CTRL

Durch die Betätigung einer bestimmten Taste in Kombination mit "CTRL" wird ein besonderer Steuerzeichencode erzeugt bzw. eine besondere Wirkung der zusammen mit "CTRL" gedrückten Taste hervorgerufen. Die Taste "CTRL" selbst gibt keinen Code aus. Sie muß vor dem Niederdrücken der zweiten (funktionsbestimmenden) Taste betätigt werden und zusammen mit dieser gedrückt bleiben.
Die CTRL-Kommandos sind es in erster Linie, die die Tastatur zum vorrangigen Werkzeug des Bedieners machen.

Taste GRAPH (K 7672.03)

Diese Taste schaltet den Grafikmodus für das numerische Tastenfeld und für das Kursorfeld ein. Die Tasten dieser Felder senden dann Codes, die der Grafikarbeit angepaßt sind. Bei eingeschaltetem Grafikmodus leuchtet die LED "GRAPH" im rechten oberen Tastaturbereich.

Bedienung der Diskettenlaufwerke

Bei der Bedienung der Diskettenlaufwerke ist zu beachten, daß ein Laufwerk betriebsbereit zu machen ist, **bevor** ein das Laufwerk nutzendes Programm gestartet wird. Dazu gehört das richtige Einführen der Diskette in den Laufwerkschacht (Schlitz) bis zur Einrastung. Das Beschriftungsetikett der Diskette muß dabei nach oben zeigen.
Nach dem Schließen der Verschlußklappe sind Laufwerk und Diskette betriebsbereit. Weitere Bedienhandlungen erfolgen dann nach Aufforderung durch das Programm bzw. wenn aus dem Programmzustand die Zulässigkeit einer bestimmten Bedienung hervorgeht.
Das für Sie als Bediener wichtigste Signal beim Umgang mit Diskettenlaufwerken ist die als Betriebsanzeige funktionierende rote Leuchtdiode, über die jedes Laufwerk einzeln verfügt. Solange ein Diskettenlaufwerk in Betrieb ist, darf die Verschlußklappe bzw. der -hebel nicht gelöst und die im Laufwerk befindliche Diskette nicht aus dem Schacht entnommen werden. Bei aktiver Leuchtdiode gilt nur eines: Hände weg vom betreffenden Laufwerk! Anderenfalls sind Störungen oder gar Defekte fast unvermeidlich. Aber auch bei noch nicht aktiver LED sollten während eines Programmlaufs alle Bedienhandlungen an den Diskettenlaufwerken unterbleiben, denn die Leuchtdiode liefert keine Vorwarnzeit.

Zur Bedienung der Diskettenlaufwerke gehört auch der Umgang mit Disketten. Die Behandlung dieser Datenträger erfordert besondere Sorgfalt und Aufmerksamkeit. Disketten sollten stets in ihren Schutztaschen aufbewahrt bleiben und erst unmittelbar vor dem Einlegen in ein Laufwerk daraus entnommen werden. Sofort nach der Benutzung sollten Sie die Diskette wieder in die Tasche zurückstecken. Nur so können Disketten weitgehend vor

Staub geschützt werden. Selbstverständlich ist auch jede andere Verschmutzung zu vermeiden; das Berühren der Magnetschicht mit den Fingern ist unbedingt zu unterlassen. Knicken oder Biegen vertragen Disketten nicht, ebensowenig Stoß oder Druck. Deshalb darf die Diskettenhülle auch nicht mit Kugelschreiber oder ähnlichem beschrieben werden. Eine Beschriftung des die Diskette kennzeichnenden Etiketts muß erfolgen, bevor das Etikett ohne größerer Druckausübung auf die Hülle geklebt wird.
Ohnehin sollten Sie sich von wichtigen Disketten rechtzeitig Duplikate anfertigen.

Festplattenspeicher

Festplattenspeicher erfordern im allgemeinen keinerlei Bedienhandlungen. Bestimmte Ausführungen müssen jedoch auf jede Ortsveränderung in bestimmter Weise vorbereitet werden, um mögliche Beschädigungen zu vermeiden. Die Art und Weise der Vorbereitung ist abhängig von der konkreten Ausführung. Beachten Sie hierzu bitte genau die entsprechende "Beilage zur Betriebsdokumentation", die zusammen mit den Arbeitsplatzcomputern ausgeliefert wird, die einen Festplattenspeicher dieser Ausführung enthalten.

Bedienfeld der Frontbaugruppe

Die zweifellos wichtigste - weil einzige - Taste am Rechnergrundgerät ist RESET. Durch Drücken dieser Taste erzwingen Sie ein Zurücksetzen des AC in den Anfangszustand unmittelbar nach dem Einschalten. Sie können also, wenn dies vonnöten ist, jedes Programm mit diesem Hardware-Eingriff abbrechen und die Arbeit des Computers völlig von vorn beginnen lassen, so, als hätten Sie ihn aus- und danach wieder eingeschaltet.
Als Anfänger werden Sie die RESET-Taste sicher öfter benötigen. Immer wenn Sie nicht mehr weiter wissen, insbesondere wenn Sie ein laufendes Programm verlassen wollen, aber nicht wissen, mit welchem Programmbefehl oder mit welcher Bedienhandlung Sie das bewerkstelligen könnten, bleibt Ihnen RESET als ein zwar wenig eleganter, aber wirksamer Ausweg. Die RESET-Taste dient auch dem fortgeschrittenen Nutzer zum Neubeginn, wenn ein fehlerhafter Programmzustand eingetreten ist, der anders nicht überwunden werden kann. Wenn Sie unmittelbar im Anschluß an das erste akustische Signal, das auf die Betätigung der RESET-Taste erfolgt, die Taste BREAK der Tastatur betätigen, bleiben alle Daten im Hauptspeicher erhalten.
Die optischen Anzeigen an der Stirnseite des Rechnergrundgerätes haben (soweit an Ihrem AC vorhanden) folgende Bedeutung:

RUN	- Anzeige grün -	Rechnerprogramm läuft
HALT	- Anzeige rot -	Rechnerprogramm steht und wartet auf eine Bedienerhandlung bzw. einen sonstigen Interrupt
PWR ON	- gelbe Daueranzeige -	Gleichspannung ist vorhanden
	- gelbes Blinken -	Gleichspannung ist wegen Lüfterausfall abgeschaltet
REMOTE	- Anzeige grün -	Gleichspannung abgeschaltet, Bereitschaft für Ferneinschaltung
HD	- Anzeige grün -	Harddisk (Festplattenspeicher) arbeitet.

Der akustische Geber wird in bestimmten Situationen durch einen Befehl der ZVE ausgelöst, zum Beispiel um Ihre Aufmerksamkeit zu erregen, wenn Sie nach dem Einschalten des Rechners eine sogenannte Systemdiskette in ein Laufwerk einlegen sollen, von der dann das Betriebssystem geladen werden kann.

1.2.2. Nun kann der Arbeitsplatzcomputer kommen

Auf den vorstehenden Seiten haben Sie Ihren künftigen Arbeitsplatzcomputer bereits etwas kennengelernt. Er muß nach der Anlieferung nur noch ausgepackt und aufgestellt werden und kann dann sachgemäß in Betrieb genommen werden. Was Sie dabei weiterhin beachten sollten, wird auf den nächsten Seiten gesagt.

So wird der Arbeitsplatzcomputer ausgeliefert

Rechnergrundgerät und alle anderen angelieferten Geräte sind einzeln verpackt. Drucker werden in typengebundenen Kombinationsverpackungen geliefert, die Eigentum des Herstellers bleiben. Aber auch die anderen Wellpappe-Faltschachteln sollten Sie beim Entpacken der Geräte vorsichtig öffnen und vor Beschädigungen bewahren. Eine sorgsame Aufbewahrung aller Verpackungsmaterialien empfiehlt sich, weil sie bei künftigen Transporten oder Lagerungen der Geräte dringend benötigt werden.
Das Entpacken der Geräte sollte erst dann erfolgen, wenn sie wirklich zum Einsatz kommen. Bei Temperaturunterschieden von mehr als 5 Grad Celsius müssen die Geräte zuvor in verpacktem Zustand an die Raumtemperatur angeglichen worden sein. Auch in verpacktem Zustand sind alle Geräte vor Feuchtigkeit und Staub zu schützen. Grobe Stöße und Erschütterungen sowie plötzliche Temperaturänderungen sind zu vermeiden.
Nach der Entnahme der Geräte aus den Verpackungen sollten sie als erstes auf eventuelle Transportschäden untersucht werden; die Vollständigkeit des mitgelieferten Zubehörs (Kabel!) ist zu überprüfen. Dann kann die Montage und Inbetriebnahme durch den Nutzer erfolgen, sofern dies nicht laut Liefervertrag dem Robotron-Kundendienst vorbehalten bleibt.

So soll der Arbeitsplatzcomputer aufgestellt werden

Die Anordnung der zu Ihrer Konfiguration gehörenden Geräte bleibt letztlich Ihrer Entscheidung überlassen. Sie hängt wesentlich von den räumlichen Bedingungen an Ihrem Arbeitsplatz ab. Bedenken Sie jedoch, daß auch die räumlichen Bedingungen verändert werden können und der Arbeitsplatz dem Computereinsatz entsprechend umgestaltet werden muß, wenn dies das Arbeiten mit dem Computer erleichtern kann. Als äußere Bedingungen müssen Sie zum Beispiel in Betracht ziehen: Lichteinfall auf den Bildschirm, geeigneter Netzanschuß, Anforderungen durch Kabelverbindungen. Für normale Arbeitsplatzeinrichtungen wird die jeweils kürzestmögliche Interfacekabellänge als Normalausrüstung geliefert.
Das Bildschirmgerät kann sowohl auf wie auch neben dem Rechnergrundgerät angeordnet werden. Sie müssen die Bildschirmausgaben von Ihrem Platz aus gut erkennen und zugleich die Tastatur bequem bedienen können sowie die Diskettenlaufwerke in Reichweite haben.

Der Systemdrucker und gegebenenfalls weitere Peripheriegeräte müßten ebenfalls in erreichbarer Nähe zu Ihrem Platz aufgestellt sein.
Die Interfaceverbindungen zwischen dem Rechnergrundgerät und den anschließbaren Geräten sind mit den für den AC gelieferten Steckern und Rundkabeln vorschriftsmäßig herzustellen. Die Interfacesteckverbinder sind dabei mit Arretierungsschrauben zu sichern.
Die Parallelführung von Interfaceleitungen zu störungsführenden Fremdnetzen ist zu vermeiden.
Der Netzanschluß muß eine Spannung von 220 V +10%/-15% aufweisen. Einflüsse durch äußere Störer (Schaltvorgänge, HF-Störungen) sind zu umgehen. Störungsführende Leitungen dürfen nicht parallel zu den Gerätezuleitungen verlaufen, anderenfalls muß eine Abschirmung erfolgen.
Das Rechnergrundgerät erfordert über die Verkabelung hinaus keinerlei Montagearbeiten. Es wird in der Regel so in Betrieb gesetzt, wie es Ihnen angeliefert wurde. Tastatur und Bildschirmgerät bedürfen vor Inbetriebnahme ebenfalls keiner Montagearbeiten. Dagegen sind Drucker und Plotter nicht sofort betriebsbereit. Die jeweiligen Transportsicherungen müssen entfernt, und verschiedenes Zubehör muß montiert werden. Eventuell müssen auch bestimmte Schaltereinstellungen vorgenommen werden. Da dies bei jeder Druckerausführung anders ist, gehen wir hier nicht weiter darauf ein und verweisen Sie auf die zutreffenden Betriebsdokumentationen.
Daß der Einsatz eines Arbeitsplatzcomputers betriebliche Regelungen zur Sicherung gegen unbefugte Benutzung erfordert, versteht sich von selbst.

<u>So kann der Arbeitsplatzcomputer in Betrieb genommen werden</u>

Nach Verkabelung bzw. Montage können Sie nun den Arbeitsplatzcomputer einschalten. Dies geschieht am besten in der Reihenfolge Rechnergrundgerät, Bildschirmgerät, dann (falls vorhanden) Zusatz-Folienspeichereinheit und zuletzt Drucker. Bei Vorhandensein eines Hauptschalters kann nach dessen Einschaltung die genannte Reihenfolge eingehalten werden. Zur Schonung der Geräte-Netzschalter können aber auch mehrere Geräte zugleich mit dem Hauptschalter allein in Betrieb gesetzt werden. Allerdings muß bei bestimmten Varianten der Bildschirmgeräte das Rechnergrundgerät bereits eingeschaltet sein und Signale an das Bildschirmgerät liefern, wenn das Bildschirmgerät eingeschaltet wird. Weitere Peripheriegeräte werden immer erst bei Bedarf zugeschaltet.
Sofort nach dem Einschalten des Rechnergrundgerätes erfolgt automatisch der erste Programmstart. Immer wenn Sie zukünftig den AC einschalten oder durch RESET zurücksetzen werden, geschieht das gleiche wie jetzt bei der Erstinbetriebnahme: Es läuft das Programm ACT (A 7100- bzw. A 7150- "Confidence"-Testprogramm) an. Das ACT befindet sich ständig im Rechner, genauer: es ist im EPROM (elektrisch programmierbarer Festwertspeicher) der ZVE auf festen Plätzen abgelegt und wird dort sowohl nach dem Netzeinschalten wie nach RESET automatisch aktiviert.
Das ACT prüft mit einigen Ausnahmen die Hardware des Arbeitsplatzcomputers auf Funktionsfähigkeit und bringt das Ergebnis der einzelnen Tests als Ausschrift auf den Bildschirm. Wenn die geprüfte Hardware frei von Fehlern ist, kann die Nutzung des Computers mit anderen Programmen fortgesetzt werden. Im Falle des positiven Testergebnisses hat das ACT auch die zu programmierende Hardware in eine arbeitsfähige Stellung (Initialisierung) gebracht, die von den anschließend die Steuerung übernehmenden Programmen genutzt werden kann oder von ihnen geändert wird.

Die Bildschirmausgabe kann im Falle fehlerfreier Tests zum Beispiel beim
A 7100 das folgende Aussehen haben:

```
A C T - A 7100 CONFIDENCE TEST,  Vx.y
TEST:                                                            STATUS:

USART/TIMER                . .                                      GO
KEYBOARD                   . . . . .                                GO
ABS or KGS/ABG             . . . . . . . .                          GO
PIC                        . .*.?.                                  GO
ROMCHECKSUM                .                                        GO
RAM-TEST                              TOTAL MEMORY = 512K
   OPS <= 256K             . .                                      GO
   OPS <= 512K             . .                                      GO
PARITY-TEST                . . . . .                                GO
   OPS PER 00              . .                                      GO
   OPS PER 02              . .                                      GO
GENERAL                    . . . . . . . .                          GO
STORAGE-DEVICES
   KES                     . . . . . .                              GO
   :F0:                    .                                  NOT READY
   :F1:                    .                                  NOT READY
   :F2:                    .                                  NOT READY
   :F3:                    .                                  NOT READY

A C T COMPLETE...NOGO AND EXIT TO MONITOR
MONITOR A 7100, Vx.y
.
```

Auf den ersten Blick werden Sie nur erkennen, daß es sich bei unserem
Beispielcomputer um eine Ausführung mit einer Hauptspeicherkapazität von
512 KByte handelt (2 * Operativspeicher OPS zu je 256 KByte = 512 KByte).
Einige weitere Einzelheiten wollen wir nun erklären.
Der in der letzten Zeile ausgegebene einzelne Punkt ist die Aufforderung
an den Nutzer, ein Monitorkommando einzugeben. Nach einer solchen Eingabe
wird dann aus dem jetzt erreichten Wartezustand zur Arbeit des Monitors
übergegangen. Im Abschnitt 2.1. werden Sie mit dem Monitorprogramm bekannt
gemacht. Wir wollen uns hier damit nicht weiter beschäftigen, sondern
kehren zu unserem ACT-Beispiel zurück.
Das ACT durchläuft schrittweise nacheinander die vorgesehenen Tests und
Initialisierungen. Jeder dieser Schritte bzw. sein Ergebnis entspricht
einer Zeile oder einem Einzelzeichen der Bildschirmanzeige des ACT, wobei
gewisse Rückschlüsse auf in der Hardware entdeckte Fehler möglich sind.
Wenn Sie noch einmal die oben als Beispiel wiedergegebene
Bildschirmausgabe betrachten, so bedeuten die angezeigten Punkte jeweils
den erfolgreichen Abschluß eines Einzeltests; ein Fragezeichen an dieser
Stelle würde auf einen Hardware-Fehler oder eine andere von ACT erkannte
Unregelmäßigkeit hinweisen.
Beispielsweise bedeutet der erste der 5 Punkte in der Zeile KEYBOARD
(Tastatur), daß der vom ACT veranlaßte Selbsttest der Tastatur fehlerfrei
ablief.
Das Fragezeichen in der Zeile PIC (Programmierbarer Interrupt-Kontroller)
ist eine Folge des von uns angenommenen inaktiven Verhaltens des Nutzers.
ACT erwartet an dieser Stelle (nach der Ausgabe des dritten Punktes) zum

Zwecke einer Verzweigung ins Monitorprogramm (siehe Abschnitt 2.1.) vom Nutzer die Eingabe bestimmter Zeichen über die Tastatur. Wird dies wie in unserem Beispiel unterlassen, so erscheint nach wenigen Sekunden das Fragezeichen, und die Tests werden fortgesetzt.
In der letzten Spalte unserer obigen Bildschirmanzeige finden Sie unter "STATUS:" die beiden unterschiedlichen Eintragungen "GO" und "NOT READY". Mit "GO" wird der erfolgreiche Test einer Hardware-Einheit quittiert; ist einer dieser Tests nicht fehlerfrei abgelaufen, erfolgt die Ausgabe "NOGO". "NOT READY" in unserem Beispiel bedeutet, daß von dem inaktiven Nutzer versäumt wurde, Diskettenlaufwerke betriebsbereit zu machen. Der von uns angenommene Test ist aus diesem Grunde zwar komplett abgelaufen, wie die Endmitteilung

ACT COMPLETE...NOGO ...

zum Gesamt-Testergebnis aussagt, aber wegen fehlender Disketten in beiden Laufwerken mit einem negativen Ergebnis.
Nehmen wir nun einmal an, der Nutzer in unserem Beispiel wären Sie gewesen und Sie hätten die Absicht gehabt, mit dem Betriebssystem SCP 1700 weiterzuarbeiten. Ihre einzige Unterlassung hätte dann darin bestanden, nicht rechtzeitig genug, also **vor** dem Test der Diskettenlaufwerke, eine Systemdiskette (Diskette, auf der das Betriebssystem gespeichert ist) in eines der Laufwerke eingelegt zu haben und dieses zu verriegeln.
Wir wollen das jetzt nachholen. Sie legen also eine Diskette mit dem Betriebssystem SCP 1700 in das mit "DRIVE 0" gekennzeichnete Laufwerk (Sie können aber ebenso das andere Laufwerk auswählen) und betätigen die RESET-Taste, um den Rechner in den Anfangszustand zu versetzen und damit ACT neu zu starten. Es geschieht alles wieder so wie beim ersten Mal, nur die Überprüfung der Laufwerke liefert auf dem Bildschirm in der Zeile ":F0:" statt des "NOT READY" ein "GO".
Beim PIC-Test haben Sie sich wieder zurückgehalten und darauf vertraut, daß ACT nach kurzem, vergeblichem Warten auf eine Eingabe weiterarbeitet. Sie haben gut daran getan, denn mit dem Monitorprogramm können Sie nicht arbeiten, ohne die Kenntnisse zu besitzen, die Ihnen in Abschnitt 2.1. vermittelt werden. Außerdem wollten Sie ja ohnehin das Betriebssystem SCP 1700 nutzen.
ACT beendet seine Arbeit jetzt mit der Erfolgsmeldung:

A C T SUCCESFUL...NOW BOOTING SYSTEM

In diesem Augenblick wird auch schon das Betriebssystem von der Diskette in den Operativspeicher des Rechners, den wir von nun an wie Softwareexperten Hauptspeicher nennen werden, geladen. Nach wenigen Sekunden meldet das Betriebssystem SCP 1700 auf dem Bildschirm seine Arbeitsbereitschaft.
Wie es dann weitergehen kann, erfahren Sie in den folgenden Abschnitten, die Sie in die Software-Welt Ihres Arbeitsplatzcomputers geleiten.
Hier muß nur noch erwähnt werden, daß Sie, wenn Ihr Arbeitsplatzcomputer ein A 7150 ist, das eben behandelte Beispiel in ganz ähnlicher Weise nachvollziehen können.

2. Monitorprogramm und Betriebssystem SCP 1700

Die Tastatur ist das wichtigste Verständigungsmittel zwischen Ihnen und allen Programmen, die auf dem Computer abgearbeitet werden. Es gibt für die Arbeitsplatzcomputer unterschiedliche Tastaturen. Außerdem werden in den verschiedenen Softwareprodukten unterschiedliche Bezeichnungen für Tasten mit derselben Funktion verwendet. Um Mißverständnisse zu vermeiden, wollen wir gleich am Anfang einige Vereinbarungen treffen:
- Die Taste, die der Funktion "Wagenrücklauf" der Schreibmaschine entspricht, werden wir durch die Zeichenfolge <--' kennzeichnen. Sie wird oft als ENTER-Taste, RETURN-Taste oder CR-Taste bezeichnet.
- Die Taste mit der Bezeichnung ESC dient zur Eingabe des sogenannten ESC-Zeichens. Dieses Zeichen ist nicht druckbar, es erscheint auch nicht auf dem Bildschirm. Verschiedene Softwareprodukte nutzen es zur Steuerung bestimmter Abläufe.
- Von besonderer Bedeutung sind die "Tastenkombinationen", die entstehen, wenn Sie die CTRL-Taste gleichzeitig mit einer anderen Taste betätigen. Da es viele dieser Tastenkombinationen gibt, die häufig benutzt werden, hat sich hierfür seit längerer Zeit eine Kurzschreibweise eingebürgert. Das Zeichen ^ steht in dieser Kurzschreibweise anstelle der Taste CTRL, so daß zum Beispiel die Zeichenfolge ^C bedeutet, daß Sie die Tasten CTRL und C gleichzeitig betätigen sollen. Nur an wenigen Stellen in diesem Buch ist mit ^ tatsächlich das "Dach" gemeint. An diesen Stellen folgt unmittelbar auf das Zeichen ^ kein weiteres Zeichen.

2.1. Das Monitorprogramm

Den Selbsttest, der nach dem Einschalten oder durch Betätigen der RESET-Taste am Grundgerät erfolgt, können Sie abbrechen, wenn Sie innerhalb weniger Sekunden als Antwort auf die Ausschrift

PIC . .*._

den Buchstaben A eingeben. Dann übernimmt das **Monitorprogramm** die Steuerung der gesamten Arbeit des AC A 7100 oder AC A 7150. Es ist ein kleines, aber leistungsfähiges Betriebssystem. Weil es wie das Programm ACT im EPROM der ZVE abgelegt ist, kann es sofort die Steuerung des Computers übernehmen, auch wenn keine Diskette oder Festplatte mit einem Betriebssystem vorhanden ist.
Das Monitorprogramm meldet sich mit seinem Aufforderungszeichen, dem Punkt:

._

Jetzt sollen Sie ein "Monitorkommando" eingeben. Jedes Monitorkommando wird durch Betätigen der Taste <--' bestätigt. Das Monitorkommando, das Sie vermutlich am häufigsten verwenden werden, ist das "Boot-Kommando" B. Wenn Sie dieses Kommando geben, sucht das Monitorprogramm nach einem Datenträger, auf dem eines der zulässigen Betriebssysteme in ladefähiger Form gespeichert ist. Zunächst wird dabei das Diskettenlaufwerk "Drive 0" (AC A 7100) oder das obere der beiden Diskettenlaufwerke (AC A 7150) untersucht. Findet sich dort kein ladefähiges Betriebssystem, sucht das Monitorprogramm im Diskettenlaufwerk "Drive 1" (AC A 7100) oder dem unteren der beiden Diskettenlaufwerke (AC A 7150) und schließlich auf einer eventuell vorhandenen Festplatte weiter. Wenn auch von dort kein Betriebssystem geladen werden kann, übernimmt der Monitor wieder die Steuerung. Andernfalls wird das erste vom Monitorprogramm gefundene Betriebssystem geladen. Dieses Betriebssystem erhält dann die Kontrolle über den Computer.
Das Monitorprogramm benötigt für seine Arbeit auch einen Teil des Hauptspeichers. Dieser Teil sollte weder von einem der eigentlichen Betriebssysteme noch von Programmen, die Sie selbst entwickelt haben, genutzt werden. Wenn dies dennoch geschehen muß (etwa wie im Fall des Betriebssystems DCP), kann der Monitor erst wieder korrekt arbeiten, wenn Sie den Computer durch Betätigen der RESET-Taste oder durch Aus- und erneutes Einschalten in seinen Grundzustand versetzt haben.
Es gibt noch weitere nützliche Monitorkommandos. Sie können mit ihnen zum Beispiel
- den aktuellen System- und Programmzustand (Inhalt der Register und von Abschnitten des Hauptspeichers) feststellen, neu festlegen oder mit vorgegebenen Werten vergleichen
- Daten ein- und ausgeben
- Programme einlesen und anschließend starten
- bereits geladene Programme starten und, wenn erforderlich, Anweisung für Anweisung abarbeiten lassen.
Eine genaue Beschreibung dieser Kommandos finden Sie in Band 1 der Betriebsdokumentation, die mit jedem Arbeitsplatzcomputer ausgeliefert wird.
Wenn Sie ein Protokoll Ihrer Arbeit mit dem Monitorprogramm benötigen, wird jede Ihrer Eingaben und jede Ausgabe des Monitors, die auf dem Bildschirm erscheint, auf dem angeschlossenen Drucker protokolliert, sobald Sie die Tastenkombination ^P eingegeben haben. Mit derselben Tastenkombination schalten Sie die Protokollierung wieder aus.
Sie finden im Monitorprogramm vor allem dann eine wirksame Unterstützung, wenn Sie Programme entwickeln, die besondere Hardware-Eigenschaften nutzen, ohne die Dienste eines der Betriebssysteme in Anspruch zu nehmen.
Ein besonders wichtiges Monitorkommando, das Kommando A, dient der Verwaltung der Festplatte, die ja Bestandteil eines Arbeitsplatzcomputers A 7150 sein kann. Diese Festplatte wird in mehrere logische Abschnitte, "Partitions", eingeteilt. Diese Abschnitte sind jeweils einem der zulässigen Betriebssysteme fest zugeordnet. Ein Betriebssystem kennt dabei nur die eigene Partition. Die anderen Partitions sind ihm nicht zugänglich. Eine erste Einteilung der Festplatte erfolgt durch den Hersteller des Arbeitsplatzcomputers. Sie können diese Einteilung durch das Programm MWINCH unter dem Betriebssystem DCP verändern. Das Programm MWINCH besitzt eine ausgezeichnete Nutzerführung, so daß wir hier auf eine nähere Erläuterung verzichten können.

Das Kommando A dient dazu, Ihnen die Aufteilung und den Zustand der Partitions der Festplatte anzuzeigen. Die Anzeige erfolgt in Form einer Tabelle, beispielsweise so:

P	S	SYS	Start	End	Size
1	N	BOS	0	199	200
2	A	SCP	200	299	100
3	N	DCP	300	599	300
4	N	MUT	600	819	220

In der Spalte P sind die Partitions angegeben, in der Spalte S bedeutet N "nicht aktiv" und A "aktiv". Die Spalte SYS enthält Kurzbezeichnungen der Betriebssysteme, denen die entsprechende Partition zugeordnet ist (MUT = MUTOS 1700, BOS = BOS 1810). Unter START und END ist die Nummer des jeweiligen Start- bzw. End-Zylinders angegeben, unter SIZE die Anzahl der Zylinder, die die Partition umfaßt.
Mit dem Kommando A können Sie auch eine der bis zu vier möglichen Partitions "aktivieren". Dies geschieht einfach, indem Sie Ai eingeben (i ist eine der Zahlen 1, 2, 3, 4). Danach zeigt Ihnen das Monitorprogramm in einer Tabelle den Zustand der Partitions an, beispielsweise nach dem Kommando

.A3

etwa so:

P	S	SYS	Start	End	Size
1	N	BOS	0	199	200
2	N	SCP	200	299	100
3	A	DCP	300	599	300
4	N	MUT	600	819	220

2.2. SCP 1700: Brücke zwischen 8- und 16-Bit-Computern

Auf dem Gebiet der Bürorationalisierung sind durch 8- und 16-Bit-Personalcomputer vergleichbare Aufgaben lösbar, wenn auch bei voller Ausnutzung der Möglichkeiten, die ein 16-Bit-Computer bietet, mit diesem eine spürbar höhere Leistung erreicht werden kann. Weitaus am häufigsten wird für 8-Bit-Computer das Betriebssystem SCP eingesetzt. Um das Betriebssystem für Arbeitsplatzcomputer mit 16 Bit Verarbeitungsbreite von jenem für 8-Bit-Computer zu unterscheiden, erhielt es die Bezeichnung SCP 1700.
In der DDR ist inzwischen viel Software unter dem Betriebssystem SCP entwickelt worden. Außerdem sind viele Werktätige mit der Bedienung dieses Betriebssystems und der entsprechenden Standardsoftware vertraut.
Daher war es eine der wichtigsten Zielstellungen bei der Entwicklung von SCP 1700 und der Standardsoftware für dieses Betriebssystem, ein Höchstmaß an Kompatibilität zu SCP sicherzustellen.
Da 8- und 16-Bit-Computer unterschiedliche Mikroprozessor-Schaltkreise enthalten, sind natürlich Programme, die Sie unter SCP in der Assemblersprache entwickelt haben, und Programme, die unter SCP von Compilern übersetzt wurden, unter SCP 1700 nicht lauffähig (umgekehrt gilt dasselbe). Außerdem müssen Sie beachten, daß gerätespezifische Steuerzeichen auf 8- und 16-Bit-Computern unterschiedliche Wirkungen haben können.

Wichtig ist für Sie: SCP 1700 umfaßt alle Funktionen von SCP und ist darüber hinaus um viele Funktionen reicher. Unter SCP 1700 können Sie bis zu einem Megabyte Hauptspeicher adressieren.

2.3. Dateien

Was ist eine Datei? Die Antwort auf diese Frage ist von Betriebssystem zu Betriebssystem oft unterschiedlich. Für SCP 1700 (wie für SCP) lautet sie so:
Eine **Datei** ist eine geordnete Menge von Daten, die auf einer Diskette oder Festplatte gespeichert ist. Jede Datei hat einen eigenen Namen, der auf einer Diskette oder Festplatte nicht ein zweites Mal auftreten darf. Auf jeder Diskette oder Festplatte, die vom SCP 1700 verwaltet wird, gibt es ein **Dateiverzeichnis** (englisch: directory). Das Dateiverzeichnis ist eine Liste, in der es für jede Datei eine **Eintragung** gibt. In einer solchen Eintragung ist unter anderem angegeben, wie die Datei heißt und welche Sektorgruppen der Diskette sie belegt.
Ein solches Dateiverzeichnis wollen wir uns jetzt einmal ansehen. Dazu schalten Sie bitte Computer und Bildschirm ein, legen die "Systemdiskette" (sie wird vom VEB Kombinat Robotron zusammen mit dem Computer ausgeliefert) in das Diskettenlaufwerk mit der Bezeichnung "DRIVE 0" (A 7100) oder das obere der beiden Laufwerke (A 7150) ein und verriegeln es.
Wenn der automatische Selbsttest ACT erfolgreich verlaufen ist, wird das Betriebssystem SCP 1700 von der Diskette geladen. Nachdem sich SCP 1700 mit seiner Versionsnummer und einigen weiteren Angaben vorgestellt hat, werden Sie gefragt, ob Sie eine "MEMORY-DISK" anlegen wollen. Was das ist, wird Ihnen später genau erklärt. Nehmen wir jetzt einmal an, daß Sie eine MEMORY DISK anlegen wollen. Dann müssen Sie die beiden damit zusammenhängenden Fragen mit Y ("YES" = ja) beantworten:

```
.SCP-Version 2.2

Segment Address = 0104
     Last Offset = 3DFF

SYSTEM GENERATED 20-MAR-87
MEMORY SIZE: 512 K BYTE
DO YOU WANT A MEMORY DISK E: LIKE K5600.20
                    (306 K BYTES FOR USER) ? (Y/<CR>):Y
INITIALIZE MEMORY DISK ? (Y/<CR>): Y
A>_
```

In neueren Versionen des SCP 1700 können Sie auch die Größe der MEMORY DISK selbst wählen. Diese Versionen melden sich etwas anders, und auch die erste Frage hat eine etwas andere Gestalt:

```
SCP1700/MIKROS-86        DL 3.1   (A7100/A7150)

SYSTEM GENERATED 10-FEB-88
MEMORY SIZE: 512 K BYTE
```

```
Installation of memory disk E:
   <CR> -> no memory disk
nnn<CR> -> size of memory disk in KByte (100...308)
   Y<CR> -> standard (like standard format for K5600.20: 308K)
Input: Y
INITIALIZE MEMORY DISK ? (Y/<CR>): Y
A>_
```

In der Startmeldung dieser neueren Versionen wird außerdem der Name des SCP 1700, der im "System der Kleinrechner" (SKR) des RGW vereinbart wurde, angezeigt: Er lautet "MIKROS-86". Die übrigen Ausschriften bedeuten in deutscher Sprache:

DAS SYSTEM WURDE AM 10. FEBRUAR 88 GENERIERT.
HAUPTSPEICHERGROESSE: 512 K BYTE

```
Installation der Hauptspeicherdiskette E:
     nur Taste <--': keine Hauptspeicherdiskette
nnn und Taste <--': Größe der Hauptspeicherdiskette in
                    KByte (100-308)
  Y und Taste <--': Standard (Standard-Format für Laufwerk
                    K5600.20: 308K)
Eingabe:
```

Der Unterstrich zeigt die Position des Kursors an. Gewöhnlich blinkt der Kursor. Wenn Sie nun über die Tastatur ein Zeichen eingeben, wird dieses Zeichen an der Stelle des Bildschirms angezeigt, an der sich der Kursor soeben befand, und der Kursor ist eine Position weitergerückt.
Zu diesem Zeitpunkt ist das Laufwerk A (beim A 7100 ist es das Laufwerk, das mit DRIVE 0 gekennzeichnet ist, beim A 7150 ist es das obere der beiden Laufwerke; in dieses Laufwerk haben Sie die Systemdiskette eingelegt) das "aktuelle" Laufwerk. Das bedeutet: Wenn Sie SCP 1700 auffordern, eine Datei zu suchen, indem Sie den entsprechenden Dateinamen angeben, aber keine anderen Angaben machen, sucht SCP 1700 diese Datei auf der Diskette in Laufwerk A.
Zurück zur Situation auf dem Bildschirm: Die letzte Zeile hat jetzt dieses Aussehen:

```
A>_
```

Dies ist die **Aufforderungsnachricht** des SCP 1700. Immer, wenn Sie diese Nachricht erkennen, erwartet SCP 1700 die Eingabe eines **Kommandos**. Die Aufforderungsnachricht beginnt stets mit einem Buchstaben. Er zeigt an, welches Laufwerk gerade das aktuelle Laufwerk ist.

Wir wollen nun das Dateiverzeichnis der Systemdiskette, die sich ja im Laufwerk A befindet, betrachten. Dazu geben wir das Wort DIR ein und schließen diese Angabe mit der Taste <--' ab. Das Wort DIR ist eine Abkürzung des englischen Wortes **directory** (deutsch: Verzeichnis). Es ist für SCP 1700 das Kommando, mit dem Sie die Anzeige der Kurzfassung des Dateiverzeichnisses anfordern. Das Kommando DIR wird sofort ausgeführt, und Sie sehen auf dem Bildschirm diese Tabelle (oder eine ähnliche, abhängig vom Auslieferungsstand des Betriebssystems):

```
A: ED          CMD  : PIP       CMD  : RASM86    CMD  : LDCOPY    CMD
A: SCPX        H86  : INIT      CMD  : DOKERG    TXT  : COPYDISK  CMD
A: LDCCP       H86  : GENCMD    CMD  : LDSCPD    CMD  : XREF86    CMD
A: LIB86       CMD  : ASM86     CMD  : GENDEF    CMD  : LINK86    CMD
A: STAT        CMD  : DDT86     CMD  : SCP8D     SYS  : BASIC     CMD
A: HELP        CMD  : HELP      HLP  : DISKSET   CMD  : SID86     CMD
A: SCP         SYS  : LDBDOS    H86  : BIOS      A86  : TMODE     CMD
A: 87NULL      L86  : EH87      L86  : DCON87    L86  : EWM87     L86
A: WM87        L86  : EWM87     OBJ  : CEL87     L86  : LOADCHAR  A86
A: GERMAN      CMD  : KYRILL    CMD
```

In Spalte 1 der Tabelle ist stets das aktuelle Laufwerk (gegenwärtig A) angezeigt. Zwischen zwei Doppelpunkten befindet sich immer eine **Dateibezeichnung**. Sie besteht aus zwei Teilen:
- einem bis zu 8 Zeichen langen ersten Teil, dem eigentlichen **Dateinamen** (zum Beispiel ED, PIP, COPYDISK)
- einem bis zu 3 Zeichen langen zweiten Teil, der dazu dient, die Art der Daten zu kennzeichnen, die in der Datei gespeichert sind. Dieser Teil wird kurz (wenn auch nicht ganz korrekt) **Dateityp** genannt (zum Beispiel CMD, A86, HLP).

Wenn Sie Dateibezeichnungen eingeben, müssen Sie Dateiname und Dateityp durch einen Punkt trennen, zum Beispiel so:

HELP.CMD

Diese Schreibweise wird auch im vorliegenden Buch verwendet.

Eine Datei muß nicht unbedingt einen Dateityp haben. Sie können diese Angabe aber sehr gut dazu nutzen, Ihre Dateien zu systematisieren. So können Sie zum Beispiel alle Dateien, die Texte enthalten, mit dem Typ TXT kennzeichnen. Alle Dateien mit BASIC-Programmen könnten den Typ BAS haben, und alle Dateien, in denen Sie Tabellen speichern, den Typ TAB. Sie erkennen dann auf einen Blick, welche Art von Daten in einer Datei gespeichert ist.

Man sollte folgende Zeichen nicht zur Bildung von Dateibezeichnungen verwenden, weil SCP 1700 sie als Begrenzungszeichen ansieht:

< > . , ; : = ? * [ ]

Vielmehr ist anzustreben, daß auch der Dateiname etwas über den Inhalt der Datei aussagt. Wenn Sie zum Beispiel in einer Datei Anschriften von Kunden speichern wollen, ist der Name KUNDEN sicher gut geeignet.

Betrachten wir nun noch einmal das Dateiverzeichnis der Systemdiskette. Die dort verwendeten Dateitypen haben für alle vom VEB Kombinat Robotron erstellten Dateien eine festgelegte Bedeutung. Außerdem gibt es noch weitere Dateitypen, deren Bedeutung durch diesen "Industriestandard" festgelegt ist. In der folgenden Tabelle sind die meisten dieser Typen angegeben.

Dateityp	Bedeutung	Dateityp	Bedeutung
CMD	Ausführbares Programm (Maschinencode)	$$$	Temporäre Datei
H86	Assembliertes Programm in Hexadezimalformat	F77	Programm in FORTRAN 77
		C	Programm in C
		PAS	Programm in PASCAL
OBJ	Objektprogramm	A86	Programm in Assemblersprache
L86	Bibliothek von Objektprogrammen	BAS	Programm in BASIC
TXT	Gewöhnlicher Text		
BAK	Vorgänger-Version einer Datei (Text, Quellprogramm)	DBD	REDABAS-Datenbank
		PRG	REDABAS-Programm
SUB	Liste von SCP 1700-Kommandos ("Submit-Datei")		

Bestimmte Dienste des SCP 1700, aber auch anderer Programme, erlauben es Ihnen, mit einer Angabe von Dateiname und Dateityp mehrere Dateien zugleich zu bezeichnen. Dazu dienen die Zeichen ? und *. Wenn wir sie zu diesem Zweck nutzen, wollen wir sie "Joker-Symbole" nennen.
Das Joker-Symbol ? können Sie anstelle jedes einzelnen anderen Zeichens von Dateiname oder Dateityp angeben. Eine solche Angabe bezeichnet alle Dateien, deren Dateiname und Dateityp bis auf die Stellen, an denen das Joker-Symbol ? steht, übereinstimmen. Betrachten wir dazu noch einmal das Dateiverzeichnis der Systemdiskette auf Seite 35.
Die Angabe L???????.?86 bezeichnet also alle Dateien, die als erstes Zeichen des Namens ein L und als zweites und drittes Zeichen des Typs die Zeichen 8 und 6 aufweisen. Auf der Systemdiskette sind dies die Dateien LDCCP.H86, LDBDOS.H86 und LOADCHAR.A86. Wenn Sie das Kommando DIR in der Form

A>DIR L???????.?86

eingeben, antwortet Ihnen SCP 1700 mit dieser Darstellung:

A: LDCCP   H86 : LDBDOS   H86 LOADCHAR A86 :

Das Joker-Symbol * steht anstelle des Dateinamens, des Dateityps oder des hinteren Teils von Dateiname oder Dateityp. Wenn Sie es anstelle des Dateinamens angeben, den Dateityp aber aufschreiben, benennen Sie damit alle Dateien, die denselben Typ haben. Mit der Angabe *.A86 würden Sie also die Dateien BIOS.A86 und LOADCHAR.A86 zugleich benennen.
Wenn Sie das Joker-Symbol * anstelle des Dateityps angeben, den Dateinamen aber aufschreiben, benennen Sie damit alle Dateien, die denselben Namen haben. Mit H*.* würden Sie also die Dateien HELP.CMD und HELP.HLP zugleich benennen. Sie dürfen auch beide Joker-Symbole in einer Angabe verwenden. So benennen Sie mit der Angabe *.L?? zugleich die Dateien 87NULL.L86, EH87.L86, DCON87.L86, EWM87.L86, WM87.L86 und CEL87.L86.
Das Betriebssystem SCP 1700 finden Sie auf der Systemdiskette als Datei SCP.SYS. Diese Datei wird vom Steuerprogrammlader in den Hauptspeicher geladen, wenn das B-Kommando des Monitorprogramms ausgeführt wird. Der Steuerprogrammlader befindet sich auf den ersten beiden Spuren einer Systemdiskette. Die Datei SCP.SYS besteht aus den drei Komponenten

- CCP (Console Command Processor/Kommandoverarbeiter)
- BDOS (Basic Disk Operating System/Grundbetriebssystem)
- BIOS (Basic I/O System/Ausführung der Ein- und Ausgabe).

Das Programm **CCP** löst zwei Aufgaben: Es führt den Dialog mit Ihnen, und es veranlaßt auf Ihre Anforderung hin die Ausführung von Programmen.
Das Programm **BDOS** besteht aus über 50 Teilprogrammen. Jedes dieser Teilprogramme führt eine genau abgegrenzte Funktion aus und hat eine eigene Nummer, mit der es aufgerufen wird. Die Funktionen, die von BDOS realisiert werden, lassen sich in die Gruppen
- einfache Ein- und Ausgabe
- Arbeit mit Dateien (auf Disketten, "RAM-Disk" oder Festplatte)
- Verwaltung des Hauptspeichers
- Laden von Programmdateien

einteilen.
Viele Programmierer nennen das Teilprogramm mit der Nummer i einfach "BDOS-Ruf i". Weil dies bequem und eindeutig zugleich ist, wollen wir es genauso halten.
Das Programm **BIOS** besteht wie BDOS aus mehreren Teilprogrammen, die jeweils eine genau abgegrenzte Funktion im Zusammenwirken von Hardware und BDOS ausführen und eine eigene Nummer haben. Das BIOS ist sozusagen das Bindeglied zwischen Hardware und BDOS. Das BIOS-Teilprogramm mit der Nummer i werden wir "BIOS-Ruf i" nennen.
Diejenigen unter Ihnen, die bereits auf 8-Bit-Computern mit SCP gearbeitet haben, werden bereits viele Gemeinsamkeiten zwischen SCP und SCP 1700 festgestellt haben. Beide Betriebssysteme unterstützen aber nicht nur dieselben Dateistrukturen, sondern bis auf die Spur 0 sogar dieselben Diskettenformate. Das unterschiedliche Format der Spur 0 hängt mit der unterschiedlichen Speicherungsform der beiden Betriebssysteme zusammen. Weil Sie die Spur 0 aber ohnehin nicht zur Speicherung von Dateien verwenden können, werden Sie diesen Unterschied nicht als Nachteil empfinden.
In der Tabelle im Anhang 1 sind die wichtigsten Diskettenformate angegeben, die von SCP 1700 und SCP (ab Vers. 5) auf den Laufwerken des VEB Kombinat Robotron K 5600.10, K 5600.20 und K 5601 unterstützt werden.

SCP 1700 wird, wie Sie bereits wissen, als Datei SCP.SYS vom Steuerprogrammlader in den Hauptspeicher geladen, wenn das B-Kommando des Monitorprogramms ausgeführt wird. Der Steuerprogrammlader befindet sich auf den ersten beiden Spuren der Systemdiskette. Dann ist das Laufwerk, in dem sich die Systemdiskette befindet, das "aktuelle Laufwerk". Sollten Sie über einen Computer A 7150 mit Festplattenlaufwerk verfügen und das SCP 1700 von der Festplatte laden, ist das Festplattenlaufwerk das aktuelle Laufwerk.
Die Laufwerke der Arbeitsplatzcomputer werden vom SCP 1700 mit den Buchstaben A bis P bezeichnet. Auf dem Grundgerät des A 7100 heißen die beiden integrierten Diskettenlaufwerke DRIVE 0 und DRIVE 1. In der Regel gilt folgende Zuordnung:

Laufwerk	Bezeichnung durch SCP 1700
DRIVE 0 (A 7100); oberes Laufwerk (A 7150)	A
DRIVE 1 (A 7100); unteres Laufwerk (A 7150)	B
Festplattenlaufwerk	F
MEMORY DISK (auch RAM-Disk)	E
Beistellgefäß:	
linkes Laufwerk:	C
rechtes Laufwerk:	D

Beim Start des SCP 1700 werden Sie, wie Sie bereits wissen, gefragt, ob Sie eine MEMORY DISK einrichten und initialisieren wollen:

```
DO YOU WANT A MEMORY DISK E: LIKE K5600.20
                      (306 K BYTES FOR USER) ? (Y/<CR>):Y
INITIALIZE MEMORY DISK ? (Y/<CR>):Y
```

oder

```
Installation of memory disk E:
    <CR> -> no memory disk
    nnn<CR> -> size of memory disk in KByte (100...308)
    Y<CR> -> standard (like standard format for K5600.20: 308K)
Input: Y
INITIALIZE MEMORY DISK ? (Y/<CR>): Y
```

Wenn Sie die Fragen (wie im Beispiel) mit Y (für Yes) beantworten, richtet das SCP 1700 einen entsprechend großen Teil des Hauptspeichers wie eine Diskette ein. Diese Möglichkeit ist auf vielen Personalcomputer-Typen gegeben. International hat sich dafür die Bezeichnung RAM-Disk (weil der Hauptspeicher ein RAM (Random Access Memory = Speicher mit wahlfreiem Zugriff) ist) durchgesetzt. Natürlich gibt es für diese RAM-Disk auch ein Dateiverzeichnis. Die RAM-Disk können Sie genauso wie ein wirkliches Diskettenlaufwerk nutzen. Allerdings sind alle Dateien der RAM-Disk, wenn Sie den Computer ausschalten oder die RESET-Taste am Grundgerät betätigen, verschwunden.
Nützlich ist die RAM-Disk vor allem, wenn Sie Dateien besonders schnell verarbeiten wollen, denn der Zugriff zu einem Sektor der RAM-Disk erfolgt sehr viel schneller als zu einem Sektor einer wirklichen Diskette.
Andererseits geht durch die RAM-Disk ein entsprechend großer Teil des Hauptspeichers zur Nutzung durch Programme verloren. Manchmal ist es daher erforderlich, genau zu überlegen, ob eine RAM-Disk nützlich ist und wie groß sie sein soll. Weil in der letzten Zeit einige Softwareprodukte entstanden sind, bei denen die richtige Anpassung der Größe der RAM-Disk Voraussetzung für eine effektive Arbeitsweise ist, wurde SCP 1700 in dieser Hinsicht um den bereits vorgestellten Dialog zur Festlegung der Größe der RAM-Disk erweitert.
Wenn es beim Arbeitsplatzcomputer zu einer Erhöhung des maximalen Hauptspeicherumfangs kommen sollte (etwa durch Einsatz höher integrierter Speicherschaltkreise), werden sicher noch größere RAM-Disks möglich sein.

2.4. Kommandos: Schnittstelle zwischen Nutzer und Computer

Ein Kommando ist zunächst nur der Name eines Programms, das ausgeführt werden soll. Es ist aber üblich geworden, auch die Programme selbst Kommandos zu nennen. An dieser Stelle sind einige Worte zu einer gerade von Programmierern häufig begangenen sprachlichen Nachlässigkeit erforderlich: Viele Programmierer setzen eine Sache und den Namen dieser Sache sprachlich gleich. Sicher ist dies bequem. Aber es führt zur Unklarheit in Gedanken und Äußerungen. Wir wollen diese Unklarheit vermeiden. Andererseits müssen wir eingefahrene sprachliche Gewohnheiten berücksichtigen, um uns verständlich zu machen und um selbst richtig zu verstehen.

Daher werden wir in diesem Buch nur wenige dieser Gewohnheiten übernehmen, und, wenn wir dies tun, besonders darauf hinweisen. Insbesondere werden wir Programme, aber auch die Namen der Dateien, in denen die Programme gespeichert sind und die wir nutzen, um die Programme aufzurufen, **Kommandos** nennen.

Viele Kommandos benötigen noch weitere Angaben, die **Parameter** genannt werden. Es ist von Kommando zu Kommando unterschiedlich, welche und wieviel Parameter Sie angeben müssen und welche Form vorgeschrieben ist. Wir werden daher stets Kommando und Parameter im Zusammenhang betrachten. Für den Komplex "Kommando + Parameter" wird häufig die Bezeichnung **Kommandozeile** verwendet. Kommando und Parameter sind durch mindestens ein Leerzeichen voneinander zu trennen.

Einige Kommandos sind unmittelbar Bestandteil des SCP 1700 (genauer: des CCP). Diese Programme nennen wir **resident**, weil sie ständig im Hauptspeicher verweilen oder "residieren". Wir werden uns mit allen residenten Kommandos noch genau beschäftigen. Damit Sie sich aber schon jetzt vorstellen können, welche Aufgaben mit diesen Kommandos gelöst werden können, enthält die folgende Tabelle einige Angaben zu wichtigen residenten Kommandos:

Kommando	Zweck
DIR, DIRS	Anzeige des Dateiverzeichnisses einer Diskette, RAM-Disk oder Festplatte
ERA	Löschen von Eintragungen in einem Dateiverzeichnis
REN	Umbenennen von Dateien
TYPE	Anzeige des Inhalts von Dateien

Wenn Sie ein nichtresidentes Kommando eingeben, sucht der CCP das Kommando auf dem aktuellen Laufwerk. Wenn er es findet, lädt er es in den Hauptspeicher und veranlaßt seine Ausführung. Weil dieses Programm nur zeitweilig, sozusagen als "Transitreisender", im Hauptspeicher verweilt, heißt es **transient**.

Nehmen wir nun einmal an, daß das Laufwerk A aktuelles Laufwerk ist und daß Sie das Kommando mit dem Namen TUWAS ausführen lassen wollen. Dieses Kommando befindet sich jedoch auf der Diskette im Laufwerk B. Wenn Sie nun nur das Kommando TUWAS geben, kann der CCP das Kommando nicht finden, denn er sucht ja (Sie erinnern sich sicher) auf dem aktuellen Laufwerk A. Es ergibt sich folgender Dialog zwischen Ihnen und dem CCP (alle Ihre Eingaben müssen Sie mit der Taste <--' abschließen):

```
A>TUWAS
TUWAS?
A>_
```

Wie können Sie erreichen, daß TUWAS dennoch ausgeführt wird? CCP bietet Ihnen zwei Möglichkeiten an:
- Sie teilen dem CCP mit, daß sich TUWAS auf der Diskette im Laufwerk B befindet, indem Sie vor TUWAS die Laufwerksbezeichnung und einen Doppelpunkt schreiben:

```
A>B:TUWAS
Lieber Freund, TUWAS begrüßt Sie ganz herzlich.
A>
```

- Sie teilen dem CCP mit, daß von jetzt an Laufwerk B das aktuelle Laufwerk sein soll, indem Sie einfach die Laufwerksbezeichnung des neuen aktuellen Laufwerks angeben und anschließend einen Doppelpunkt schreiben. Dann starten Sie TUWAS:

```
A>B:
B>TUWAS
Lieber Freund, TUWAS begrüßt Sie ganz herzlich.
B>
```

Von einigen Programmierern wird die zuletzt angegebene Form der Änderung des aktuellen Laufwerks auch als ein residentes Kommando aufgefaßt.
Bestimmte Funktionen des SCP 1700 können Sie einfach durch Eingabe der Tastenkombination "CTRL + Buchstabe" aufrufen. Auch diese Form des Aufrufs kann man als Sonderfall der residenten Kommandos auffassen. Wie bereits erwähnt, hat es sich eingebürgert, als Kurzschreibweise für eine solche Tastenkombination das Zeichen ^ gefolgt vom entsprechenden Buchstaben aufzuschreiben.
Die folgende Tabelle stellt alle diese "Tastaturkommandos" und ihre Wirkungen zusammen:

Tastatur-Kommando	Wirkung
^C	Abbruch des laufenden Programms; System rücksetzen
^E	neue Zeile
^H	ein Zeichen zurück
^J	Ende der Eingabe (wie "LF")
^M	Ende der Eingabe (wie "CR")
^P	Drucker ein/aus (zum Ein-/Ausschalten der Protokollierung des Dialogs zwischen Ihnen und dem System)
^R	Wiederholung der aktuellen Kommandozeile
^S	Unterbrechung der Ausgabe auf dem Bildschirm/Drucker; die Ausgabe wird nach erneuter Eingabe von ^S fortgesetzt.
^U	neue Zeile (davor erfolgte Eingabe wird ignoriert)
^X	an Zeilenanfang (löscht Zeile)
^Z	Trennung von Zeichenketten/Feldelementen

2.5. Beschreibung der wichtigsten Kommandos

In den beiden folgenden Unterabschnitten werden die Kommandos genau beschrieben, die im weiteren Sinne als Bestandteil des SCP 1700 gelten. Die sinnvolle Nutzung einiger dieser Kommandos (insbesondere RASM86, GENCMD und SID86) setzt ein tieferes Verständnis der Arbeitsweise des SCP 1700 voraus. Beim ersten Lesen sollten Sie die Angaben zu diesen Kommandos "überfliegen", um sich eine vorläufige Übersicht zu verschaffen.
Später werden Sie sich Kommando für Kommando erarbeiten und die folgenden Seiten nur noch zum Nachschlagen verwenden, wenn Ihnen Einzelheiten zur Arbeit mit den Kommandos entfallen sind.
Für jedes Kommando finden Sie die Form, in der Sie es eingeben müssen (seine **Syntax**) und eine ausführliche Erläuterung seiner Wirkung. Für die meisten Kommandos sind auch Beispiele angegeben. Darauf wird verzichtet, wenn das Kommando nur aus einem Wort ohne Parameter besteht (wie COPYDISK) oder einem anderen Kommando sehr ähnlich ist (wie DIRS).
Bei der Angabe der Syntax haben bestimmte Zeichen eine besondere Bedeutung. Angaben, die in geschweifte Klammern eingeschlossen sind, können Sie machen, müssen es aber nicht. Aus einer Liste von Angaben, die durch einen senkrechten Strich voneinander getrennt sind, dürfen Sie nur eine Angabe auswählen. Kommandowörter sind mit Großbuchstaben aufgeschrieben. Sie dürfen aber Kleinbuchstaben verwenden. Wenn ein Wort in Kleinbuchstaben aufgeschrieben ist, müssen Sie es durch eine konkrete Angabe ersetzen. Solche Wörter heißen auch "syntaktische Variablen". Alle anderen Zeichen müssen Sie genauso eingeben, wie sie in der Syntax vorgeschrieben sind.
Die syntaktische Variable "**db**" wird Ihnen besonders häufig begegnen. Diese Variable ist durch eine Dateibezeichnung zu ersetzen. Dabei müssen Sie die Regeln aus Abschnitt 2.3. hinsichtlich der Verwendung der Joker-Symbole * und ? einhalten. Die syntaktische Variable "**lw**" ist durch eine Laufwerksbezeichnung zu ersetzen.

2.5.1. Die residenten Kommandos

DIR {lw:} {db}

Wirkung: Es werden alle Eintragungen des Dateiverzeichnisses für Dateien angezeigt, auf die die Dateibezeichnung "db" zutrifft und die das Merkmal "DIR" besitzen. Eine Datei, die dieses Merkmal besitzt, heißt Nutzerdatei. Es gibt noch mehr Merkmale, die Dateien aufweisen können. In der Fachsprache werden solche Merkmale Attribute genannt.

Beispiele: DIR
   Es werden alle Eintragungen für Nutzerdateien des aktuellen Laufwerks angezeigt.
   DIR B:
   Es werden alle Eintragungen für Nutzerdateien des Laufwerks B angezeigt.
   DIR A*.?86
   Es werden alle Eintragungen für Nutzerdateien des aktuellen Laufwerks angezeigt, deren Name mit A beginnt und deren Typ mit 86 endet.

DIRS {lw:} {db}

Wirkung: Wie DIR, es werden aber nur die Eintragungen für die Dateien angezeigt, die das Attribut SYS besitzen. Eine solche Datei heißt Systemdatei. Systemdateien sollen dem Nutzer nicht ohne weiteres zugänglich sein.

ERA {lw:} db

Wirkung: Die Eintragungen für alle Dateien, auf die die Dateibezeichnung "db" zutrifft, werden in dem entsprechenden Dateiverzeichnis als "gelöscht" markiert. Sie sind damit für neue Eintragungen wiederverwendbar. Die Dateien selbst werden nicht gelöscht.

Beispiele: ERA B:*.*
   Alle Eintragungen des Verzeichnisses der Diskette in Laufwerk B werden als gelöscht markiert.
   ERA DATEI.TYP
   Die Eintragung für die Datei DATEI.TYP auf der Diskette im aktuellen Laufwerk wird als gelöscht markiert.
   ERA *.BAK
   Alle Eintragungen für Dateien des Typs BAK auf dem aktuellen Laufwerk werden als gelöscht markiert.

REN {lw:} neu=alt

Wirkung: Die Datei mit der Dateibezeichnung "alt" erhält die neue Dateibezeichnung "neu". Weder in "neu" noch in "alt" dürfen Joker-Symbole verwendet werden.

Beispiel: REN E:AC2.TXT=MONITOR.TXT
   Die Datei auf Laufwerk E, die zuvor die Bezeichnung MONITOR.TXT trug, hat nun die Bezeichnung AC2.TXT.

TYPE {lw:} db

Wirkung: Der Inhalt der Datei mit der Dateibezeichnung "db" wird angezeigt. Sobald irgendeine Taste betätigt wird, wird die Anzeige abgebrochen. In "db" dürfen keine Joker-Symbole verwendet werden. Wenn vorher mit ^P der Drucker aktiviert wurde, wird der Inhalt der Datei außerdem ausgedruckt.
   Es muß beachtet werden, daß es Bit-Kombinationen gibt, die keine darstellbaren Zeichen repräsentieren. Diese Bit-Kombinationen können jedoch bestimmte Steuerfunktionen auslösen, so daß der Zustand des Computers unvorhersehbar wird.

   Mit dem Kommando TYPE sollte also nur der Inhalt von Dateien ausgegeben werden, die mit Sicherheit ausschließlich gültige ASCII- oder KOI-7-Code-Zeichen enthalten.

Beispiel: TYPE AC2.TXT
	Der Text, der in der Datei AC2.TXT enthalten ist, wird ausgegeben. Die Datei AC2.TXT befindet sich auf der Diskette im aktuellen Laufwerk.

2.5.2. Die wichtigsten transienten Kommandos

INIT

Wirkung: Eine Diskette wird initialisiert oder formatiert. Beide Begriffe bedeuten dasselbe. Beim Initialisieren werden alle Spuren der Diskette mit leeren Sektoren beschrieben. Damit nicht versehentlich die Diskette initialisiert wird, die das INIT-Kommando enthält, sollten Sie diese Diskette sofort nach dessen Bereitschaftsmeldung

INIT Vx.y

aus dem Laufwerk entnehmen. Sie werden zunächst gefragt:

Disk drive?

Als Antwort geben Sie die Bezeichnung des Laufwerks ein, das die zu initialisierende Diskette aufnehmen soll. Die weiteren Fragen sollten Sie mit der Taste <--' beantworten. Dann erhält die zu initialisierende Diskette das SCP 1700-Standardformat (siehe auch Anhang 1 und Anhang 2).

COPYDISK

Wirkung: Der Inhalt einer Diskette wird vollständig auf eine andere Diskette kopiert. Alle weiteren für die Arbeit von COPYDISK erforderlichen Informationen werden von COPYDISK abgefragt. Die Zieldiskette muß nicht formatiert sein. Das Ziellaufwerk muß dieselbe Formatierung ermöglichen, die die Quelldiskette aufweist. Wenn auf einer der beiden Disketten fehlerhafte Spuren festgestellt werden, kann COPYDISK die Arbeit nicht erfolgreich abschließen.
Mit dem Kommando COPYDISK kann das Betriebssystem SCP 1700 einschließlich der SCP-Systemspuren auf bequeme Weise von einer Diskette auf eine andere übertragen werden.

SID86 {name}

Wirkung: Mit dem Kommando SID86 können Sie Programme auf der Ebene der Maschinencode-Programmierung testen. Wenn das Programm bereits als Datei des Typs CMD vorliegt, können Sie dessen Namen "name" als Parameter angeben.

DISKSET

Wirkung: Ein Diskettenlaufwerk wird auf ein bestimmtes Diskettenformat eingestellt. Alle weiteren Informationen werden vom Kommando DISKSET abgefragt.
Jedes der Laufwerke A bis D kann auf folgende Disketteneigenschaften (5.25") eingestellt werden:
Art: SS/DD (SS: einseitig, DD: doppelte Dichte)
   DS/DD (DS: doppelseitig)
Spuraufteilung (Anzahl Sektoren je Spur * Länge eines Sektors in Byte): 26*128 (nur SS); <u>16*256 (Standard)</u>; 8*512; 9*512; 4*1024; 5*1024
Spuranzahl: 40 Spuren (nur Lesen möglich); <u>80 Spuren (Standard)</u>
Anzahl möglicher Eintragungen im Dateiverzeichnis: 64; <u>128 (Standard)</u>; 192
Anzahl Systemspuren: 0 bis 9 (Standard: 2)
Auch für 8"-Disketten können Sie unterschiedliche Formate einstellen. Die für diese Disketten zulässigen Eigenschaften können Sie den Fragen des Kommandos DISKSET entnehmen.

```
GENCMD name.H86 { 8080 | {   CODE.[as] }
                         {   DATA [as] }
                         {  STACK [as] }
                         {  EXTRA [as] } }
```

Wirkung: Aus einer Datei im hexadezimalen Format (solche Dateien werden zum Beispiel vom Assembler ASM86 erzeugt und haben den Typ H86) wird eine Datei im ausführbaren Format (Typ: CMD) erzeugt. Die Parameter bestimmen die Auswahl des Speichermodells, in dem das Programm arbeiten soll.
Wenn Sie sich für das einfache 8080-Speichermodell entschieden haben, geben Sie außer dem Dateinamen "name" nur noch den Parameter 8080 an.
Andernfalls können Sie für jedes der vier Segmente noch Vorgaben zu Adressen und Speicherbedarf machen. Diese Vorgaben "as" haben die Form

{An,}{Bn,}{Mn,}{Xn}

Anstelle von "n" müssen Sie eine Zahl in hexadezimaler Schreibweise angeben. Die Bedeutung von "n" hängt davon ab, welcher Buchstabe vor "n" steht:
A: absolute Speicheradresse
B: Startadresse einer Gruppe in der H86-Datei
M: mindestens erforderlicher Hauptspeicherumfang
X: höchstens erforderlicher Hauptspeicherumfang

Beispiele: GENCMD MEINPROG
GENCMD KLEINPRO 8080
GENCMD GROSSPRO CODE[A0000,M0400] DATA[M0200]

HELP {Begriff} {Unterbegriff1...Unterbegriff8} {[P]}

Wirkung: Mit dem Kommando HELP können Sie sich anzeigen lassen, wie ein Kommando genutzt werden kann. Wenn Sie nur HELP eingeben, werden Ihnen alle Begriffe angezeigt, zu denen HELP Informationen geben kann. Bei Angabe der Option P erfolgt nicht die sonst nach jeweils 23 Zeilen übliche Pause der Anzeige. Die Option P sollten Sie zum Beispiel dann verwenden, wenn Sie die Informationen, die HELP Ihnen bietet, ausdrucken wollen. Dazu müssen Sie zuvor mit dem Tastaturkommando ^P den Protokolldruck einschalten.

Beispiel: Das Kommando HELP HELP bewirkt auf dem Bildschirm diese Anzeige:

```
HELP

SYNTAX:

    HELP {topic} {subtopic1 subtopic2 ... subtopic8}{[P]}

BESCHREIBUNG:

    HELP liefert Informationen ueber die Anwendung und den
Aufbau der SCP 1700-Kommandos. HELP ohne Kommandoparameter
listet alle verfuegbaren Begriffe (topics) auf. HELP gefolgt
von einem Begriff gibt Informationen zu diesem Begriff aus,
HELP gefolgt von einem Begriff und einer wahlweisen Folge von
Unterbegriffen (subtopics) gibt Informationen ueber diesen
speziellen Unterbegriff aus. Unterbegriffe koennen nur im
Zusammenhang mit ihren uebergeordneten Begriffen verwendet
werden.
Nach der Ausgabe HELP> koennen ein Begriff und maximal acht
Unterbegriffe eingegeben werden.
HELP wird durch das Druecken der RETURN-Taste beendet.
Bei Angabe des [P]-Parameters im HELP-Kommando erfolgt nach 23
Zeilen keine Pause auf dem Bildschirm.
Press ENTER to continue.
BEISPIELE:

    A>HELP DIR
    A>HELP STAT OPTIONS [P]
    A>HELP
    HELP> HELP
    HELP> STAT BEISPIELE

Topics available:

ASM86      COMMANDS   COPYDISK   DDT86      DIR        DIRS
DISKSET    ED         ERA        FILESPEC   GENCMD     HELP
INIT       LDCOPY     PIP        REN        STAT       SUBMIT
TYPE       USER

HELP>
```

```
PIP db1{[Gn]}=db2{[o]}{,...}
PIP db1 | dev = db2 | dev
```

Wirkung: Mit PIP können Sie Dateien kopieren, aus mehreren Dateien eine
neue Datei bilden und über Peripheriegeräte Daten in Dateien
einlesen und aus Dateien ausgeben. Die Dateibezeichnung **dbl**
gibt an, welche Datei das Ergebnis der Arbeit von PIP ist
("Zieldatei"). Alle weiteren Dateibezeichnungen geben an, aus
welchen Dateien ("Quelldateien") die Zieldatei gebildet wird.
Anstelle der Zieldatei oder Quelldatei können Sie auch jedes
logische Gerät, das SCP 1700 kennt, angeben. SCP 1700 kennt die
logischen Geräte
- CON: Bildschirm (Ausgabe), Tastatur (Eingabe)
- PRN: Drucker
- LST: Drucker.

Wenn Sie nur PIP eingeben, antwortet PIP mit seinem
Aufforderungszeichen, dem Stern. Der Kursor wird hinter den
Stern positioniert, und PIP erwartet nun die Eingabe eines PIP-
Kommandos. Ein PIP-Kommando ist genauso aufgebaut wie die oben
angegebene Parameterliste. In diesem Modus beendet PIP nach der
Ausführung des Kommandos nicht seine Arbeit, sondern meldet
sich wieder mit seinem Aufforderungszeichen, so daß Sie, ohne
PIP ständig neu aufrufen zu müssen, eine ganze Folge von
Schritten ausführen lassen können. Die Arbeit mit PIP wird
durch das Tastaturkommando ^C beendet.

Hinter jede Dateibezeichnung können Sie beliebige Kombinationen
der folgenden Optionen, in eckige Klammern eingeschlossen,
angeben:

Option	Bedeutung
Dn	Löschen aller Zeichen nach Spalte n.
E	"Echo" der bewegten Daten auf dem Bildschirm.
F	Alle Zeichen "Seitenvorschub" werden nicht aus den Quelldateien übernommen.
Gn	Datei ist/wird Nutzer mit Nutzernummer n zugeordnet.
H	Prüfung auf gültige Hexadezimaldarstellung.
I	Wie H; zusätzlich werden Sätze, die nur Byte mit dem Wert 00H enthalten, nicht aus den Quelldateien übernommen.
K	Dateibezeichnungen werden nicht angezeigt.
L	Alle Großbuchstaben der Quelldateien werden als Kleinbuchstaben übernommen.
N	Die Ausgabezeilen werden numeriert.
O	Es werden Objektdateien übertragen; alle Byte mit dem Wert 1AH werden nicht aus den Quelldateien übernommen.
Pn	Alle n Zeilen wird das Zeichen "Seitenvorschub" eingefügt.
Qs^Z	Sobald die Zeichenkette s in der Quelldatei erkannt wurde, wird der Kopiervorgang beendet.
R	Auch Dateien, die Systemstatus aufweisen, werden als Quelldatei zugelassen.

Option	Bedeutung
Ss^Z	Sobald die Zeichenkette s in der Quelldatei erkannt wurde, beginnt der Kopiervorgang.
Tn	Die Tabulatorschrittweite beträgt n Spalten.
U	Alle Kleinbuchstaben der Quelldateien werden als Großbuchstaben übernommen.
V	Durch nachfolgendes Lesen jedes in die Zieldatei geschriebenen Satzes wird geprüft, ob das Schreiben ohne Fehler erfolgte.
W	Schreibgeschützte Dateien werden ohne Anfrage überschrieben.
Z	Das Paritätsbit wird auf den Wert Null gesetzt.

Wenn eine dieser Optionen angegeben wurde (mit Ausnahme von G, K, O, R, V und W), behandelt PIP die betroffenen Dateien so, als ob sie nur Zeichen des Codes KOI-7 (ASCII) enthalten.

Beispiele: (Kommentare sind durch Semikolon vom Kommando abgetrennt.)

Kopieren von einer Diskette auf eine andere:
PIP B:=A:KAPITEL2.DOC
PIP B:KAPITEL2.DOC=A:

Kopieren einer Datei, dabei gleichzeitig umbenennen:
PIP B:KAPITEL2.DOC=KAPITEL2.TXT
PIP A:LITVERZ.DOC=B:LITVERZ.TXT

Mehrere Dateien kopieren (aktuelles Laufwerk ist A):
PIP B:=*.DOC[V]   ; unter Option V wird festgestellt, ob die Daten korrekt geschrieben wurden
PIP B:=*.CMD[R]   ; unter Option R werden auch Dateien mit Systemstatus kopiert
PIP B:=E:*.ETW[W] ; unter Option W werden Dateien, die schreibgeschützt sind, ohne Anfrage überschrieben
PIP B:=E:*.*   ; alle Dateien der RAM-Disk werden auf die Diskette im Laufwerk B kopiert.

Aus mehreren Dateien eine neue Datei bilden:
PIP B:DATEI.NEU=DATEI1.ALT,DATEI2.ALT,C:DATEI3.ALT

Kopieren, umbenennen und Nutzer 5 zuordnen:
PIP FUERLUCY.TXT[G5]=MEIN.TXT

Kopieren, umbenennen und von Nutzer 2 erhalten:
PIP MEIN.TXT=VONPAULA.TXT[G2]

Von/nach logischen Geräten kopieren:
PIP LST:=ALLES.DOC ; Datei ALLES.DOC drucken

Computer wird zur Schreibmaschine (die Tastatureingabe wird Zeile für Zeile ausgedruckt):
PIP LST:=CON

```
STAT
STAT lw:=RO
STAT db {RO | RW | SYS | DIR | SIZE}
STAT {lw:}DSK: | {lw:}USR: | DEV: | VAL:
STAT logdev:=physdev
```

Wirkung: Das Kommando STAT liefert Informationen über den Zustand der
           Laufwerke, Dateien und die an den Computer angeschlossenen
           Peripheriegeräte. Mit STAT können Sie auch die Attribute, die
           den Dateien und Geräten zugeordnet sind, ändern. Wenn Sie nur
           STAT eingeben, wird der freie Speicherplatz (in KByte)
           angezeigt, der auf den Laufwerken verfügbar ist, die SCP 1700
           seit dem letzten Systemstart oder dem letzten Rücksetzen (^C)
           überprüft hat.
           Ferner wird angezeigt, ob diese Laufwerke vom Zustand RO (nur
           Lesen erlaubt) oder RW (Lesen und Schreiben erlaubt) sind.
           Normalerweise hat jedes Laufwerk den Zustand RW. Ein Wechsel
           der Diskette hat automatisch den Übergang zum Status RO zur
           Folge. Wenn Sie auf der neuen Diskette eine Datei anlegen
           wollen, müssen Sie das Laufwerk, in dem diese Diskette liegt,
           zuvor wieder in den Zustand RW bringen. Dies bewirken Sie am
           einfachsten durch Eingabe von ^C.
           Wenn Sie das Kommando **STAT db** verwenden, wird angezeigt,
           welchen Umfang (in KByte) die Datei(en) aufweist (aufweisen).
           In dieser Form können Sie das Kommando STAT auch dazu nutzen,
           einzelnen Dateien den Zustand RW, RO, SYS oder DIR zu geben.

           Mit dem Kommando **STAT lw: DSK:** können Sie sich die Merkmale des
           angegebenen Laufwerks anzeigen lassen. Das Kommando **STAT lw:**
           USR: dient zur Anzeige der Nutzernummern, denen Dateien zuge-
           ordnet sind. Wenn Sie wissen wollen, welche externen Geräte an
           den Computer angeschlossen werden können, gibt das Kommando
           STAT VAL: die nötigen Informationen. Sie dürfen in Datei-
           bezeichnungen, die Sie im Kommando STAT angeben, Joker-Symbole
           verwenden. Dabei müssen Sie beachten, daß vor den Optionen RO,
           RW, SYS, DIS und SIZE zwar die Zeichen $ und [, aber keine
           anderen Begrenzungszeichen stehen dürfen.
           Die folgende Tabelle enthält alle zulässigen Optionen für das
           Kommando STAT:

Option	Bedeutung
RW	Lesen und Schreiben erlaubt
RO	nur Lesen erlaubt
SYS	Datei hat Systemstatus (wird mit DIR nicht angezeigt, Systemattribut gesetzt)
DIR	Datei hat nicht Systemstatus
SIZE	Anzeige des Umfangs des oder der Dateien
VAL:	Anzeige möglicher anschließbarer Geräte
USR:	Anzeige von Nutzernummern, denen Dateien zugeordnet sind
DSK:	Anzeige der Laufwerksmerkmale
DEV:	Anzeige der gültigen Zuordnungen der logischen zu den physischen Geräten

```
Beispiele: STAT
           STAT E:=RO
           STAT BUCH.DOC
           STAT *.DOC RO
           STAT *.BAK RW
```

SUBMIT db {p1, p2, ...}

Wirkung: Die Datei db, die SCP 1700-Kommandos enthält, wird "abgearbeitet". Jede Zeile dieser Datei darf nur ein Kommando enthalten und muß mit den Zeichen "Wagenrücklauf" und "Zeilenvorschub" beendet werden. Alle Kommandos dieser Datei werden nacheinander ausgeführt. Der Typ dieser Datei muß SUB lauten. In der Datei können Sie "formale" Parameter verwenden, die bei der Abarbeitung durch die "aktuellen" Parameter p1, p2, ... ersetzt werden. Die formalen Parameter bestehen aus dem Währungszeichen und einer laufenden Nummer ($1, $2, ...). Überall dort, wo in der Datei der formale Parameter $i steht, wird er bei der Abarbeitung durch den aktuellen Parameter pi ersetzt.
Durch zweckmäßige Schaffung von solchen Kommandodateien ("Submit-Dateien") können Sie sich viel Arbeit ersparen, wenn Sie häufig dieselben oder ähnliche Kommandofolgen eingeben müssen. Beispiele für nützliche Submit-Dateien sind im im Kapitel 6. enthalten.

Beispiele: SUBMIT L B:FLAECHE=FLAECHE ; siehe Abschnitt 6.4.
           SUBMIT CCLG CPROGRAM ; siehe Abschnitt 6.5.1.

RASM86 db {p1} | ASM86 db {p1}

Wirkung: Das Programm in Assemblersprache, das Inhalt der Datei mit der Bezeichnung "db" ist, wird assembliert. Dabei werden die Parameter der Parameterliste "pl" beachtet. Vom Assembler RASM86 wird ein Objektprogramm im verschieblichen Objektformat (Dateityp OBJ), vom Assembler ASM86 ein Objektprogramm im Hexadezimalformat (Dateityp H86) erzeugt.

USER n

Wirkung: Die aktuelle Nutzernummer wird angezeigt oder geändert. Die Nutzernummern 0 bis 15 sind zulässig. Wenn Sie keine Nutzernummer angeben, ist dies gleichbedeutend damit, daß die Nutzernummer 0 aktuell ist. Dateien, die angelegt werden, während eine bestimmte Nutzernummer gültig ist, werden dieser Nutzernummer zugeordnet. Dateien mit Systemstatus, die der Nutzernummer 0 zugeordnet sind, stehen unter allen Nutzernummern als RO-Dateien zur Verfügung.

3. Die weiteren Betriebssysteme des Arbeitsplatzcomputers

Außer dem Betriebssystem SCP 1700 können auf dem AC A 7100 noch die Betriebssysteme MUTOS 1700 und BOS 1810 eingesetzt werden. Auf dem AC A 7150 kommt noch das Betriebssystem DCP hinzu. Da das zuletzt genannte Betriebssystem sicher viele Anwender finden wird, nimmt seine Darstellung in diesem Buch im Vergleich zur Darstellung der Betriebssysteme MUTOS 1700 und BOS 1810, die im wesentlichen speziellen Zwecken dienen, deutlich mehr Raum ein.

3.1. DCP

3.1.1. Die wichtigsten Merkmale

Das Betriebssystem DCP ist kompatibel zu international stark verbreiteten Betriebssystemen, so daß viele Softwareprodukte, die für diese Betriebssysteme entwickelt wurden, auch unter DCP eingesetzt werden können. Die meisten dieser Softwareprodukte verfügen über eine gut durchdachte Menü- und Fenstertechnik und sind damit besonders einfach zu bedienen.
Dieses Betriebssystem steht seit 1987 für den Arbeitsplatzcomputer A 7150 zur Verfügung. Installation, Anpassung und Pflege von DCP sind einfach. DCP ist ausgesprochen nutzerfreundlich und arbeitet verhältnismäßig schnell, nicht zuletzt, weil es im Vergleich zu MUTOS 1700 und BOS 1810 ein kleines Betriebssystem ist. Selbstverständlich ist es, betrachtet man die realisierten Funktionen, nicht so leistungsfähig wie die genannten beiden größeren Betriebssysteme. DCP erlaubt auch nicht die Arbeit unter Echtzeit-Bedingungen. Sie können aber Ihre Aufgaben selbständig mit Hilfe von DCP bearbeiten, ohne daß Ihnen in Ihrem Betrieb ein spezieller Systemverantwortlicher zur Seite stehen muß, wie es bei der Arbeit mit großen Betriebssystemen Voraussetzung ist.
Wenn Sie ständig mit DCP arbeiten, sollten Sie sich für DCP spezielle Literatur beschaffen. Im Aufsatz /9/ sind zu DCP viele wichtige Informationen enthalten.

Bei der Entwicklung von DCP wurden viele bewährte Merkmale von SCP 1700 übernommen. Daher gibt es eine beträchtliche Anzahl von Gemeinsamkeiten. Wie mit SCP 1700 verständigen Sie sich auch mit DCP über Kommandos. Auch DCP fordert Sie durch Angabe des aktuellen Laufwerks auf, ein neues Kommando einzugeben, beispielsweise so:

A>_

Das aktuelle Laufwerk wechseln Sie genauso wie unter SCP 1700. Die Kommandos, die durch Programme des im Hauptspeicher residierenden Betriebssystems ausgeführt werden, heißen "interne" Kommandos. Sie entsprechen den residenten Kommandos des SCP 1700. Die Kommandos, die durch Programme in eigenen Dateien ausgeführt werden, heißen "externe" Kommandos. Sie entsprechen den transienten Kommandos des SCP 1700.
Externe Kommandos müssen einen der beiden Dateitypen COM oder EXE aufweisen. Damit sind sie für DCP als ausführbares Programm erkennbar. Beim Aufruf eines externen Kommandos brauchen Sie wie unter SCP 1700 den Dateityp nicht anzugeben.

Einige Kommandos haben unter SCP 1700 und DCP dieselbe Bezeichnung und werden auf dieselbe oder ganz ähnliche Weise aufgerufen. Beispiele hierfür sind die internen Kommandos

DIR   Anzeigen des aktuellen Dateiverzeichnisses
REN   Umbenennen einer Datei
TYPE   Anzeigen des Inhalts einer Datei.

Andere Kommandos haben unter SCP 1700 und DCP bei gleicher oder ähnlicher Aufgabe unterschiedliche Bezeichnungen:

DCP	SCP 1700	Aufgabe
DEL	ERA	Löschen einer Eintragung im Dateiverzeichnis
FORMAT	INIT	Initialisieren einer Diskette oder Festplatte
DISKCOPY	COPYDISK	Kopieren einer Diskette

Schließlich gibt es unter DCP eine Vielzahl weiterer Kommandos, für die es unter SCP 1700 keine Entsprechung gibt. Einige dieser Kommandos, besonders diejenigen, die Ihnen die Arbeit mit Dateien erleichtern, sollen Sie im folgenden kennenlernen. Vorher müssen Sie aber noch lernen, Ihren Arbeitsplatzcomputer unter DCP zu starten.

3.1.2. Start des Systems

DCP unterstützt einseitig und doppelseitig beschreibbare Disketten, einseitige mit 40 und doppelseitige mit 40 oder 80 Spuren. Eine Spur besteht aus 9 Sektoren, jeder Sektor umfaßt 512 Byte. Damit haben DCP-Disketten eine Kapazität von 180 (einseitig, 40 Spuren), 360 (doppelseitig, 40 Spuren) oder 720 (doppelseitig, 80 Spuren) KByte. Nähere Einzelheiten zu den unterstützten Diskettenformaten finden Sie im Anhang 1.
Das Betriebssystem DCP wird vom VEB Kombinat Robotron auf zwei Disketten ausgeliefert. Die erste Diskette enthält das Anfangslade-Programm ("Boot-Programm") und die wichtigsten Komponenten des Betriebssystems. Auf der zweiten Diskette befinden sich weitere Dienstprogramme.
Wenn sich im Laufwerk A eine Diskette mit Boot-Programm und Betriebssystem befindet, wird DCP von diesem Datenträger geladen, auch wenn Sie über einen Computer mit Festplatte verfügen und diese Boot-Programm und Betriebssystem enthält. Diese Eigenschaft können Sie nutzen, um eine neue Version des DCP auf die Festplatte zu übertragen:

Sobald DCP bereit ist, Ihre Kommandos auszuführen, meldet es sich mit
seiner Aufforderungsnachricht.

Mit Hilfe des Dienstprogramms FORMAT können Sie die neue Version des DCP
dann auf die Festplatte übertragen. Sie geben dazu das Kommando

FORMAT C:/S

ein. Dabei werden alle bereits auf der Festplatte existierenden Dateien
gelöscht. Sobald dieser Prozeß abgeschlossen ist, können Sie DCP von der
Festplatte aus starten. Bei laufendem Betrieb erfolgt ein Neustart, wenn
Sie die drei Tasten CTRL, ALT und DEL gleichzeitig betätigen. Das DCP wird
aber nur dann von der Festplatte geladen, wenn sich im Laufwerk A keine
Diskette mit Boot-Programm und Betriebssystem befindet.

3.1.3. Das DCP-Dateisystem

Der Speicherplatz auf Disketten und Festplatten wird in Form von Sektoren
und "Clustern" (aus dem Englischen, die wörtliche Übersetzung von
"cluster" lautet Büschel oder Gruppe) verwaltet. Ein Sektor umfaßt 512
zusammenhängende Byte, ein Cluster n zusammenhängende Sektoren. Der Wert
von n ist abhängig von Art und Formatierung des Datenträgers. Bei den
meisten Diskettenformaten beträgt er 1 oder 2, bei Festplatten 4. Eine
Datei besteht aus mehreren Clustern, die beliebig auf dem Datenträger
angeordnet sein können.

Das Dateisystem von DCP ist aufwendiger organisiert als das von SCP 1700.
Auf jeder Diskette oder Festplatte existiert zunächst wie unter SCP 1700
ein Dateiverzeichnis. Dieses Dateiverzeichnis heißt **Stammverzeichnis**
(englisch: "root directory"). Das Stammverzeichnis wird beim Formatieren
eines Datenträgers angelegt. Unter DCP enthält ein Dateiverzeichnis jedoch
nur die Angabe des ersten "Clusters" der Datei. Angaben über die übrigen
Cluster, die die Dateien auf dem Datenträger einnehmen, sind in einem
besonderen Bereich des Datenträgers, der **Dateizuordnungstabelle** (englisch:
"file allocation table", abgekürzt FAT), gespeichert. Auch diese Tabelle
wird beim Formatieren des Datenträgers angelegt.

Sowohl bei Disketten als auch bei Festplatten werden die ersten Sektoren
auf dieselbe Weise genutzt:

Sektoren	Inhalt
0	Anfangslader ("Boot-Sektor")
1 bis m	FAT (zweimal redundant gespeichert, Umfang abhängig vom Datenträger und dessen Formatierung)
m+1 bis n	Stammverzeichnis (Umfang abhängig vom Datenträger und dessen Formatierung)
ab n+1	DCP-Systemdateien SYS.COM und COMMAND.COM

Den Inhalt des aktuellen Dateiverzeichnisses können Sie sich mit dem
Kommando DIR anzeigen lassen. Wenn Sie dieses Kommando unmittelbar nach
dem Laden des DCP von der Diskette im Laufwerk A geben, wird Ihnen der

Inhalt der ersten Systemdiskette so (oder ähnlich, abhängig vom Auslieferungsstand Ihres Betriebssystems) angezeigt:

DIR

```
Volume in drive A is DCP1700
Directory of A:\
COMMAND    COM     24380     01.01.88     12.00
ANSI       SYS      1651     01.01.88     12.00
APPEND     COM      1725     01.01.88     12.00
...
VDISK      SYS      3929     01.01.88     12.00
XCOPY      EXE     11472     01.01.88     12.00
     42 File(s)              xxxxxx bytes free
```

Das gesamte Dateiverzeichnis der ersten Systemdiskette ist so umfangreich, daß es nicht vollständig auf einem Bildschirm Platz findet. Es "läuft durch", und Sie sehen nur noch die untere Hälfte. Wie unter SCP 1700 ist es aber möglich, mit der Tastenkombination ^P den Drucker ein- und auszuschalten, so daß Sie parallel zur Anzeige auf dem Bildschirm eine Druckliste erzeugen können.
Die erste Spalte der Liste enthält den Dateinamen, die zweite den Dateityp, die dritte den Umfang der Datei in Byte, die vierte das Datum und die fünfte die Uhrzeit der letzten Änderung oder der Bildung der Datei.
Eine Kurzfassung des Dateiverzeichnisses, in der nur die Dateibezeichnungen angegeben sind, dafür aber fünf Dateibezeichnungen nebeneinander, zeigt Ihnen DCP an, wenn Sie das Kommando DIR in dieser Form geben:

DIR /W

In diesem Fall kann das gesamte Dateiverzeichnis der ersten Systemdiskette auf 9 Zeilen angezeigt werden.

Unter DCP dürfen Sie einige Bezeichnungen nicht zur Bildung von Dateinamen verwenden. Diese Bezeichnungen sind für DCP reserviert: AUX, COM1, COM2, CON, PRN, LPT1, LPT2, LPT3, NUL.
Wenn Ihr Arbeitsplatzcomputer von mehreren Kollegen genutzt wird, oder wenn Sie den Computer zur Lösung unterschiedlicher Aufgaben einsetzen, wird ihr Stammverzeichnis schnell unübersichtlich sein. DCP gibt Ihnen deshalb die Möglichkeit, die Dateien eines Datenträgers besser zu ordnen. Sie können für jede Aufgabe oder jeden Kollegen Unterverzeichnisse einrichten, in die die entsprechenden zugehörigen Dateien eingetragen werden. Im Stammverzeichnis sind dann lediglich die Namen der Unterverzeichnisse und die Dateien eingetragen, die von allen benötigt werden. Wenn diese Unterteilung für Ihre Zwecke noch nicht ausreicht, können Sie innerhalb von Unterverzeichnissen weitere Unterverzeichnisse einrichten. Auf diese Weise erhält das Dateisystem eine Baumstruktur.
Solange Sie mit einem unstrukturierten Dateisystem arbeiten, "befinden" Sie sich im Stammverzeichnis des aktuellen Laufwerks. Sie haben alle Dateien dieses Datenträgers im unmittelbaren Zugriff. Sobald Sie das Dateisystem aber strukturieren, indem Sie Unterverzeichnisse einrichten, "befinden" Sie sich stets an einem Knoten des die Struktur bildenden

Baumes. Im unmittelbaren Zugriff haben Sie nur die Dateien und Unterverzeichnisse, die Sie von diesem Knoten aus angelegt haben. Alle Kommandos des DCP wirken nur auf diese Dateien und Unterverzeichnisse.
In diesem Buch werden wir das Dateiverzeichnis, an dem wir uns "befinden", das **aktuelle** Dateiverzeichnis nennen.
Wir wollen dies an einem Beispiel betrachten. Eine mögliche und von vielen in dieser oder ganz ähnlicher Form ausgeführte Strukturierung der Festplatte C ist folgende:

Im Stammverzeichnis befinden sich nur Eintragungen für die Dateien des Betriebssystems und für die Unterverzeichnisse der ersten Stufe. Die Unterverzeichnisse der ersten Stufe heißen UTILITY, TP, REDABAS, MC, F77, C und TPASCAL. Die Dateien sind so auf die Unterverzeichnisse aufgeteilt:

UTILITY	Dateien, die Dienstprogramm-Funktionen realisieren
TP	die zu TP gehörenden Programme, mit TP erstellte Texte
REDABAS	die zu REDABAS gehörenden Programme, Datenbanken, PRG-Dateien
MC	die zum CAD-Programm MultiCAD gehörenden Programme, Bilddateien, MultiLISP-Programme
F77, C, TPASCAL	Programme, die der Nutzer in den Programmiersprachen FORTRAN, C und PASCAL geschrieben hat und die sich möglicherweise noch in Entwicklung befinden.

Wenn das Unterverzeichnis UTILITY das aktuelle Dateiverzeichnis ist und Sie das Programm MDISK aufrufen wollen (wir nehmen an, es ist in diesem Unterverzeichnis eingetragen), genügt es, wenn Sie

MDISK

eingeben. Wenn jedoch UTILITY nicht das aktuelle Verzeichnis ist und Sie dasselbe Programm aufrufen wollen, müssen Sie

\UTILITY\MDISK

eingeben. Die Zeichenkette "\UTILITY\" wird als "Pfadname" des Pfades bezeichnet, der vom Stammverzeichnis zum Unterverzeichnis UTILITY führt. Er enthält durch rückwärts gerichtete Schrägstriche getrennt alle Namen der Knoten des "Verzeichnisbaumes", die passiert werden müssen, wenn Sie auf dem kürzesten Wege vom Stammverzeichnis zu dem Verzeichnis gelangen wollen, das die gesuchte Eintragung enthält.
Wenn Sie ein vielstufiges Dateisystem aufgebaut haben, kann der Pfadname recht lang sein.
Die Zeichenkette "\UTILITY\MDISK.EXE" ist der Pfadname, der bis zur Datei MDISK.EXE führt. Da Sie das Programm MDISK.EXE als Kommando aufrufen wollen, brauchen Sie den Typ EXE nicht mit anzugeben. Daher führt in diesem Fall auch der Pfadname "\UTILITY\MDISK" zum Ziel.
Das Programm MDISK ist übrigens ein sehr leistungsfähiges Dienstprogramm, mit dessen Hilfe Sie unter anderem Dateien kopieren, von einem Verzeichnis in ein anderes Verzeichnis "bewegen" oder den Inhalt von Dateien oder einzelnen Sektoren anzeigen lassen (hexadezimal und im ASCII- oder KOI-7-Code) und ändern können. Sie lernen seine Bedienung am schnellsten, wenn Sie es unter Nutzung der Help-Funktion ausprobieren.

3.1.4. Einige wichtige Kommandos

Die externen Kommandos sind in Form von Programmen auf Disketten oder Festplatten gespeichert. Bevor Sie ausgeführt werden können, müssen sie in den Hauptspeicher geladen werden. Wenn Sie diese Kommandos in einem eigenen Unterverzeichnis zusammenfassen (zum Beispiel in dem bereits erwähnten Unterverzeichnis UTILITY), können Sie diese Kommandos auch ohne Angabe des Pfadnamens \UTILITY\ aufrufen, wenn Sie vorher das Kommando

PATH \UTILITY

geben. Dann durchsucht DCP automatisch sowohl das Stammverzeichnis als auch das Verzeichnis, das Sie im PATH-Kommando angegeben haben. Wenn Sie das PATH-Kommando geben, ohne einen Pfadnamen anzugeben, zeigt Ihnen DCP an, welcher Pfad zum aktuellen Dateiverzeichnis führt.

Die Kommandos, die Sie vermutlich am häufigsten verwenden werden, sind als interne Kommandos Bestandteil der Datei COMMAND.COM. Sie befinden sich ständig im Hauptspeicher.

Betrachten wir zunächst das Kommando COPY. Es hat zwei Parameter. Der erste Parameter bezeichnet die Dateien, die kopiert werden sollen, der zweite den Zieldatenträger, auf den die Dateien zu kopieren sind. Dabei können Sie Joker-Symbole verwenden. Mit dem Kommando

COPY A:*.COM C:

werden alle Dateien des Typs COM, die sich auf der Diskette im Laufwerk A befinden, auf die Festplatte (Laufwerk C) kopiert. Sie werden in das Stammverzeichnis eingetragen. Wollen Sie, daß die Dateien in ein bestimmtes Unterverzeichnis eingetragen werden, müssen Sie dessen Pfadnamen angeben, beispielsweise so:

COPY *.* C:\F77\QUELLEN

Mit diesem Kommando werden alle Dateien, die sich auf dem aktuellen Laufwerk im aktuellen Dateiverzeichnis befinden, auf die Festplatte kopiert und dort in das Unterverzeichnis mit dem Pfadnamen \F77\QUELLEN eingetragen.

Wenn Sie Eintragungen von Dateien löschen wollen, können Sie das Kommando DEL verwenden. Sie dürfen für DEL auch ERASE schreiben. Hierbei können Sie ebenfalls Joker-Symbole verwenden. Allerdings ist dabei Vorsicht angebracht. Mit dem Kommando

DEL *.*

löschen Sie alle Eintragungen im aktuellen Verzeichnis des aktuellen Laufwerks. Mit dem Kommando

DEL \F77\QUELLEN

löschen Sie alle Eintragungen im Unterverzeichnis, zu dem der angegebene Pfad führt. Damit Sie es sich noch einmal anders überlegen können, bevor es zu spät ist, werden Sie in diesen doch recht schwerwiegenden Fällen vor dem Löschvorgang von DCP gefragt:

Sind Sie sicher (J/N)?

Nur, wenn Sie diese Frage mit J beantworten, werden hier die Eintragungen gelöscht. Wenn Sie nur eine oder einige wenige Eintragungen löschen wollen, fragt DCP nicht noch einmal nach.
Wenn Sie vergessen haben, in welchem Unterverzeichnis Sie sich befinden, geben Sie einfach das Kommando CHDIR ein. DCP antwortet Ihnen dann mit dem Pfadnamen, der zum aktuellen Unterverzeichnis führt, zum Beispiel so:

CHDIR
C:\TP\BRIEFE

Mit dem Kommando CHDIR können Sie auch von einem Dateiverzeichnis zu einem anderen wechseln. Dazu müssen Sie den Pfadnamen zum neuen Verzeichnis als Parameter angeben.
Wenn Sie zum Stammverzeichnis gelangen wollen, genügt es, den rückwärts gerichteten Schrägstrich als Parameter anzugeben. Das Kommando CHDIR können Sie mit CD abkürzen. Beispiele für die Verwendung von CHDIR sind

CHDIR \   (zum Stammverzeichnis)
CD \REDABAS   (zum REDABAS-Unterverzeichnis)

Wenn Sie ein neues Verzeichnis anlegen wollen, müssen Sie das Kommando MKDIR (abgekürzt MD) anwenden. Als Parameter geben Sie den Pfadnamen an, der zum neuen Verzeichnis führen soll. Ein Pfadname darf allerdings nicht länger als 63 Zeichen sein. Wieder einige Beispiele:

MKDIR \SCHULZE\ASM\QUELLEN
MD \PROJEKT1

Manchmal wird ein Verzeichnis nicht mehr benötigt. Bevor Sie es entfernen können, müssen Sie alle Eintragungen dieses Verzeichnisses löschen. Dazu verwenden Sie das DEL-Kommando. Das Verzeichnis selbst wird dann mit dem RMDIR-Kommando wie folgt gelöscht, beispielsweise, wenn Kollege Meier die Abteilung gewechselt hat und nun an einem eigenen Arbeitsplatzcomputer arbeitet:

RMDIR \MEIER

Es kommt vor, daß Sie die Ausführung eines Kommandos abbrechen wollen, etwa wenn die Anzeige einer Datei mit dem Kommando TYPE zu lange dauert. Einen solchen Abbruch erreichen Sie mit der Tastenkombination ^BREAK oder ^C.
Wenn Sie die Anzeige von Daten auf dem Bildschirm anhalten und später wieder fortsetzen wollen (beispielsweise bei der Ausführung des Kommandos DIR für ein umfangreiches Verzeichnis), müssen Sie die Tastenkombination ^S eingeben. Danach wird die Darstellung sofort angehalten. Mit jeder anderen Taste wird die Anzeige fortgesetzt.
Die Ausgabe von Daten erfolgt bei den meisten DCP-Kommandos auf den Bildschirm Ihres Computers. Sie können aber durch eine kleine Modifikation des Kommandos bewirken, daß die Ausgabe auf eine Datei erfolgt. Wenn Sie zum Beispiel den Inhalt eines Dateiverzeichnisses nicht auf dem Bildschirm betrachten, sondern ihn in einer Datei, zum Beispiel der Datei DISK01.DIR, weiterbearbeiten wollen, können Sie das Kommando DIR in dieser Form geben:

```
DIR >DISK01.DIR
```

Wenn die Datei DISK01.DIR bereits existiert, wird ihr bisheriger Inhalt durch den neuen Inhalt ersetzt. Andernfalls wird die Datei DISK01.DIR neu angelegt.
Wenn die Ausgabe eines Kommandos den alten Inhalt einer Datei nicht ersetzen, sondern an ihn angefügt werden soll, schreiben Sie zwei "Größer-Zeichen" hintereinander. Zum Beispiel könnten Sie einen Text, der in der Datei TEXT.NEU gespeichert ist, so an die bereits existierende Textdatei TEXT.ALT anfügen:

```
TYPE TEXT.NEU >>TEXT.ALT
```

Es kommt auch vor, daß die Eingabe für ein Kommando von einer Datei erfolgen soll. Wenn Sie in der Datei LEXIKON.TXT Begriffspaare gespeichert haben, die alphabetisch sortiert werden sollen, ist die Datei LEXIKON.TXT die Eingabedatei. Die sortierte Ausgabe soll in die Datei LEXIKON.DOK erfolgen. Dazu genügt das Kommando

```
SORT <LEXIKON.TXT >LEXIKON.DOK
```

Sie kennzeichnen eine Datei also als Eingabedatei, indem Sie vor deren Bezeichnung im Kommando das "Kleiner-Zeichen" schreiben.

Ein wichtige Klasse von Kommandos sind die **Filter**. Ein Filter liest eine Eingabe, verarbeitet sie und gibt sie aus. Zwei Filter lassen sich miteinander kombinieren, indem Sie die Ausgabe des ersten Filters als Eingabe für den nachfolgenden Filter bereitstellen. Theoretisch können Sie auf diese Weise lange "Filterketten" bilden.
Die Kommandos DIR und SORT sind zum Beispiel Filter, die Sie so verketten können. Wenn Sie wollen, daß das Dateiverzeichnis alphabetisch nach der Dateibezeichnung geordnet angezeigt werden soll, nutzen Sie die Filter-Eigenschaft der beiden Kommandos aus und schreiben:

```
DIR | SORT
```

Der senkrechte Strich verknüpft also zwei Filter auf die beschriebene Weise. Wenn Sie das Dateiverzeichnis nun noch sortiert in die Datei DVSORT.TAB ausgeben wollen, um es dort zum Beispiel für einen formatierten Ausdruck aufzubereiten, können Sie, wie oben beschrieben, folgende Kommando-Kombination geben:

```
DIR | SORT >DVSORT.TAB
```

Zu Beginn dieses Abschnitts haben Sie bereits gesehen, daß das Dateiverzeichnis der ersten Systemdiskette so umfangreich ist, daß es mit dem Kommando DIR nicht vollständig auf dem Bildschirm angezeigt werden kann. Durch Anwendung der Filter-Eigenschaft der Kommandos DIR, SORT und MORE können Sie das "Durchlaufen" verhindern. Die Kombination dieser drei Kommandos

```
DIR | SORT | MORE
```

bewirkt die Ausgabe des geordneten Dateiverzeichnisses. Das Kommando MORE wirkt, wenn der Bildschirm mit Informationen vollgeschrieben wurde. Seine Funktion besteht darin, daß erst dann neue Informationen auf dem Bildschirm erscheinen, nachdem Sie eine beliebige Taste betätigt haben. Diese Tastenbetätigung wird durch die zusätzliche Ausschrift

--- Fortsetzung ---

auf der untersten Zeile des Bildschirms von Ihnen abgefordert.

3.1.5. Stapeldateien

Die Datei AUTOEXEC.BAT wird beim Start des DCP automatisch abgearbeitet. Sie enthält Kommandos, die für eine Ihnen angenehme Arbeitsumgebung sorgen sollen. Standardmäßig hat die Datei AUTOEXEC.BAT diesen Inhalt (oder einen ähnlichen, abhängig vom Auslieferungsstand):

```
echo off
vchar2
prompt $p$g
```

Zunächst sehen Sie, daß alle Kommandos in dieser Datei mit Kleinbuchstaben geschrieben sind. Generell gilt, daß DCP beim Erkennen von Kommandos keinen Unterschied zwischen Klein- und Großbuchstaben macht. Auch Sie können also alle Kommandos mit Klein- oder Großbuchstaben schreiben. Die Kommandos in der Datei AUTOEXEC.BAT haben folgende Wirkung:

echo off   Die folgenden Kommandos der Stapeldatei werden nicht auf dem Bildschirm angezeigt, wenn sie ausgeführt werden.
vchar2   Der Bildschirm-Zeichensatz wird festgelegt.
prompt pg Die aktuelle Aufforderungsnachricht wird festgelegt.
             Es bedeuten
             $p Anzeige des aktuellen Laufwerks
             $g Anzeige des "Größer-Zeichens" >.
             Sie können aber auch eine eigene Aufforderungsnachricht entwerfen. Mit dem Kommando

```
prompt $t$q$p$g
```

veranlassen Sie, daß vor dem aktuellen Laufwerk noch die Uhrzeit angegeben und mit dem Gleichheitszeichen = von der Laufwerksangabe getrennt wird.

In Ihrer Arbeit werden sich viele Kommandofolgen wiederholen. Diese Kommandofolgen können Sie in eigenen Dateien vom Typ BAT speichern, zum Beispiel mit dem Textprogramm TP (siehe Abschnitt 4.1.2.; Sie müssen dann im Anfangsmenü die Arbeitsweise "N Programm-Datei bearbeiten" auswählen). Solche Dateien werden Stapeldateien genannt. Sie veranlassen die Ausführung der Kommandofolgen durch Eingabe des Dateinamens der Stapeldatei als Kommando. Sie können auch den Inhalt der Datei AUTOEXEC.BAT verändern und Ihren speziellen Anforderungen anpassen.

Die Stapeldateien des DCP sind also vergleichbar mit den Stapeldateien des SCP 1700, die ja den Typ SUB besitzen müssen. Der Unterschied besteht darin, daß unter SCP zur Ausführung einer Stapeldatei das besondere Kommando SUBMIT benötigt wird, während die Fähigkeit zur Ausführung von Stapeldateien in DCP integriert ist.

3.1.6. Die Datei CONFIG.SYS

Das DCP kann durch bestimmte Parameter, die vor dem Laden des Betriebssystems festgelegt sein müssen, an unterschiedliche Anforderungen angepaßt werden. Diese Parameter werden in die Datei CONFIG.SYS eingetragen. Beim Laden liest DCP diese Datei und paßt sich entsprechend den dort eingetragenen Werten an die jeweiligen Anforderungen an.
Wenn die Datei CONFIG.SYS nicht gefunden wird, trifft DCP bestimmte Standardannahmen. Sie können die Datei CONFIG.SYS genauso wie die Datei AUTOEXEC.BAT mit TP (Arbeitsweise N) ändern oder neu erstellen. Standardmäßig enthält die Datei CONFIG.SYS diese oder ähnliche Parameter (abhängig vom Auslieferungsstand):

```
device=mwinch.sys
device=driver.sys /D:0 /T:40 /F:0 /C
device=driver.sys /D:1 /T:40 /F:0 /C
device=driver.sys /D:0 /T:80 /F:2 /C
device=driver.sys /D:1 /T:80 /F:2 /C
device=ansi.sys
country=49
```

Mit dem Kommando DEVICE veranlassen Sie, daß beim Laden bestimmte Gerätetreiber in das DCP eingebunden werden. Die Gerätetreiber sind Dateien vom Typ SYS und enthalten Programme, die die Ein- und Ausgabe für periphere Geräte auf physischem Niveau durchführen. Manche Treiber benötigen noch weitere Angaben im DEVICE-Kommando. Die Treiber der Standard-Datei CONFIG.SYS haben folgende Aufgabe:

Treiber	Aufgabe
mwinch	Steuerung der Arbeit mit der Festplatte
driver	Steuerung der Arbeit mit Disketten besonderer Formate (die weiteren Parameter geben die zu unterstützenden Diskettenformate an)
ansi	Steuerung von Tastatur und Bildschirm auf besonders komfortable Weise

Mit dem Kommando COUNTRY legen Sie fest, auf welche Weise landestypische Angaben (Datum, Uhrzeit, Währungssymbol, ...) gemacht werden sollen. Der Wert für die DDR ist 49.

3.1.7. Kompatibilität zu anderen Betriebssystemen

Die Eigenschaft des DCP, kompatibel zu anderen Betriebssystemen (zum Beispiel dem DCP für den Personalcomputer EC 1834) zu sein, ist für Sie dann wichtig, wenn Sie Software unter diesen Betriebssystemen entwickelt haben und Sie diese auch auf dem Arbeitsplatzcomputer A 7150 nutzen wollen. In dieser Hinsicht ist DCP in hohem Maße kompatibel. Es gibt drei abgestufte Formen der Kompatibilität, die von Softwareprodukten eingehalten werden:
- Stufe der "echten" Adressen: Im Softwareprodukt werden "echte" Adressen der Ein-/Ausgabeports und des Teils des DCP, der als ROM realisiert ist ("ROM-IO"), verwendet. Ein solches Softwareprodukt ist nur selten unverändert auf dem A 7150 einsetzbar, wenn es auf einem anderen Computer mit einem zum DCP kompatiblen Betriebssystem entwickelt wurde. Sie sollten die Verwendung solcher "echten" Adressen in Ihren Programmen vermeiden, wenn Sie eine leichte Übertragbarkeit Ihrer Programme anstreben.
- Stufe der "ROM-IO"-Rufe: Im Softwareprodukt werden die dokumentierten Rufe des ROM-IO, aber keine "echten" Adressen verwendet. Ein solches Softwareprodukt ist unverändert auf dem A 7150 einsetzbar, wenn es auf einem anderen Computer mit einem zum DCP kompatiblen Betriebssystem entwickelt wurde. Da einige Funktionen des ROM-IO des A 7150 über die Möglichkeiten anderer Computer hinausgehen, sollten Sie vor der Verwendung solcher Funktionen prüfen, ob ihr Einsatz wirklich notwendig ist, wenn Sie eine leichte Übertragbarkeit Ihrer Programme anstreben.
- Stufe der "BDOS"-Rufe: Im Softwareprodukt werden die dokumentierten Rufe des BDOS, aber keine "echten" Adressen verwendet. Ein solches Softwareprodukt ist unverändert auf dem A 7150 einsetzbar, wenn es auf einem anderen Computer mit einem zum DCP kompatiblen Betriebssystem entwickelt wurde.

Die Autoren haben verschiedene verbreitete Softwareprodukte auf ihre Arbeitsfähigkeit unter DCP auf dem A 7150 geprüft. Alle den Autoren bekannt gewordenen verbreiteten Softwareprodukte, die auf dem Personalcomputer EC 1834 arbeitsfähig sind, erwiesen sich gleichermaßen auch auf dem A 7150 als arbeitsfähig und umgekehrt.

3.2. MUTOS 1700

MUTOS 1700 ist ein Betriebssystem, das in hohem Maße kompatibel zu einer international verbreiteten UNIX-Version ist. Besonders geeignet ist MUTOS 1700, wenn Sie unter ihm große Programme in der Programmiersprache C entwickeln. MUTOS 1700 und C bieten Ihnen viele vorgefertigte Funktionen, die Sie ohne großen Aufwand in Ihre Programme integrieren können. Außerdem enthält MUTOS 1700 Funktionen, die Sie unmittelbar bei der Programmentwicklung unterstützen.
Aber erst, wenn Ihnen ein Arbeitsplatzcomputer mit Festplattenlaufwerk und maximalem Ausbau des Hauptspeichers zur Verfügung steht, können Sie effektiv mit MUTOS 1700 arbeiten. Nur dann ist auch der Mehrnutzerbetrieb sinnvoll.
Wenn Sie ständig mit MUTOS 1700 arbeiten wollen, sollten Sie sich Literatur zulegen, in der die Anwendung von zu UNIX kompatiblen Betriebssystemen ausführlich beschrieben wird, beispielsweise das Buch /4/.

In diesem Abschnitt finden Sie nur die Informationen, die Sie benötigen, um zu entscheiden, ob Sie Ihre Aufgaben mit MUTOS 1700 lösen sollten. Wir gehen dabei davon aus, daß Sie ein fertig generiertes und an Ihren Arbeitsplatzcomputer angepaßtes Betriebssystem nutzen können.
Die Installation, Anpassung und Pflege von MUTOS 1700 ist nicht ganz einfach und sollte von einem dafür besonders qualifizierten Systemverantwortlichen ausgeführt werden. Von diesem Systemverantwortlichen sollten Sie sich in die Nutzung des MUTOS 1700 einweisen lassen.
Wenn Sie im Mehrnutzerbetrieb arbeiten oder sich im Einzelnutzerbetrieb mit anderen Nutzern in die Festplatte teilen, wird Ihnen der Systemverantwortliche bei der Einweisung mitteilen, welche Nutzer-Identifikation und welches Paßwort Sie verwenden dürfen. Außerdem wird er Ihre Zugriffsrechte auf die Dateien des Systems und eigene Dateien festlegen.
Wenn Sie im Einzelnutzerbetrieb nur mit einem Diskettensystem arbeiten, wird Ihnen der Systemverantwortliche vermutlich einige nur für Sie bestimmte Disketten übergeben. Eine dieser Disketten ist die "boot"-Diskette, von der aus das Anfangsladen erfolgt. Wenn das Anfangsladen abgeschlossen ist, werden Sie aufgefordert, diese Diskette gegen die "root"-Diskette, die den Kern des MUTOS-Filesystems (deutsch: Dateisystem) und damit die wichtigsten Systemprogramme enthält, auszutauschen. Weitere Disketten enthalten dann die speziell von Ihnen benötigten Dateien.
Während des Ladens des Systems teilt Ihnen MUTOS 1700 mit, daß sich die Objekte "rootdev", "swapdev" und "pipedev" auf bestimmten Datenträgern befinden. Diese Objekte haben für die Arbeit mit MUTOS 1700 eine zentrale Bedeutung, und wir werden uns gleich mit ihnen beschäftigen. Vorher wollen wir nur noch die wenigen Schritte beschreiben, die vollzogen werden, bis MUTOS 1700 bereit zur Arbeit ist.
Sie müssen die nächste Ausschrift

```
MUTOS 1700 V1.0 DL00 mem = xxx
single user login:
```

mit Ihrer Nutzer-Identifikation beantworten. Solange Sie MUTOS 1700 als Einzelnutzersystem verwenden, müssen Sie "root" (Achtung, Großbuchstaben werden nicht akzeptiert!) eingeben. Damit verfügen Sie über alle Privilegien, die MUTOS einem Nutzer gewähren kann.
Wenn Sie an einem Mehrnutzersystem arbeiten, müssen Sie die Nutzer-Identifikation eingeben, die Sie vom Systemverantwortlichen erhalten haben. In diesem Fall fragt Sie MUTOS 1700 auch noch nach Ihrem "Paßwort". Als Nutzer werden Sie nur zugelassen, wenn Sie Ihr Paßwort korrekt eingegeben haben. Auf diese Weise sollen die Nutzer des Mehrnutzersystems vor unberechtigten Zugriffen geschützt werden. In der Regel verfügen Sie in einem Mehrnutzersystem nicht über die Privilegien des Systemverantwortlichen, der in der MUTOS-Terminologie "Super-User" (deutsch: Super-Nutzer) heißt.
Wenn Sie all diese Schritte richtig ausgeführt haben, meldet sich MUTOS mit seinem Aufforderungszeichen #.
Nun kommen wir zur Erläuterung der neuen Begriffe. Mit "rootdev" wird der Datenträger bezeichnet, auf dem die "Root" (deutsch: "Wurzel") des MUTOS 1700-Filesystems zu finden ist. Die Root ist das Haupt-Dateiverzeichnis. In ihm ist angegeben, an welcher Stelle die Verzeichnisse der nächsten Stufe und besonders wichtige Dateien zu finden sind. In den Verzeichnissen der nächsten Stufe können Verzeichnisse der übernächsten

Stufe und weitere Dateien angegeben sein, und dies kann von Stufe zu Stufe weitergeführt werden. Sie erkennen leicht: Das MUTOS-Filesystem ist ähnlich wie das des DCP als Baum aufgebaut, dessen Wurzel nach oben zeigt. Im folgenden Bild ist ein Ausschnitt der ersten Stufen des Filesystems in der Form dargestellt, wie es vom VEB Kombinat Robotron ausgeliefert wird. Um Dateiverzeichnisse und Dateien zu unterscheiden, steht vor jeder Datei ein Pfeil -->.
Der Name für "Root" ist der Schrägstrich "/". Auf der rechten Seite der Darstellung finden Sie eine Kurzbeschreibung des Charakters der Dateien, die in dem entsprechenden Verzeichnis angegeben sind:

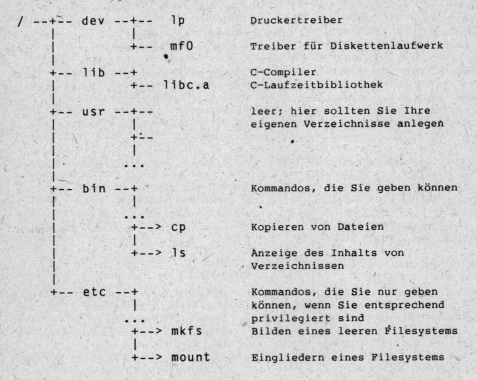

Es gibt drei Arten von Eintragungen in einem Dateiverzeichnis:
- Eintragung für eine reguläre Datei (Datei, die zum Beispiel Text, ein Quell-, Objekt- oder ausführbares Programm enthält)
- Eintragung für ein Verzeichnis
- Eintragung für ein von MUTOS 1700 unterstütztes Gerät (Drucker, Terminal, Diskettenlaufwerk, Festplattenlaufwerk, ...).

Mit **"swapdev"** wird der Datenträger bezeichnet, den MUTOS zum Auslagern von temporären Datenbeständen benötigt. Wenn Sie nicht über eine Festplatte verfügen, ist nur sehr wenig Platz zum Auslagern ("swap space") vorhanden, und die Arbeit des Systems ist oft nicht effektiv.
Bevor wir uns dem Begriff "pipedev" zuwenden, müssen Sie noch wissen, wie Sie unter MUTOS 1700 ein Programm starten. Dies ist ganz einfach: Immer, wenn Sie durch das Zeichen "#" in der ersten Spalte einer Bildschirmzeile

von MUTOS 1700 dazu aufgefordert werden, können Sie den Namen des Programms, das Sie starten wollen, eingeben. Nehmen wir an, Sie wollen das Programm "rechne" ausführen lassen. Dazu geben Sie als Antwort auf das Aufforderungszeichen dessen Namen ein:

rechne

Noch ein Hinweis: Die Nutzer der Betriebssysteme der UNIX-Familie haben die stille Übereinkunft getroffen, alle Bezeichnungen mit Kleinbuchstaben zu schreiben. Daran wollen auch wir uns halten. Damit solche Bezeichnungen im Buchtext erkennbar sind, wurden sie in Anführungszeichen eingeschlossen.
Nun zum Begriff "pipedev". Er bezeichnet den Datenträger, den MUTOS zur Arbeit mit dem "Pipe-Mechanismus" benötigt. Dieser Mechanismus (pipe bedeutet Röhre) wirkt so:
Angenommen, das Programm "rechne" erzeugt eine Datei "ergebnis" als Ausgabe. Diese Datei dient zugleich als Eingabe für das Programm "drucke". In diesem Fall können Sie anstelle der Aufrufe

rechne ergebnis
drucke ergebnis

in einer Zeile und durch das Zeichen "|" getrennt beide Programme aufrufen (ähnlich wie unter DCP):

rechne ergebnis | drucke

Wenn Sie die Datei "ergebnis" nicht weiter benötigen, können Sie auch dieses Kommando geben:

rechne | drucke

Die "pipedev" dient MUTOS 1700 dabei zur Zwischenspeicherung der Datei, die vom Programm "rechne" erzeugt wurde. Allerdings steht Ihnen dann die vom Programm "rechne" erzeugte Datei nicht mehr zur Verfügung.
Die Ausführung von Kommandos wird von einer besonderen MUTOS-Komponente veranlaßt, die "shell" genannt wird. Dieser Bezeichnung liegt die Vorstellung zugrunde, daß der Kern des Betriebssystems von einer harten Muschelschale, der "shell", vor der Außenwelt geschützt wird. Jede Kommunikation mit dem Betriebssystem erfolgt über diese "shell".
Auch andere Betriebssysteme verfügen über eine solche Komponente. In der Fachsprache der Informatik wird der Begriff "shell" ganz allgemein für solche Komponenten verwendet. Die "shell" von SCP 1700 heißt CCP, die von DCP COMMAND.COM und die von BOS 1810 HI ("human interface", deutsch: "Schnittstelle für den Menschen").
Die MUTOS-shell ist ein Programm aus dem Dateiverzeichnis "bin". Dieses Programm wird automatisch gestartet, sobald der "login"-Vorgang abgeschlossen ist. Ihr Name in dem Dateiverzeichnis lautet "sh".
Die "shell" gestattet nicht nur, einfache Kommandos einzugeben. Der "shell" können ganze Kommandofolgen, die in einer Datei gespeichert sind, zur Ausführung übergeben werden. Dabei lassen sich Schleifen bilden, in denen Kommandos wiederholt ausgeführt werden. Die Ausführung von Kommandos kann abhängig vom Ergebnis der Ausführung vorangehender Kommandos gemacht werden.

Auch die parallele Ausführung von Kommandos ist möglich, und "Signale" können behandelt werden.

Dateien, die Kommandofolgen enthalten, heißen Shell-Prozedur. Shell-Prozeduren sind also mit den Stapeldateien des DCP oder des SCP 1700 vergleichbar, MUTOS bietet allerdings durch spezielle "shell-Kommandos" einen erheblich größeren Umfang an Möglichkeiten zur Steuerung der Abarbeitung von Programmen.

3.3. BOS 1810

Das Betriebssystem BOS 1810 wurde für die Entwicklung und den Einsatz von Software zur Steuerung von Anlagen und Prozessen mit Rechnerbaugruppen, die den CPU-Schaltkreis K 1810 WM 86 enthalten, geschaffen. Deswegen umfaßt es Funktionen, die die Abarbeitung von Programmen unter Echtzeit-Bedingungen ermöglichen. So lassen sich zum Beispiel Programme erstellen, die unter Steuerung des Betriebssystems BOS 1810 innerhalb einer vorgegebenen Zeit auf ein äußeres Signal (eine "Unterbrechung") reagieren.

Auch unter anderen Betriebssystemen sind solche Programme denkbar, aber nur, wenn die Steuerung des Computers rechtzeitig vor der Unterbrechung vom Betriebssystem auf ein besonderes Echtzeit-Programmsystem übergeht, von dem aus die Unterbrechung abgewartet und behandelt wird. Anschließend müßte dann das Betriebssystem wieder die Steuerung erhalten. Aber was geschieht, wenn die Unterbrechung unerwartet auftritt, also zu einem Zeitpunkt, zu dem die Steuerung noch nicht an das Echtzeit-Programmsystem übergeben wurde? Unter einem anderen Betriebssystem geschähe zunächst einmal nichts. Das könnte zu schwerwiegenden Folgen führen, etwa wenn eine überhitzte Anlage, die explosive Chemikalien herstellt, nicht rechtzeitig abgeschaltet wird.

Für solche Steuerungsaufgaben sind also nur Betriebssysteme wie BOS 1810 geeignet, die ständig bereit sind, schnell auf Unterbrechungen zu reagieren. BOS 1810 ist das einzige Betriebssystem für Arbeitsplatzcomputer, das diese Fähigkeit besitzt.

Im Gegensatz zu den anderen Betriebssystemen kann Kommandozeile für Kommandozeile eingegeben werden, ohne eine Antwort abwarten zu müssen. BOS 1810 betrachtet jede Tastenbetätigung als Unterbrechung, die behandelt werden muß. Die Behandlung besteht darin, daß jedes Zeichen in der zeitlichen Reihenfolge seiner Eingabe in einen Puffer eingetragen wird. Das Betriebssystem untersucht in bestimmten Zeitabständen diesen Puffer. Immer, wenn es ein Kommando in diesem Puffer findet, wird dieses Kommando ausgeführt und aus dem Puffer entfernt.

Sollten einmal so viele Zeichen eingegeben worden sein, daß der Puffer voll ist, gibt BOS 1810 ein akustisches Signal. Das ist eine Folge der Echtzeit-Fähigkeit. Dieser Fall kann nur auftreten, wenn BOS 1810 keine Zeit hat, um im Puffer nach Kommandos zu suchen, weil BOS 1810 gerade dabei ist, eine oder mehrere Unterbrechungen zu bearbeiten, die viel wichtiger sind als Tastatureingaben.

Der Lieferumfang von BOS 1810 umfaßt 14 Disketten (SS, DD). Der große Umfang des Gesamtsystems wird in der Regel auch bei Konfigurationen mit Festplatte dazu führen, daß in einem Betrieb unterschiedliche, an spezielle Zwecke angepaßte Versionen des BOS 1810 generiert werden müssen.

Installation, Anpassung und Pflege von BOS 1810 sind ähnlich kompliziert wie die von MUTOS 1700. Sie sollten von einem Spezialisten ausgeführt werden. Dieser Spezialist, der als Systemverantwortlicher wirkt, sollte auch die Nutzer aufgabenbezogen einweisen und anleiten. BOS 1810 wird nahezu ausschließlich für die Entwicklung und Abarbeitung von Echtzeit-Programmen eingesetzt. Für Aufgaben wie Textverarbeitung oder Arbeit mit Datenbanken ist BOS 1810 nicht besonders geeignet.
Im Artikel /10/ finden Sie weitere, recht ausführliche Informationen zur Anwendung und Konfigurierung von BOS 1810.
Wenn Sie ständig mit BOS 1810 arbeiten, sollten Sie die Dokumentation, die der VEB Robotron-Projekt Dresden für dieses Betriebssystem bereitstellt, gründlich studieren.
Nun noch einige Hinweise zur Organisation der praktischen Arbeit mit BOS 1810. Auch hier gibt es Parallelen zu MUTOS 1700. Wenn Sie im Mehrnutzerbetrieb arbeiten oder sich im Einzelnutzerbetrieb mit mehreren anderen Nutzern in die Festplatte teilen, wird Ihnen der Systemverantwortliche bei der Einweisung mitteilen, welche Nutzer-Identifikation Sie verwenden dürfen. Außerdem wird er Ihre Zugriffsrechte auf die Dateien des Systems und eigene Dateien festlegen.

Wenn Sie im Einzelnutzerbetrieb arbeiten, wird Ihnen der Systemverantwortliche vermutlich einige nur für Sie bestimmte Disketten übergeben. Eine dieser Disketten ist die "boot"-Diskette, von der aus das Anfangsladen erfolgt. Ist das Anfangsladen abgeschlossen, werden Sie aufgefordert, diese Diskette gegen die Kommando-Diskette, die das HI und meistens eine vorbereitete Kommandodatei enthält, auszutauschen. Weitere Disketten enthalten die speziell von Ihnen benötigten Dateien.
Sobald das HI bereit ist, Kommandos entgegenzunehmen, überprüft es, ob eine vorbereitete Kommandodatei vorhanden ist. Ist dies der Fall, wird die Datei abgearbeitet. Meistens enthält sie Kommandos, durch die Sie aufgefordert werden, Datum und Uhrzeit einzugeben. Das Aufforderungszeichen des HI ist der Bindestrich. Wenn er am Anfang einer Bildschirmzeile erscheint, ist das HI bereit, Ihre Kommandos entgegenzunehmen.
Die Dateistruktur ist wie die von DCP und MUTOS 1700 als Baum strukturiert. Es gibt ein Stammverzeichnis und nachgeordnete Verzeichnisdateien. Jede Datei ist durch ihre Dateispezifikation eindeutig bestimmt. Die Dateispezifikation besteht aus
- dem logischen Namen des Geräts, auf dem sich die Datei befindet,
- dem Pfadnamen, der vom Stammverzeichnis über weitere Verzeichnisdateien zu dem Verzeichnis führt, das die Eintragung des Datendateinamens der Datei enthält,
- dem Datendateinamen.

Damit Sie nicht immer die oft recht lange Dateispezifikation ausschreiben müssen, können Sie sie einem logischen Namen zuweisen, den Sie anstelle der Dateispezifikation verwenden.
BOS 1810 verfügt über die auch bei anderen Betriebssystemen üblichen Kommandos zur Arbeit mit Dateien und Dateiverzeichnissen (COPY, CREATEDIR, DELETE, DIR, RENAME) sowie Datenträgern (FORMAT, BACKUP, RESTORE), über allgemeine Dienstkommandos (DATE, PATH, SUBMIT, TIME) und über weitere Kommandos, die spezielle Eigenschaften des BOS 1810 nutzbar machen.

4. Die wichtigsten Softwareprodukte

4.1. Textverarbeitung

4.1.1. Das Textverarbeitungssystem TEXT 40

Dieses Programm ist eine Weiterentwicklung des Programms TEXT 20, das viele Schreibkräfte auf dem elektronischen Schreibsystem robotron A 5310 kennengelernt haben und seit Jahren erfolgreich einsetzen.
Die Bedienung von TEXT 40 erfolgt über sogenannte Menüs. In einem Menü werden Ihnen verschiedene Funktionen zur Auswahl angeboten. Sie entscheiden sich dann durch Eingabe eines Buchstabens oder Betätigen einer Funktionstaste für eine dieser Funktionen. Das Grundmenü von TEXT 40 bietet Ihnen diese Funktionen an:

1 Textbearbeitung
2 Textbausteinbearbeitung
3 Textübernahme/-übergabe
4 Serienbriefverarbeitung
5 Terminüberwachung
6 Formate
7 Standards
8 Hilfe

Wenn Sie mit diesen Kurzbezeichnungen noch nicht zurecht kommen, wählen Sie einfach die Funktion "Hilfe". Dann erhalten Sie ausführliche Informationen über die einzelnen Funktionen des Menüs angezeigt.
Wenn Sie sich für eine der Funktionen 1 bis 7 entschieden haben, wird Ihnen unter Umständen ein weiteres Menü, ein "Untermenü", angeboten. Zum Beispiel enthält das Untermenü der Funktion 1 folgende Funktionen:

1 Neueingabe
2 Textüberarbeitung
3 Text umbenennen
4 Text kopieren
5 Text löschen
6 Inhaltsverzeichnis
7 Sachwortregister

Die unteren drei Zeilen des Bildschirms nutzt TEXT 40 zur Anzeige wichtiger Informationen und der jeweils möglichen Funktionen.

Diese Form der menügesteuerten Arbeit ist so einfach, daß es nicht erforderlich ist, sie an einem Beispiel zu demonstrieren. Probieren Sie es aus, und Sie werden schnell feststellen, daß TEXT 40 jegliche Schreibarbeit erleichtert.
Damit Sie besser entscheiden können, ob Sie TEXT 40 einsetzen sollten, werden die wichtigsten Funktionen dieses Programms nun kurz beschrieben.
Wenn Sie Texte **eingeben** oder **überarbeiten**, können Sie viele Gestaltungsmöglichkeiten nutzen. Beispiele hierfür sind
- Tabulation, Dezimaltabulation
- Zentrieren einer Zeile
- Nutzung eines automatischen Silbentrenn-Algorithmus mit einer Fehlerquote von nur etwa 2%, manuelle Korrektur, wenn doch erforderlich
- Formatieren des Textes ("Zeilenumbruch")
- Suchen/Ersetzen von Zeichenfolgen
- Kennzeichnen eines Textabschnitts; Bewegen dieses Textabschnitts an eine andere Stelle des Textes
- Mischen von Texten: Text, den Sie gerade bearbeiten, um andere, bereits vorher gestaltete Textteile ergänzen
- Kopfzeilen und Fußnoten.

Innerhalb des Textes können Sie mit dem Kursor jede gewünschte Position erreichen, vorwärts und rückwärts "blättern", eine beliebige Seite aufsuchen oder Textabschnitte löschen. Sie können im "Einfügemodus" oder im "Ersetzungsmodus" arbeiten, zwischen Blocksatz und Flattersatz wählen und die automatische Silbentrennung ein- und ausschalten.
Textbausteine bearbeiten Sie wie Texte. Textbausteinen werden Namen zugeordnet, unter denen sie in andere Texte durch Aufruf eingefügt werden können. Vermutlich werden Sie Bausteine für häufig wiederkehrende Textabschnitte wie Anreden oder Grußformeln verwenden.
Mit Hilfe der Funktion **Textübernahme/-übergabe** können Sie Texte, die nicht mit dem Programm TEXT 40 erstellt wurden, auf die Weiterbearbeitung mit TEXT 40 vorbereiten. Dabei werden alle Steuerinformationen, die von anderen Textprogrammen eingefügt wurden, entfernt. Umgekehrt können Sie mit dieser Funktion aus Texten, die mit TEXT 40 erstellt wurden, Dateien herstellen, die keine TEXT 40-spezifischen Steuerzeichen mehr enthalten. Dies ist oft eine Voraussetzung dafür, daß diese Dateien mit anderen Programmen weiterverarbeitet werden können.
Die Funktion **Serienbriefverarbeitung** erleichtert die Herstellung von gleichlautenden oder ähnlichen Schreiben, die an viele unterschiedliche Empfänger gerichtet sind.
Die Funktion **Terminüberwachung** können Sie als "elektronischen Terminkalender" nutzen. Dazu teilen Sie TEXT 40 Ihre Termine mit (Datum, Uhrzeit). Jedem dieser Termine läßt sich ein charakteristischer Text zuordnen.
Die Funktionen **Formate** und **Standards** können Sie nutzen, um bestimmte formale Vereinbarungen über die Aufteilung der Druckseite zu treffen. TEXT 40 richtet sich automatisch nach diesen Vereinbarungen. Sie brauchen nur anzugeben, welches Format und welche Standards für einen Text gelten sollen.

4.1.2. Das Textverarbeitungsprogramm TP

Das Textverarbeitungsprogramm TP steht Ihnen seit 1988 für den Arbeitsplatzcomputer A 7150 unter DCP zur Verfügung. Wir betrachten dieses Programm vor allem deshalb näher, weil seine Arbeitsweise auch in mehreren anderen Softwareprodukten (zum Beispiel REDABAS, PASCAL-886, TPASCAL, GEDIT) in allerdings unterschiedlichem Umfang realisiert wurde. Außerdem verfügt es über besonders nutzerfreundliche Funktionen zur Eingabe und Änderung von Programmtexten.
Das Programm TP verwandelt Ihren Arbeitsplatzcomputer in eine äußerst leistungsfähige Schreibmaschine. Wenn Sie sich an TP gewöhnt haben, werden Sie Texte kaum noch auf andere Weise erstellen wollen.
In diesem Buch werden wir die Arbeit mit TP nicht systematisch darstellen. Sie sollen hier nur die Schritte kennenlernen, die erforderlich sind, um den Brief, der den Abschluß dieses Abschnitts bildet, einzugeben und auszudrucken. Diesen Brief sollten Sie auch tatsächlich eingeben, denn er ist an Sie gerichtet und enthält weitere Hinweise zur Nutzung von TP, die Sie gleich ausprobieren können. Also, los geht's!
Der Computer ist eingeschaltet, das aktuelle Laufwerk enthält die Diskette mit dem Programm TP und den dazugehörenden Dateien. Nehmen wir an, es ist das Laufwerk A. Sie erkennen das Aufforderungszeichen des Betriebssystems:

A>_

Sie starten nun das Programm TP, indem Sie die Buchstaben TP eingeben und diese Eingabe mit der Taste <--' bestätigen. Nach wenigen Sekunden meldet sich TP mit seinem Anfangsmenü. Es zeigt Ihnen an, welche Kommandos Sie jetzt nutzen können. Sie wollen einen Brief eingeben (also eine Textdatei bearbeiten), daher geben Sie das Kommando "D" ein, und zwar, indem Sie die Taste D betätigen. Sofort werden Sie gefragt:

Name der Datei zum Bearbeiten?

Sie antworten zum Beispiel mit BRIEF.TXT und bestätigen Ihre Eingabe durch Drücken der Taste <--'. Es wird Ihnen mitgeteilt, daß es sich dabei um eine NEUE DATEI handelt. Nach etwa einer Sekunde verschwindet diese Nachricht, und auf dem Bildschirm erscheint diese Anzeige:

```
A:BRIEF.TXT   SEITE 1 ZEILE 1 SPALTE 01        INSERT ON

            Zum Anzeigen aller Erläuterungen
         setze Hilfsstufe 3 mit dem Befehl "^JH3" !
         Diese Meldung verschwindet nach Drücken einer Taste

    >----V----V----V----V----V----V----V----V----V----V-...<
```

In manchen älteren Versionen kann eine etwas andere Anzeige erscheinen. Prüfen Sie bitte, ob in der obersten Zeile rechts die Angabe INSERT ON oder EINFUEGEN EIN steht. Ist dies nicht der Fall, arbeiten Sie mit einer moderneren Version von TP. Damit Sie auch in diesem Fall die folgende Anleitung abarbeiten können, geben Sie bitte ^V ein. Nun müßte die Angabe INSERT ON oder EINFUEGEN EIN rechts in der obersten Zeile erscheinen.

Der Kursor blinkt an der Stelle, an der sich hier im Buch der Unterstrich "_" befindet. Er steht jetzt, wie in der obersten Zeile auf dem Bildschirm angezeigt, auf Spalte 01 von Zeile 1 der Seite 1 des Briefes. Über dem Kursor befindet sich das "Lineal". Die Zeichen > und < (in älteren Versionen die Buchstaben L und R) des Lineals begrenzen die Schreibfläche links und rechts. Die Zeichen -v- (in älteren Versionen die Zeichen -!-) zeigen gesetzte Tabulatorpositionen an, die Sie durch Betätigen der Tabulatortaste sofort erreichen können.
"Erreichen" bedeutet bei der Arbeit mit TP, den Kursor an eine bestimmte Stelle auf dem Bildschirm und damit im Text zu bewegen. Dort, wo sich der Kursor befindet, wird das nächste eingegebene Textzeichen aufgeschrieben.
Den Kursor können Sie mit Hilfe der Kursortasten bewegen, aber nur innerhalb des bereits eingegebenen Textes.
Den Kursor können Sie auch mit folgenden Tastenkombinationen bewegen:

              ^E (eine Zeile nach oben)
^S (ein Zeichen nach links)   ^D (ein Zeichen nach rechts)
              ^X (eine Zeile nach unten)

Schreiben Sie nun bitte das Wort "Textferarbeittungspragramm" so falsch auf, wie es hier steht. Wenn Sie dabei noch mehr Fehler machen, ist es nicht schlimm. Das Wort muß natürlich korrigiert werden. An dieser Stelle ein wichtiger Hinweis. Bei der Erprobung dieser Kurzanleitung haben die Autoren festgestellt: Wenn Sie die Techniken, die bei der Korrektur von Textelementen nützlich sind, schnell und effektiv erlernen wollen, sollten Sie die folgenden Schritte ganz genau wie angegeben ausführen und nicht zu viel oder zu schnell arbeiten.
Bewegen Sie den Kursor bis unter den ersten falschen Buchstaben. Anstelle des "f" geben Sie ein "v" ein. Was geschieht? Das "v" steht an der richtigen Stelle, aber der Rest des Wortes ist einschließlich des falschen "f" um eine Spalte nach rechts gerückt. Das Zeichen "v" wurde also eingefügt.
Dies geschah, weil wir die Arbeit mit TP im "Einfügemodus" begonnen haben. Der falsche Buchstabe "f" muß also noch gelöscht werden. Der Kursor befindet sich jetzt unter diesem Buchstaben. Das Zeichen, unter dem sich der Kursor befindet, kann mit ^G gelöscht werden.
Dies nutzen wir für die nächste Korrektur: In der Mitte des Wortes ist ein "t" zuviel. Der Kursor wird unter eines dieser beiden "t" positioniert, und das überflüssige Zeichen verschwindet sofort, wenn Sie ^G eingeben.

Nun ist noch ein "a" in ein "o" zu ändern. Sie wissen schon: Kursor unter "a", "o" eingeben, "a" löschen. Doch halt! Es geht auch anders.
Wir nutzen nun den "Ersetzungsmodus" von TP. In diesem Modus wird das Zeichen, unter dem sich der Kursor befindet, durch das neu eingegebene Zeichen ersetzt. Sie gelangen aus dem Einfügemodus in den Ersetzungsmodus, wenn Sie ^V eingeben. Sofort erlischt die Anzeige "INSERT ON" oder "EINFÜGEN EIN".
Das Kommando ^V wirkt wie ein Schalter. Sie können damit vom Einfüge- in den Ersetzungsmodus umschalten und umgekehrt.
Sie arbeiten jetzt also im Ersetzungsmodus und positionieren den Kursor unter das falsche "a". Dann geben Sie das Zeichen "o" ein, das sofort anstelle des "a" im Text erscheint.

Nach einiger Übung werden Sie feststellen, daß es Gelegenheiten gibt, zu denen Sie einen der beiden Modi bevorzugt einsetzen. Wenn es zum Beispiel darum geht, lange Texte einzugeben, ist der Einfügemodus zweckmäßig, weil es oft vorkommt, daß Sie versehentlich einzelne Buchstaben auslassen oder ganze Satzteile einfügen müssen. Wenn Sie Tabellen ändern wollen, in denen die Eintragungen auf festen Spalten stehen, werden Sie sicher im Ersetzungsmodus arbeiten.

Noch ein kleiner, nützlicher Trick: Auch wenn Sie es nicht als Zeichen auf dem Bildschirm sehen können, ist das Leerzeichen doch ein Zeichen. Diese Eigenschaft können Sie ausnutzen, um Textstücke innerhalb einer Zeile hin- und herzubewegen. Dazu müssen Sie im Einfügemodus arbeiten.
Bewegen Sie den Kursor unter den ersten Buchstaben des Wortes "Textverarbeitungsprogramm". Wenn Sie nun die Leertaste betätigen, fügen Sie vor das Wort lauter Leerzeichen ein. Auf diese Weise "wandert" das Wort nach rechts.
Nach links verschieben Sie ein Textstück so: Zunächst bewegen Sie den Kursor auf die Position links vom Textstück, an der es beginnen soll. Dann "ziehen" Sie das Textstück Spalte für Spalte an die Kursorposition heran, indem Sie Zeichen für Zeichen zwischen Kursor und Textstück löschen (mit ^G).
Löschen Sie nun bitte mit ^Y die Zeile, die Sie eingegeben haben und schreiben wie auf einer Schreibmaschine Briefkopf und Anrede. Sie kommen auf die nächste Zeile, wenn Sie die Taste <--' betätigen. Eine Leerzeile erzeugen Sie, wenn Sie die Taste <--' betätigen und der Kursor am linken Rand steht. Die Taste <--' wirkt etwa so wie der Hebel "Wagenrücklauf" bei der Schreibmaschine. Wenn Sie die Taste <--' betätigen, wird eine neue Zeile angefangen, und der Kursor wird auf Spalte 01 dieser Zeile positioniert. Nun können Sie den Text des Briefes eingeben.
Beim Datum müssen Sie vielleicht etwas probieren, um nicht über den rechten Rand hinaus zu geraten. Wenn dabei Teile des Datums automatisch auf die neue Zeile wandern, liegt dies am automatischen Randausgleich, den TP durchführt. Sie sollten die Teile des Datums, die TP auf die neue Zeile geschoben hat, einfach mit ^Y löschen.
Beim Positionieren des Datums können Sie gleich anwenden, was Sie soeben über die Verschiebung von Textstücken auf einer Zeile gelernt haben.

Wenn Sie den Text eingegeben haben, sollten Sie ihn auf der Diskette im Laufwerk A sichern. Dazu geben Sie ^KD ein. Wenn Sie mit der Eingabe des Buchstabens "D" etwas warten, erscheint in der oberen Hälfte des Bildschirms ein Menü, in dem alle Kommandos erklärt werden, die durch ^K erreichbar sind. Unter D lesen Sie "Ende Datei".
Die Datei BRIEF.TXT wird nun gespeichert, und es erscheint wieder das Anfangsmenü. Jetzt soll die Datei BRIEF.TXT ausgedruckt werden. Dazu geben Sie das Kommando P (Datei drucken) ein. Auf dem Bildschirm erscheint die Frage:

Name der Datei zum Drucken?

Sie antworten mit BRIEF.TXT und bestätigen die Antwort durch Drücken der Taste <--'. Nun stellt Ihnen TP verschiedene Fragen. Es genügt für dieses erste Mal, daß Sie alle Fragen bis auf die letzte ("Pause für Papierwechsel zwischen den Seiten (J/N):") mit der Taste <--' beantworten. Die letzte Frage sollten Sie mit J (für Ja) beantworten, wenn Sie mehr als eine Seite ausgeben und kein Leporellopapier, sondern zum Beispiel gewöhnliches Schreibmaschinenpapier verwenden wollen. Andernfalls sollten Sie auch diese Frage nur durch Betätigen der Taste <--' beantworten. Schließlich teilt Ihnen TP mit:

RETURN, wenn Drucker bereit:

Sie legen jetzt das Papier in den Drucker ein und schalten ihn ein. Wenn der Drucker seine Bereitschaft anzeigt, betätigen Sie die Taste <--'.
Ist Ihr Text länger als eine Seite, hält der Drucker nach jeder Seite an, wenn Sie die letzte Frage nach dem Papierwechsel mit J beantwortet haben. Sie können nun ein neues Blatt einlegen. Der Druck wird fortgesetzt, wenn Sie die Taste für den Buchstaben P betätigen.
Während des Drucks können Sie durch Betätigen derselben Taste den Druck stoppen. Dies wird jedoch nicht sofort wirksam. Erst werden alle Zeichen ausgedruckt, die der Drucker bereits empfangen hat. Bei einigen Druckertypen können dies einige hundert Zeichen sein. Müssen Sie den Druck sofort stoppen, etwa weil ein Defekt am Farbband vorliegt oder weil der Papiervorschub fehlerhaft erfolgt, betätigen Sie bitte die Taste OFFLINE am Drucker.
So, jetzt ist der Ausdruck wohl fertig. Es erscheint wieder das Anfangsmenü. Dort finden Sie "X Ende Textprogramm". Sie betätigen also die Taste "X", und es erscheint sofort das Aufforderungszeichen mit der Angabe des aktuellen Laufwerks:

A>_

Nun können Sie ein anderes Programm aufrufen. Es könnte sein, daß auch dieses Programm bestimmte Möglichkeiten der Eingabe und Änderung von Texten bietet. Die Experten nennen solche Programme oder Programmkomponenten "Texteditor" oder nur kurz "Editor". Beispiele solcher Programme sind, wie bereits erwähnt, REDABAS, PASCAL-886 und TPASCAL. Weil sich die Arbeitsweise von TP sehr bewährt hat, sind in diesen Programmen manchmal weniger (REDABAS) und manchmal mehr Möglichkeiten von TP realisiert. Die Editoren von PASCAL-886 und TPASCAL realisieren einen sehr großen Anteil der Funktionen von TP. Im Abschnitt 6.2. dieses Buches erhalten Sie einige Informationen zur Anwendung von PASCAL-886 und TPASCAL.
Andere Editoren, zum Beispiel ED (SCP 1700, zeilenorientiert), EDLIN (DCP, zeilenorientiert) oder BE (DCP, bildschirmorientiert), arbeiten auf völlig andere Weise. Es ist meistens nicht einfach, sich von einer auf die andere Editor-Arbeitsweise umzustellen. Wegen der großen Verbreitung von TP und TP-ähnlichen Editoren sollten Sie sich auf jeden Fall mit diesem Programm vertraut machen, wenn Sie häufig und an unterschiedlichen Computern Texte eingeben und ändern müssen.

Friedrich Fuchs   22. Mai 1988
Feldallee 15
Forstwalde
5678

Lieber Leser!

Es macht Spaß, mit dem Programm TP zu arbeiten, weil Sie bereits mit ganz wenigen Bedienhandlungen die üblichen Arten von Texten eingeben, abspeichern und ausdrucken können, ohne viel von TP wissen zu müssen.
Wenn Sie dann mit fortschreitender Übung mehr und mehr Funktionen dieses Programms beherrschen, stellen Sie fest, daß Sie mit Texten und Textbausteinen geradezu zaubern können. Wenn Sie ein Meister in der Bedienung von TP werden wollen, müssen Sie lernen, mit den Menüs zu arbeiten. In den Menüs ist jede mögliche Bedienhandlung durch einige Stichworte beschrieben. Sie können mit fortschreitender Übung auf die Anzeige der Menüs verzichten, indem Sie den "Hilfegrad" Schritt für Schritt von 3 (alle Menüs werden angezeigt) auf 0 (nur das Anfangsmenü wird angezeigt) reduzieren.
Der Hilfegrad wird mit dem Kommando ^JHi (i ist eine der Zahlen 0, 1, 2 oder 3) eingegeben. Dies ist bei der Arbeit mit TP fast immer möglich. Sind Sie noch im Anfangsmenü, genügt das Kommando Hi.

Wie auf der Schreibmaschine können Sie selbst bestimmen, wann eine neue Zeile angefangen wird, einfach indem Sie die Taste <--' betätigen. Sie können aber auch den automatischen Randausgleich von TP nutzen. Wenn Sie über den rechten Rand hinaus schreiben, ohne die Taste <--' zu betätigen, ordnet TP den Text automatisch rechtsbündig an. Probieren Sie es einmal aus. Oft sieht Text mit Randausgleich gut aus, manchmal nicht. Darüber müssen Sie entscheiden.
Das Programm TP wurde zu einer Zeit entwickelt, als die Tastaturen der Computer noch nicht so viele Funktionstasten und Sondertasten aufwiesen. Damit der Nutzer dennoch in die Lage versetzt wurde, über seine Tastatur neben dem Text auch "Kommandos" an das Programm TP zu geben (zum Beispiel für das automatische Einrücken, die Randverstellung, das Bewegen des Kursors im Text), wurde die Taste "CTRL" (für CONTROL, deutsch: "Steuerung") verwendet. Um ein Kommando einzugeben, war diese Taste zusammen mit einem anderen Buchstaben zu betätigen. Die einzelnen Kommandos unterschieden sich durch die Buchstaben, die zusammen mit der CTRL-Taste eingegeben werden mußten.
Für manche Kommandos wurden noch weitere Buchstaben, Zahlen oder Sondertasten gefordert. Um den linken Rand der Schreibfläche neu zu setzen, mußte man beispielsweise eingeben

^OL

Dann wurde man gefragt:

Linker RAND in Spalte (ESC wenn Kursor-Spalte)?

Nun konnte man die ESC-Taste betätigen, wenn man wollte, daß der linke Rand auf die Spalte gesetzt werden sollte, auf der sich der Kursor befand, als das Kommando gegeben wurde. Man konnte aber auch die Nummer der Spalte eingeben, die von nun an den linken Rand bilden sollte.

Obwohl die heutigen Computer Tastaturen besitzen, die über viele spezielle Tasten und Funktionstasten verfügen, wurde im Programm TP die Steuerung über die CTRL-Taste beibehalten. Natürlich werden in der modernisierten Ausgabe dieses Programms, die es für das Betriebssystem DCP gibt, die 10 Funktionstasten PF1 bis PF10 genutzt.
In der untersten Zeile des Bildschirms wird Ihnen angezeigt, welche Wirkung die Funktionstasten PF1 bis PF9 gerade haben. Dabei gibt es eine Erst- und eine Zweitbelegung. Die Funktionstaste PF10 dient zum Umschalten von Erst- in Zweitbelegung und zurück.
In der folgenden Tabelle finden Sie für die wichtigsten Kommandos die zugehörige CTRL-Buchstabe-Kombination und, wenn implementiert, die entsprechende Funktionstaste:

Kommando	Funktionstaste Erst-belegung	Zweit-belegung	CTRL + Buchstabe
Umschalten Einfügemodus/Ersetzungsmodus			^V
Absatz neu formatieren	PF5		^B
Linken Rand auf Kursorposition setzen	PF2		^OL ESC
Rechten Rand auf Kursorposition setzen	PF3		^OR ESC
Löschen der Zeile, in der sich der Kursor befindet			^Y
Löschen des Wortes rechts vom Kursor			^T
Abspeichern des eingegebenen oder veränderten Textes, anschließend Weiterarbeit		PF9	^KS
Setzen Blockanfangsmarkierung		PF2	^KB
Setzen Blockendemarkierung		PF3	^KK
Block an Kursorposition kopieren		PF4	^KC
Block an Kursorposition verschieben (Block wird an ursprünglicher Position gelöscht)		PF5	^KV
Block löschen			^KY

In den Kommandos können Sie Klein- oder Großbuchstaben verwenden. Die Wirkung bleibt dieselbe.
So, nun viel Erfolg bei Ihrer weiteren Arbeit mit dem Programm TP.

Mit freundlichen Grüßen

Ihr Friedrich Fuchs

4.2. REDABAS

Wenn Sie in Ihrer Arbeit viel mit Karteien oder dem Erstellen und Ändern langer Listen zu tun haben, kann Ihnen das Programm REDABAS die Arbeit erleichtern. Mit REDABAS können Sie alle Daten, die Sie auf diese Weise bearbeiten, in den Computer eingeben, auf Disketten speichern, wenn erforderlich, auf dem Bildschirm darstellen und ändern, aber auch in vielfältiger Form auswerten.
Sie können sich sicher vorstellen, wie Adreßlisten, Buchkataloge oder Patientenkarteien aufgebaut sind und wie sie aktualisiert werden. Damit Sie angeregt werden, auch andere Anwendungsmöglichkeiten von REDABAS zu erwägen, wollen wir ein Beispiel ganz anderer Art betrachten. Das Beispiel ist völlig frei erfunden. Wenn Sie in der Wasserwirtschaft tätig sind, sehen Sie bitte über die Ungenauigkeiten fachlicher Art, aber auch über die Unterschätzung Ihrer Anwendungslösungen hinweg. Die Autoren haben die Daten nur aus den ohne besonderen Aufwand zugänglichen Quellen abgeleitet.

Wir nehmen also an: Am Lauf der Elbe sind in Abständen von etwa 50 km Meßstellen eingerichtet, an denen alle drei Stunden die Werte
- Durchflußmenge in Kubikmetern je Sekunde
- Temperatur in Grad Celsius
- Härte in Härtegrad
- Salzgehalt in Milligramm je Liter
- pH-Wert

gemessen werden. Die Meßstellen haben Abkürzungen, die aus drei Buchstaben bestehen. Die wichtigsten Angaben über die Meßstellen sind in dieser Tabelle zusammengefaßt:

Ort der Meßstelle	Abkürzung der Meßstelle	km flußabwärts, bezogen auf Bad Schandau	Höhe in m über dem Meeresspiegel
Schmilka	bss	0	121
Heidenau	hei	34,5	108
Dresden	dre	51,5	106
Riesa	rie	102,5	90
Belgern	bel	137,5	80
Wittenberg	wit	177	66
Aken	ake	216	56
Hohenwarte	hoh	264	38
Wittenberge	wib	357	18

Im dafür zuständigen Institut in Berlin werden die Meßdaten zusammengefaßt und ausgewertet. Dazu mußten die Meßwarte bisher Monatsbögen zusammenstellen und bis zum 10. Werktag des Folgemonats an das zentrale Institut senden. Dort wurden die Daten erfaßt und in den Computer robotron K 1630 eingegeben. Auf diesem Rechner erfolgte dann mit speziellen Programmen die Auswertung.
In den Jahren 1987 und 1988 wurden alle Meßstellen mit Arbeitsplatzcomputern A 7100 ausgerüstet. Dadurch kann die Datenübermittlung viel schneller erfolgen. Auch die Auswertung ist schneller möglich, da die aufwendige Datenerfassung im zentralen Institut entfällt. Was haben sich die Kollegen von der Wasserwirtschaft dazu einfallen lassen? Betrachten wir zunächst den Aufbau des alten Monatsbogens an einem Beispiel:

Meßstelle: dre   Monat: 12   Blatt: 2

Tag	Uhr	Fluß	Temperatur	Härte	Salzgehalt	pH-Wert	Signum
11	3	1000	2.0	17.3	944	7.23	mei
	6	997	2.1	17.4	942	7.21	mul
	9	994	2.2	17.3	947	7.24	mul
	12	994	2.4	17.1	955	7.40	mul
	15	998	2.5	17.1	960	7.44	sdr
	18	998	2.6	17.1	970	7.45	sdr
	21	1008	2.5	17.2	960	7.40	sdr
	24	1018	2.2	17.2	930	7.35	mei
12	3	1028	2.0	17.1	920	7.34	mei

Er bestand aus mehreren numerierten A4-Bögen. Seitdem die Arbeitsplatzcomputer installiert sind, ist die Arbeit wesentlich rationeller organisiert. Alle drei Stunden geht der Meßwart an seinen A 7100, ruft das Programm REDABAS auf, gibt unter Steuerung dieses Programms die neuen Daten ein und speichert sie auf der Monatsdiskette ab. Am ersten Werktag jedes Monats wird der Inhalt der Monatsdiskette auf eine Sicherungsdiskette kopiert. Dann wird die Diskette nach Berlin geschickt. Dort werden die Monatsdisketten aller Meßstellen auf dem AC A 7100 unter REDABAS in einer großen Monatsdatei zusammengefaßt und mit REDABAS vorausgewertet. Die endgültige Auswertung erfolgt mit speziellen Programmen, die nun jedoch viel umfangreichere Analysen durchführen können, weil unter REDABAS bereits eine Vorauswertung durchgeführt wurde.
Das klingt fast wie Zauberei. Aber es ist so einfach, daß wir den gesamten Ablauf dieses Prozesses auf wenigen Buchseiten so exakt beschreiben können, daß er für Sie unmittelbar nachvollziehbar wird. Probieren Sie es aus, und schalten Sie Ihren AC A 7100 ein. Zunächst versetzen wir uns in die Lage der Berliner Kollegen, die als erstes die Datenbank mit den Angaben über die einzelnen Meßstellen aufbauen wollen.

Wir rufen das REDABAS-Programm auf:

REDABAS

Es meldet sich so (oder ähnlich, abhängig vom Auslieferungsstand):

ROBOTRON-PROJEKT DRESDEN

```
*******************
*    REDABAS      *
*******************
```

GEBEN SIE DAS TAGESDATUM ODER NUR <ET> EIN!
   (TT.MM.JJ) :

Wenn Sie an dieser Stelle das Datum im angegebenen Format (zum Beispiel: 14.02.88) eingeben, vermerkt REDABAS dieses Datum in allen Datenbankdateien, die Sie ändern. Dies kann zum Beispiel dann von Vorteil sein, wenn Sie wissen wollen, welchen Aktualisierungsstand eine Ihrer Datenbank-

dateien aufweist. Ob Sie nun ein Datum eingeben oder gleich die Taste <--'
betätigen, in jedem Fall meldet sich REDABAS anschließend mit seinem
Aufforderungszeichen, dem Doppelpunkt.
REDABAS wartet nun auf ein Kommando. Sie wollen eine neue Datenbankdatei
aufbauen. Sie soll wie oben in der Tabelle die Angaben zu den einzelnen
Meßstellen enthalten. Mit dem Kommando CREATE veranlassen Sie REDABAS,
eine neue Datenbankdatei aufzubauen. Sie müssen dazu noch den Namen
aufschreiben, den Sie der Datenbankdatei geben wollen. Er darf bis zu 8
Zeichen umfassen. Die Typangabe erfolgt durch REDABAS. Eine Datenbankdatei
erhält von REDABAS stets den Typ DBD. Sie geben also das Kommando

CREATE STATION .

REDABAS möchte von Ihnen wissen, welchen Aufbau die Datenbankdatei haben
soll. REDABAS erklärt Ihnen jetzt auch, welche Informationen Sie geben
müssen. Es sind genaue Angaben zur Struktur der Spalten der Tabelle, die
als Datenbankdatei gespeichert werden soll. Jede Zeile der Tabelle wird
von REDABAS als ein Satz angesehen, der aus einzelnen Feldern besteht.
Jedes Feld entspricht einer Eintragung in eine Tabellenspalte:

```
GEBEN SIE DIE SATZSTRUKTUR WIE FOLGT EIN:
 FELD     NAME,TYP,LAENGE,ANZAHL DEZIMALSTELLEN
 001       _
```

Sie können nun Feld für Feld beschreiben. Jedes Feld muß einen Namen
erhalten. Der Name darf bis zu 10 Buchstaben umfassen, aber keine Umlaute
oder den Buchstaben ß enthalten. Der Feldname entspricht der Spalten-
bezeichnung im Tabellenkopf. Als Typ können Sie C angeben, wenn REDABAS
die Eintragungen in dieses Feld nicht weiter überprüfen soll, oder N, wenn
Sie wollen, daß nur Zahlen als Eintragungen zulässig sind. Als Länge geben
Sie die maximale Anzahl Zeichen an, die eine Eintragung umfassen soll.
Wenn Sie als Typ N angegeben haben, können Sie auch noch die Anzahl
Dezimalstellen angeben, die Sie für eine Eintragung vorsehen. Dann nimmt
der Dezimalpunkt eine eigene Position ein, die Sie bei der Eingabe der
Feldlänge berücksichtigen müssen.

Betrachten wir noch einmal den Kopf der Tabelle zu den Meßstellen:

Ort der Meßstelle	Abkürzung der Meßstelle	km flußabwärts, bezogen auf Bad Schandau	Höhe in m über dem Meeresspiegel

In unserem Fall könnte der Dialog zwischen Ihnen und REDABAS nun so
verlaufen (die Zählnummer in der Spalte FELD wird von REDABAS automatisch
vergeben):

```
GEBEN SIE DIE SATZSTRUKTUR WIE FOLGT EIN:
 FELD     NAME,TYP,LAENGE,ANZAHL DEZIMALSTELLEN
 001       ORT,C,12
 002       ABK,C,3
 003       KM,N,5,1
 004       HOEHE,N,3
 005
```

Wenn Sie alle Felder beschrieben haben, betätigen Sie als Antwort auf die nächste Zählnummer die Taste <--'. Sie werden dann von REDABAS gefragt:

MOECHTEN SIE JETZT DATENSAETZE EINGEBEN? (J/N):

Wenn Sie mit N antworten, legt REDABAS die entsprechende Datenbankdatei an, speichert aber in ihr nur deren Struktur. Sie haben ja noch keine Sätze eingegeben. Anschließend werden Sie aufgefordert, ein weiteres Kommando zu geben. Wenn Sie mit J antworten, können Sie Satz für Satz eingeben. Dazu erzeugt REDABAS eine einfache Eingabemaske auf dem Bildschirm, so daß Sie kaum Eingabefehler machen werden. Probieren Sie es aus! Jeder neue Satz wird auf dem Bildschirm dargestellt. Abhängig von der REDABAS-Ausgabe, die Sie anwenden, sieht die Maske so oder ähnlich aus:

```
SATZ  NR. 00001
ORT         :            :
ABK         :   :
KM          :    :
HOEHE       :   :
```

In die Felder zwischen den Doppelpunkten können Sie nun Eintragungen vornehmen. Wenn Sie korrigieren wollen, können Sie innerhalb eines Feldes mit den aus dem Programm TP bekannten Tastenkombinationen ^S (ein Zeichen nach links), ^D (ein Zeichen nach rechts) und ^G (Zeichen löschen) arbeiten. Mit der Tastenkombination ^V schalten Sie den Einfügemodus ein und aus. ^E bewegt den Kursor auf die erste Position des nächsthöheren Feldes.
Haben Sie ein Feld völlig ausgenutzt, bewegt REDABAS den Kursor automatisch auf die erste Position des nächsten Feldes. Sie brauchen Ihre Eintragung dann nicht durch Betätigen der Taste <--' abzuschließen.
Wenn Sie die Eingabe des untersten Feldes abgeschlossen haben, wird automatisch der nächste Satz angezeigt. Die Ersteingabe von Sätzen in die Datenbankdatei wird durch Betätigen der Taste <--' beendet. REDABAS meldet sich dann wieder mit seinem Aufforderungszeichen.
Nehmen wir an, Sie haben die Daten der Tabelle der Meßstellen nun eingegeben. Mit dem Kommando LIST können Sie sich den Inhalt der gesamten Datei anzeigen lassen. Wenn Sie zuvor noch das Kommando SET PRINT ON gegeben und Ihren Drucker angeschlossen haben, entsteht aber nicht der von Ihnen erwartete Ausdruck. REDABAS teilt Ihnen vielmehr mit:

KEINE DATENBANKDATEI AKTIV!
GEBEN SIE DEN DATEINAMEN EIN:_

Alle Arbeiten, die REDABAS durchführt, beziehen sich immer auf die "aktive" Datenbankdatei. Nach erfolgter Ersteingabe ist keine Datenbankdatei aktiv. Erst, wenn Sie den Namen der Datenbankdatei eingeben, die Sie bearbeiten wollen (hier: STATION), wird die entsprechende Datei aktiviert. Sofort nach Eingabe des Namens wird die Liste ausgedruckt. Sie hat diese Gestalt:

```
00001   Schmilka       bss    0.0    121
00002   Heidenau       hei   34.5    108
00003   Dresden        dre   51.5    106
00004   Riesa          rie  102.5     90
00005   Belgern        bel  137.5     80
00006   Wittenberg     wit  177.0     66
00007   Aken           ake  216.0     56
00008   Hohenwarte     hoh  264.0     38
00009   Wittenberge    wib  357.0     18
```

Mit dem Kommando DISPLAY STRUCTURE können Sie sich Satzstruktur, Änderungsstand und Umfang Ihrer Datenbankdatei anzeigen lassen. In unserem Fall führt dieses Kommando (der Drucker ist noch eingeschaltet) zu folgendem Ausdruck:

```
DATEISTRUKTUR FUER:   A:STATION .DBD
ANZAHL DER SAETZE:   00009
DATUM DER LETZTEN AENDERUNG: 14.02.88
DATENBANKDATEI IM PRIMAERZUGRIFF
FELD     NAME       TYP   LAENGE   DEZ
001      ORT         C     012
002      ABK         C     003
003      KM          N     005      001
004      HOEHE       N     003
** SUMME **                00024
```

Anschließend schalten wir den Drucker mit dem Kommando SET PRINT OFF wieder aus.
Welche Möglichkeiten gibt es nun, mit den Daten der Datenbankdatei STATION.DBD zu arbeiten? Das Buch /7/ ist eine ausführliche Anleitung zur Arbeit mit REDABAS. Hier wollen wir uns auf einige Angaben zu den wichtigsten Arbeitsschritten beschränken.
Eine Datenbank können Sie auch ohne Aufforderung durch REDABAS aktivieren. Dazu dient das Kommando **USE**. Hinter USE ist der Name der zu aktivierenden Datenbankdatei anzugeben. Eine bisher aktive andere Datenbankdatei ist dann automatisch nicht mehr aktiv. Mit dem Kommando **SORT** können Sie eine Datenbankdatei sortieren. Dabei entsteht immer eine zweite, sortierte Datenbankdatei. Die Ausgangsdatei bleibt unverändert.
Wir wollen nun aus der Datei STATION eine neue Datei SORTORT erstellen lassen, in der die Sätze alphabetisch hinsichtlich der Ortsbezeichnung angeordnet sind. Anschließend soll diese Datei aufgelistet werden. Zuerst geben wir das Kommando SORT ON ORT TO SORTORT (noch ist die Datei STATION aktiv). Wenn die sortierte Datei SORTORT fertig ist, teilt REDABAS dies mit:

SORTIERUNG BEENDET

Nun geben wir hintereinander die Kommandos USE SORTORT, SET PRINT ON und LIST. Ausgedruckt wird die sortierte Liste:

```
00001   Aken           ake  216.0     56
00002   Belgern        bel  137.5     80
...
00009   Wittenberge    wib  357.0     18
```

Wollen Sie wissen, welche Meßstellen flußaufwärts von der Meßstelle Belgern liegen, hilft REDABAS. Wir verwenden das **COPY**-Kommando. Mit dessen Hilfe wird ein Auszug aus der Datenbankdatei SORTORT erstellt, in dem nur noch die gesuchten Meßstellen enthalten sind. Der Auszug ist wieder eine neue Datenbankdatei. Sie wird OBEN genannt. Die Auswahl der Sätze geschieht über eine Auswahlbedingung:

COPY TO OBEN FOR KM < 120

Die erfolgreiche Ausführung teilt uns REDABAS mit:

00004 SAETZE WURDEN KOPIERT

Zunächst muß die neue Datei OBEN aktiviert werden. Sie wissen bereits, daß dies durch das Kommando **USE OBEN** erfolgt. Da uns nur die Bezeichnungen der Orte interessieren, beschränken wir den Ausdruck der Liste auf die Spalte ORT, indem wir das Kommando **LIST ORT** geben. Diese Liste entsteht:

```
00001    Dresden
00002    Heidenau
00003    Riesa
00004    Schmilka
```

Damit haben Sie einen ersten Eindruck der Leistungsfähigkeit von REDABAS erhalten. Sie beenden die Arbeit mit REDABAS, indem Sie das Kommando **QUIT** geben.

Ein wenig können Sie Ihre Kenntnisse über REDABAS nun noch vertiefen, wenn Sie die Arbeit mit REDABAS in den Meßstellen verfolgen. Der Aufbau der Datenbankdateien ist einfach. Damit die Dateien den Meßstellen eindeutig zugeordnet werden können, hat das Institut in Berlin festgelegt, daß die Dateinamen wie folgt zu bilden sind: Zuerst erscheinen die Buchstaben MW, dann folgen die Abkürzung und die Angabe des Monats, in dem die Messungen erfolgten (zweistellig, mit führender Null). Die Dresdner Datei für den Februar des laufenden Jahres muß also MWDRE02 heißen. Sie könnte in diesem Dialog gebildet worden sein (die Angaben des Nutzers in Klein-, die von REDABAS in Großbuchstaben):

```
create mwdre02
GEBEN SIE DIE SATZSTRUKTUR WIE FOLGT EIN:
   FELD      NAME,TYP,LAENGE,ANZAHL DEZIMALSTELLEN
   001       tag,n,2
   002       uhrzeit,n,2
   003       fluss,n,4
   004       temperatur,n,4,1
   005       haerte,n,4,1
   006       salzgehalt,n,5
   007       phwert,n,5,2
   008       signum,c,3
   009
```

Sie sollten in Anlehnung an den eingangs wiedergegebenen Monatsbogen für zwei Orte und denselben Tag selbsterdachte Daten eingeben. Dabei werden Sie feststellen, daß Sie in der Regel wenig Fehler machen. Die von REDABAS standardmäßig vorgesehene Technik der satz- und feldweisen Eingabe mittels einer Maske ist recht sicher. Es kann aber sein, daß auch kleine Eingabefehler ausgeschlossen werden müssen. Sogenannte Plausibilitätskontrollen könnten nötig sein. Auch hierfür bietet Ihnen REDABAS die geeigneten Hilfsmittel. In REDABAS ist eine Programmiersprache integriert, mit der Sie Programme zu den verschiedensten Zwecken erstellen können. Die mit REDABAS erstellten Programme haben eins gemeinsam: Sie bearbeiten REDABAS-Datenbankdateien. In diesem Buch ist nicht der Platz für eine ausführliche Beschäftigung mit der REDABAS-Programmierung. Um Ihnen eine Vorstellung von den damit verbundenen Möglichkeiten zu vermitteln, folgt nun ein ausführlich kommentiertes REDABAS-Programm, mit dem die Meßdaten in sicherer Form eingegeben werden können.
Ein REDABAS-Programm ist immer eine Datei vom Typ PRG. Es kann zum Beispiel mit dem Textprogramm TP in der Arbeitsweise N erstellt werden. Die einzelnen Zeilen des Programms dürfen nicht länger als 77 Zeichen sein. Wenn dies für eine Anweisung nicht ausreicht, kann sie mit einem Semikolon unterbrochen und auf der nächsten Zeile fortgesetzt werden.
Das folgende Programm überprüft nur die Eingabe von Daten für die Felder FLUSS und SIGNUM auf Plausibilität. Sie können es zur Übung auf die anderen Felder erweitern und bei Bedarf als Muster für eigene REDABAS-Programme verwenden.

```
* Systemmeldungen ausschalten
SET TALK OFF
* Aktivieren der Datei MWDRE02
USE MWDRE02
* Löschen Bildschirm
ERASE
* Anfangsbild
§ 4,0 SAY 'Eingabe im 3-Stunden-Abstand'
§ 5,0 SAY '-------------------------------'
* Zum bisher letzten Satz der Datei MWDRE02
GO BOTTOM
* Neue Uhrzeit ist alte Uhrzeit + 3 Stunden
STORE UHRZEIT + 3 TO UHRNEU
STORE TAG TO TAGNEU
IF UHRNEU = 27
   STORE 3 TO UHRNEU
   STORE TAG + 1 TO TAGNEU
ENDIF
* Ausgabe neue Uhrzeit
§ 8,0 SAY 'Bitte geben Sie die Meßwerte für ';
+STR(UHRNEU,2,0) + ' Uhr ein.'
* Einlesen der Meßwerte
* a) Durchflußmenge
STORE 'nicht fertig' TO ARBEIT
DO WHILE ARBEIT <> 'fertig'
   § 10,0 SAY;
   'Durchflußmenge in Kubikmetern je Sekunde'
   INPUT 'Eingabe' TO FLUNEU
   * Prüfung
```

```
    IF FLUNEU > 200 .AND. FLUNEU < 2000
        STORE 'fertig' TO ARBEIT
    ELSE
        § 13,0 SAY 'Sind Sie sicher? (J/N)'
        ACCEPT TO ANTWORT
        IF ANTWORT = 'J'
            STORE 'fertig' TO ARBEIT
        ENDIF
    ENDIF
ENDDO
* Dateischutz: Eingaben werden nur akzeptiert, wenn sie mit
* 'mei' oder 'mul' signiert sind.
STORE 'nicht fertig' TO ARBEIT
DO WHILE ARBEIT <> 'fertig'
    § 16,0 SAY;
    'Signum
    ACCEPT 'Eingabe' TO SIGNEU
    * Prüfung
    IF SIGNEU = 'mei' .OR. SIGNEU = 'mul'
        STORE 'fertig' TO ARBEIT
    ELSE
        § 17,0 SAY;
        'Sie sind nicht zur Eingabe berechtigt.'
        § 18,0 SAY 'Ende ohne Veränderung der Datei.'
        CLEAR
        SET TALK ON
        RETURN
    ENDIF
ENDDO
* Neuen Satz als Leersatz hinzufügen
APPEND BLANK
* Neue Werte eintragen
REPLACE TAG WITH TAGNEU
REPLACE UHRZEIT WITH UHRNEU
REPLACE FLUSS WITH FLUNEU
REPLACE SIGNUM WITH SIGNEU
* Datei abschließen
CLEAR
* Ende-Nachricht
§ 20,0 SAY;
'Die Datei wurde ordentlich fortgeschrieben.'
* Systemmeldungen wieder einschalten
SET TALK ON
* Ende
RETURN
```

Ein als Datei gespeichertes REDABAS-Programm können Sie mit dem Kommando DO aufrufen. Hinter das Wort DO müssen Sie noch den Dateinamen anfügen. Wenn er EINGABE lautet und das Programm auf der Diskette im Laufwerk B gespeichert ist, könnte sich dieser Dialog ergeben:

```
DO B:EINGABE
```

Der Schirm würde gelöscht, der Dialog auf dem zunächst leeren Bildschirm fortgesetzt:

Eingabe im 3-Stunden-Abstand

Bitte geben Sie die Meßwerte für 12 Uhr ein.
Eingabe:<u>9999</u>

Sind Sie sicher? (J/N)
:<u>J</u>

Signum
Eingabe:<u>mei</u>

Die Datei wurde ordentlich fortgeschrieben.
:_

Die Eingaben des Nutzers sind unterstrichen.

Abschließend wollen wir noch zeigen, wie die verschiedenen Dateien im Institut in Berlin zu einer Monatsdatei zusammengefügt werden. Dazu nehmen wir an, daß am dritten Werktag des Folgemonats alle 9 Disketten mit den Dateien MWxxxmm (xxx steht für die Abkürzung der Meßstelle, mm für die Angabe des Monats) eingetroffen sind und nun die große Datei MWZENmm erstellt werden soll.
Die Berliner Kollegen könnten sich für diesen Weg entschieden haben: Zuerst wird die Datei MWBSSmm betrachtet. Sie befindet sich auf der Diskette im Laufwerk A. Dies ist auch das aktuelle Laufwerk. Aus ihr wird mit dem Kommando COPY TO B:MWZENmm die Datei MWZENmm gebildet. Diese Datei wird auf einer leeren Diskette im Laufwerk B angelegt.
Das Kommando **APPEND** fügt zu einer bestehenden Datei alle Sätze einer neuen Datei hinzu. Dabei werden die Feldinhalte, so gut es geht, übernommen. Wenn die Struktur beider Dateien gleich ist, gibt es bei der Übernahme ohnehin keine Probleme. In unserem Fall ist die Struktur aller Monatsdateien gleich.
Mit dem Kommando USE B:MWZENmm wird die Datei MWZENmm zur aktiven Datenbankdatei gemacht. Anschließend wird Diskette für Diskette eingelegt und mit dem Kommando

APPEND FROM MWxxxmm

der Inhalt der jeweils nächsten Datei an die zentrale Datei MWZENmm angefügt. Anschließend könnte es erforderlich sein, den Inhalt der Datei MWZENmm nach verschiedenen Merkmalen zu sortieren, etwa nach Tag, Stunde oder bestimmten Meßwerten. Wie das geschieht, haben Sie bereits erfahren. Auch die Vorauswertung könnte noch im Rahmen von REDABAS erfolgen. Die Programmiersprache ist mächtig genug, um viele Verarbeitungen möglich zu machen. Allerdings wird sie interpretiert. Umfangreiche Auswertungen sind daher sehr zeitaufwendig.

4.3. TABCALC

Das Programm TABCALC gehört zur Klasse der Kalkulationsprogramme. Diesen Programmen ist gemeinsam, daß sie im Rechner "Arbeitsblätter" in Form von Tabellen, die aus Zeilen und Spalten aufgebaut sind, bereithalten. Sie können das Format eines solchen Arbeitsblattes selbst bestimmen. In die einzelnen Felder eines Arbeitsblattes können Sie Werte eintragen, aber auch Formeln, nach denen das Kalkulationsprogramm selbst die zugehörigen Werte berechnet.
TABCALC gibt es nur für das Betriebssystem SCP 1700. Für DCP existiert das Programm MULTICALC. Alle Kalkulationsprogramme werden auf ähnliche Weise bedient, so daß es genügt, wenn wir uns hier näher mit TABCALC beschäftigen.
Mit TABCALC können Sie gleichzeitig 14 dieser Arbeitsblätter oder Tabellen bearbeiten. Jede Tabelle kann bis zu etwa 16000 Felder umfassen. Die Tabellen sind prinzipiell voneinander unabhängig, Sie können sie aber auch miteinander verknüpfen.

Auf der vom VEB Robotron-Projekt Dresden ausgelieferten Diskette sind diese Programme gespeichert:

TABCALC.CMD	Startprogramm, gibt Anfangsbild aus und aktiviert TC.CMD	2 KByte
TC.CMD	eigentliches Kalkulationsprogramm	160 KByte
TABCALC.HLP	Datei mit Informationen für die "Hilfe"-Funktion	20 KByte
BEI.XQT	Beispiel einer Kommandoprozedur	2 KByte
KT.CMD	Dienstprogramm zum Dateiaustausch mit dem Kalkulationsprogramm KP für 8-Bit-Personal- und Bürocomputer	26 KByte

Auf dieser Diskette ist also noch viel Platz, den Sie für Ihre Tabellen nutzen können. Allerdings sollten Sie nicht mit der ausgelieferten Diskette arbeiten, sondern mit einer Kopie, so daß Sie sich im Fall einer versehentlichen Beschädigung Ihrer Arbeitsdiskette ohne besonderen Aufwand eine neue herstellen können.
Die Datei BEI.XQT brauchen Sie nicht auf Ihre TABCALC-Diskette zu übernehmen. Sie gehört zu einem Demonstrationsbeispiel und ist für die Arbeit mit TABCALC nicht erforderlich.
Zur Arbeit mit TABCALC benötigen Sie keine RAM-Disk. Wenn Ihr Arbeitsplatzcomputer mit nur 512 KByte ausgerüstet ist und Sie nicht über ein SCP 1700 mit einstellbarer RAM-Disk-Kapazität verfügen, kann TABCALC nur ohne RAM-Disk abgearbeitet werden. TABCALC wird so gestartet:

TABCALC

Nachdem das Anfangsbild und eine Warnung vor unerlaubter Vervielfältigung angezeigt wurden, werden Sie gefragt:

Werden die Hilfsmenues benoetigt (J/N): J
Bitte geben Sie das Datum des heutigen Tages ein:
(Standard: 1.01.1987)

07.02.88

Die Antworten, die Sie gegeben haben könnten, sind unterstrichen. Am Anfang sollten Sie nicht auf die Hilfsmenüs verzichten. Später werden Sie möglicherweise den geringen Zeitvorteil nutzen wollen, den Sie haben, wenn die Hilfsmenüs nicht geladen werden.

Bei der Eingabe des Datums müssen Sie das Muster TT.MM.JJJJ einhalten. Sie dürfen aber führende Nullen und die beiden ersten Stellen der Jahreszahl weglassen. Wenn Sie kein Datum eingeben (also nur die Taste <--' betätigen), nimmt TABCALC das angegebene Standarddatum an. Danach erscheint die linke obere Ecke eines leeren Arbeitsblattes:

```
1   ||   A   ||   B   ||   C   ||   D   ||   F   ||   G   ||   H   ...   |
|  1|  XXXXXXX                                                            |
|  2|                                                                     |
|  3|                                                                     |
|  4|                                                                     |
|  5|                                                                     |
|  6|                                                                     |
|  7|                                                                     |
|  8|                                                                     |
|  9|                                                                     |
| 10|                                                                     |
| 11|                                                                     |
| 12|                                                                     |
| 13|                                                                     |
| 14|                                                                     |
| 15|                                                                     |
| 16|                                                                     |
| 17|                                                                     |
| 18|                                                                     |
| 19|                                                                     |
-------------------------------------------------------------------------
--> A1 -- Breite:9 -- Letztes Feld:A1 -- Speicher:98.84% -- Hilfe mit ? --
|                                                                         |
|    1->_                                                       7.2.88    |
-------------------------------------------------------------------------
```

Ein Kursor für die Eingabe von Kommandos blinkt in der vorletzten Zeile. An dieser Stelle können Sie Kommandos oder Daten eingeben. Im Feld "A1" der Tabelle leuchtet ein weiterer Kursor auf, hier als "XXXXXXX" dargestellt. Er zeigt Ihnen an, in welches Feld eingegebene Daten eingetragen werden, sobald Sie Ihre Eingabe mit der Taste <--' bestätigt haben. Daten können sein:
- Zahlen
- Zeichenketten (beginnen mit ")
- Formeln.

Den Kursor können Sie mit den Kursortasten bewegen. Wenn Sie ihn direkt auf ein Feld positionieren wollen, geben Sie das Kommando

= Spalte, Zeile

ein, zum Beispiel (probieren Sie es bitte gleich aus) = D7. Das Kommando "= Spalte, Zeile" ist mit der Taste <--' abzuschließen.

Ihre Aufgabe besteht nun darin, diese Tabelle mit Daten und Formeln zu füllen, um so Berechnungen zu vereinfachen. Wir wollen an einem Beispiel betrachten, wie dies geschehen kann. Unser Beispiel ist klein und dem Übersichtscharakter dieses Buches angemessen.
Stellen Sie sich dazu bitte vor, daß Sie Brigadier in einem Fertigungsbereich sind. Ihre Brigade produziert Baugruppen. Der technologisch vorgegebene Arbeitszeitaufwand je Baugruppe beträgt 26.2 Stunden. Sie wollen nun wissen, wieviel Baugruppen Sie unter normalen Arbeitsbedingungen monatlich produzieren können. Dabei müssen Sie diese Daten berücksichtigen:
- Anzahl Arbeitsstunden/Monat (Normalschicht)
- Anzahl Beschäftigte
  . davon mit 40 Stunden Wochenarbeitszeit
  . davon mit Haushaltstag
- Urlaubsanteil (monatsbezogen, im Durchschnitt 20 Tage/Jahr)
- Anteil sonstiger Ausfall (monatsbezogen, im Durchschnitt 10 Tage/Jahr).

Die Anzahl Arbeitsstunden/Monat können Sie dem Kalender für Planung und Leitung entnehmen, die übrigen Daten sicher Ihrer persönlichen Statistik und Kaderplanung. Ziel ist, zunächst den monatlich verfügbaren Arbeitszeitfonds und daraus die Anzahl Baugruppen zu berechnen, die jeden Monat gefertigt werden können.
Damit Sie sofort einen Eindruck von den Möglichkeiten des Programms TABCALC gewinnen, sehen Sie sich bitte zuerst das Ergebnis an. Anschließend erfahren Sie, wie Sie zu diesem Ergebnis gelangen können. Die folgende Tabelle wurde übrigens mit TABCALC erstellt, mit dem Kommando

`/O,Tabellenform,A11,Platte,Laufwerk B:TABELLE`

gespeichert, mit ^KR vom Textprogramm TP eingelesen und so Bestandteil der Datei, von der dieser Abschnitt gesetzt wurde. Sie können also Tabellen, die Sie mit TABCALC erstellt haben, zum Beispiel mit TP weiterverarbeiten.

	A	B	C	D	E	F	G	H	I
1				Arbeitszeitfonds 1988					
2				---------------------					
3									
4		Anzahl	Ausf.	sonst.	Anzahl	davon	davon		Anz.
5	Monat	Stund.	Urlaub	Ausfall	AK	40 Std.	m. HT	AZ-Fonds	BG
6	------	------	------	------	------	------	------	------	------
7	Januar	175.00	.02	.02	34	12	28	5346.50	204
8	Februar	183.75	.10	.20	34	12	28	4632.50	176
9	März	201.25	.01	.30	34	12	29	5456.75	208
10	April	175.00	.05	.10	36	12	29	5236.25	199
11	Mai	183.75	.05	.05	36	12	29	5708.75	217
12	Juni	192.50	.03	.03	36	12	29	6212.75	237
13	Juli	183.75	.17	.03	36	12	29	5015.75	191
14	August	201.75	.28	.02	36	12	29	5002.25	190
15	September	192.50	.20	.03	36	12	29	5141.75	196
16	Oktober	175.00	.03	.05	36	12	29	5519.75	210
17	November	192.50	.01	.07	36	12	29	6212.75	237
18	Dezember	183.75	.05	.10	36	12	30	5542.50	211
19	------	------	------	------	------	------	------	------	------
20	Summe	2240.50	1.00	1.00				65028.25	2476

Die Tabelle wurde mit TP nur geringfügig editiert, vor allem, damit sie in die Satzbreite dieses Buches paßt. Aber wie gelangt man zu einer solchen Tabelle? Gehen wir der Reihe nach vor. Zunächst ist klar, daß Sie in die Spalten A bis G selbst Daten eintragen müssen. Die Spalten H und I werden von TABCALC ausgefüllt, nachdem Sie die "richtigen" Formeln eingegeben haben.
Als erstes geben wir die Überschrift ein. Dazu bewegen wir den Kursor in das Feld C1. Dann geben wir die Überschrift

"Arbeitszeitfonds 1988

ein und bestätigen die Eingabe mit der Taste <--'. Sofort erscheint der Text im Feld C1 und in den benachbarten Feldern D1 und E1, denn standardmäßig kann jedes Feld nur 9 Zeichen aufnehmen. Das Unterstreichen der Überschrift ist einfach: Bewegen des Kursors in Feld C2 und Eingabe der richtigen Anzahl von Bindestrichen, beginnend mit Anführungszeichen. Wenn Sie diese weglassen, nimmt TABCALC zunächst an, daß Sie eine Zahl eingeben wollen. Wenn Ihre Eingabe keine gültige Zahl ist, versucht TABCALC, sie als Formel zu interpretieren. Wenn auch das nicht gelingt, nimmt TABCALC Ihre Eingabe als Zeichenkette entgegen.
Nun können Sie in den Zeilen 6 und 19 die langen Striche ziehen. Da dies in Tabellen häufig erforderlich ist, gibt es in TABCALC hierfür eine ganz kurze Schreibweise, das Kommando

' _

Alles das, was Sie hinter dem Apostroph angeben, wird so oft wie möglich bis zum Ende der Tabellenzeile wiederholt. In diesem Fall ist es der Bindestrich.
Als nächstes können Sie die Monatsnamen eingeben. Dazu ist es zweckmäßig, den Kursor über das Feld A5 auf das Feld A6 zu bewegen. TABCALC merkt sich nämlich, aus welcher Richtung der Kursor auf ein Feld bewegt wurde. Wenn Sie die Eingabe für das betreffende Feld mit der Taste <--' abgeschlossen haben, bewegt TABCALC den Kursor automatisch in der Richtung weiter, aus der er kam. Dies ist, wie Sie schnell feststellen werden, beim zeilen- oder spaltenweisen Eingeben von Werten vorteilhaft.
Bevor Sie die Spalte "Anzahl Stund." ausfüllen, sollen Sie ein neues Kommando kennenlernen. Für die Eingabe der besonders oft vorkommenden Werte, die mit zwei Stellen hinter dem Dezimalpunkt dargestellt werden sollen, kennt TABCALC ein eigenes Format. Alle Zahlen, die Sie in solch ein Feld eintragen, werden automatisch mit zwei Dezimalstellen dargestellt. Dies ist besonders übersichtlich. Das Kommando lautet

/fsb,zf

An dieser Stelle ist es erforderlich, darauf hinzuweisen, daß TABCALC in vielen Fällen (so auch in diesem) Teile des Kommandos selbst aufschreibt. Sie brauchen nur die Anfangsbuchstaben der Ihnen angebotenen Möglichkeiten einzugeben oder auf die konkrete Frage zu antworten, die Ihnen TABCALC oberhalb der Kommandozeile stellt. Zur Betätigung der Taste <--' gibt es diese Faustregel: Immer, wenn es "nicht weiter geht", sollten Sie die Taste <--' betätigen. Gelöscht werden können Eingaben Zeichen für Zeichen mit der Taste |<-|.

Auch die Spalten C, D, E und H sollen Werte mit zwei Dezimalstellen
aufnehmen. Dazu geben Sie nacheinander die Kommandos

/fsc,zf
/fsd,zf
/fse,zf
/fsh,zf

Jetzt sind die Spalten, die für die Eingabe von Daten vorgesehen sind,
vorbereitet. Wenn Sie die Daten eingeben, denken Sie beim Wechseln von
Spalte zu Spalte daran, daß Sie den Kursor aus der günstigsten Richtung
auf das erste Feld der Spalte, in das Sie Daten eingeben wollen, bewegen.
Mit etwas Übung werden Sie zügig in "S-Kurven" über die Tabelle fahren.
Schwieriger ist die Arbeit mit Formeln. In TABCALC ist eine Formel ein
Ausdruck aus Funktionsbezeichnungen, Konstanten und Bezeichnungen von
Feldelementen.
Die Formel für die Summe der Felder B7 bis B18 ist schnell aufgeschrieben:

sum (b7:b18)

Wenn Sie den Kursor in das Feld b20 bewegen und diese Formel eingeben,
wird sie dem Feld b20 zugeordnet, und nach wenigen Sekunden erscheint die
Summe als Feldinhalt.
In die Felder c20 und d20 tragen wir zur Kontrolle (denn die Anteile
müssen ja als Summe 1.00 = 100% ergeben) die Formeln

sum (c7:c18)
sum (d7:d18)

ein. Sofort erscheint (wenn Sie keine Eingabefehler gemacht haben) in den
Feldern c20 und d20 der Wert 1.00. Die Formel für den Arbeitszeitfonds ist
komplizierter. Er errechnet sich so:
- Zunächst wird das Produkt aus Arbeitsstunden und der Anzahl der
  Beschäftigten gebildet (für den Monat Januar sind das 5950 Stunden).
- Von diesem Wert müssen abgezogen werden:
  . der zu erwartende Ausfall durch Urlaub (im Januar im Durchschnitt 2%
    des Urlaubs von im Durchschnitt 20 Tagen je Werktätigen, also 175 *
    0.02 * 34 = 119 Stunden)
  . der zu erwartende sonstige Ausfall (im Januar im Durchschnitt 2% des
    gesamten Ausfalls von im Durchschnitt 10 Tagen je Werktätigen, also
    87.5 * 0.02 * 34 = 59.5 Stunden)
  . der planbare Abzug für die Werktätigen, die nicht 43.75, sondern 40
    Stunden je Woche arbeiten; wir nehmen vereinfacht an, daß jeder Monat
    vier Wochen umfaßt (im Januar also 15 * 12 = 180 Stunden)
  . der planbare Abzug für die Werktätigen, die Anspruch auf einen
    Haushaltstag haben (im Januar also 8.75 * 28 = 245 Stunden).
Für den Januar ergibt sich insgesamt:
AZ-Fonds = 175*34 - (175*0.02*34 + 87.5*0.02*34 + 15*12 + 8.75*28)
Diese Berechnung läßt sich unmittelbar in eine TABCALC-Formel übertragen:

AZ-Fonds =   B7*E7 - (175*C7*E7 + 87.5*D7*E7 + 15*F7 + 8.75*G7)

Wenn Sie die rechts vom Gleichheitszeichen stehende Formel in das Feld H7
eingeben, erscheint dort nach kurzer Zeit das richtige Ergebnis.

Die Eingabe einer so langen Formel ist ziemlich fehleranfällig. Deswegen gibt es in TABCALC ein Kommando, mit dem Sie eine Formel (aber auch andere Feldinhalte) aus einem Feld in mehrere andere benachbarte Felder kopieren können. TABCALC berücksichtigt dabei automatisch, daß in den Zielfeldern andere Zeilennummern angegeben werden müssen. Das Kommando, mit dem wir die Formel für den AZ-Fonds aus dem Feld H7 in die Felder H8 bis H18 kopieren, lautet

/rh7,h8:h18,k

Mit dem Buchstaben k (dies ist der Standardwert, Sie brauchen ihn nicht einzugeben), zeigen wir TABCALC an, daß die oben erwähnte automatische Berücksichtigung der neuen Zeilennummern in den kopierten Formeln erfolgen soll. Wir hätten sie auch ausschalten können, aber das hätte in unserem Fall zu einem falschen Ergebnis geführt. Während die Formel von Feld zu Feld kopiert wird, können Sie verfolgen, wie Ergebnis für Ergebnis berechnet wird.

Einfacher ist die Formel für die Spalte I. In dieser Spalte wird nur der Quotient aus Arbeitszeitfonds und technologisch vorgegebenem Arbeitszeitaufwand berechnet. Für Spalte I7 ergibt sich

h7/26.2

Die folgenden Kommandos dienen zum Kopieren dieser Formel in die dafür vorgesehenen Felder der Spalte I und zur Berechnung der Summen in den Feldern H20 und I20. Wieder können Sie verfolgen, wie Feld für Feld die Ergebnisse entstehen.

/ri7,i8:i18,k
sum (h7:h18)
sum (i7:i18)

Zuletzt tragen wir die Beschriftungen der einzelnen Zeilen ein. Nun ist die Tabelle fertig. Wir sichern die gesamte Tabelle als Datei AZFONDS.TCT auf der Diskette im Laufwerk B:

/s,B:AZFONDS,All

Wenn wir die Tabelle neu berechnen wollen (etwa, weil sich die Anzahl der Arbeitskräfte geändert oder ein neues Jahr begonnen hat, in dem die Anzahl der Arbeitsstunden in den einzelnen Monaten anders ist), laden wir sie wieder in den Hauptspeicher:

/l,B:AZFONDS,All

Dort können wir sie Feld für Feld ändern. Sofort erscheinen in allen von Änderungen betroffenen Feldern die neuen Ergebnisse. Auch der Ausdruck ist einfach. Mit dem folgenden Kommando wird die Tabelle ausgedruckt:

/o,Tabellenform,All,Drucker

Nun sind wir fertig und können die Arbeit mit TABCALC beenden:

/q

4.4. Der Grafik-Editor GEDIT

Arbeitsplatzcomputer können besonders effektiv eingesetzt werden, wenn deren Möglichkeiten zur grafischen Darstellung technischer, ökonomischer und organisatorischer Zusammenhänge genutzt werden. Es gibt eine Anzahl von Softwareprodukten, die hierfür problembezogen Hilfen anbieten. Eines dieser Softwareprodukte, GRAFIK/M16, werden wir in Abschnitt 4.5. näher betrachten. Damit können Sie aber nur bestimmte Formen grafischer Darstellungen, zum Beispiel Balken- und Tortendiagramme, herstellen.
Im Gegensatz dazu erlaubt Ihnen GEDIT, nahezu beliebig gestaltete Grafiken und den dazugehörenden Text zu entwerfen und zu erstellen. Viele Nutzer haben GEDIT bereits zur Herstellung von
- technischen Zeichnungen
- Schaltplänen
- Ablaufdiagrammen
- Leiterplatten-Entwürfen
- Montageanleitungen
- Piktogrammen
- Präsentations-, Geschäfts- und Werbegrafiken
eingesetzt.

GEDIT ist mit exakt definierten Schnittstellen versehen, die es ermöglichen, die Ergebnisse von GEDIT mit eigenen Anwendungsprogrammen weiterzuverarbeiten. Beispielsweise können Sie mit GEDIT ab Ausgabe 2.0 auch GKS 1600-Metafile-Dateien erzeugen oder einlesen lassen.
Die Arbeit mit GEDIT setzt als Mindestausstattung einen AC A 7100 mit 256 KByte Hauptspeicher, zwei Diskettenlaufwerken, grafischer Anschlußsteuerung ABG K 7072, Kontroller für das grafische Subsystem KGS K 7070 und Grafik-Monitor voraus. Diese Konfiguration kann durch das grafische Tablett K 6405, einen grafikfähigen Drucker K 6313 oder einen zu diesem Drucker kompatiblen Drucker, den A2-Plotter K 6411 und den A3-Plotter K 6818 ergänzt werden. Der Grafik-Editor GEDIT wurde in PASCAL-886 programmiert. Die Implementierung auf den Arbeitsplatzcomputern erfolgte für SCP 1700 und DCP. Unter beiden Betriebssystemen wird die Grafik-Systemerweiterung GX genutzt.
Die Prozedurbibliothek GSX.UTL als Bestandteil von GEDIT können Sie auch nutzen, um eigene Programme mit Grafik-Elementen auszustatten.
GEDIT wird mit einer umfangreichen Dokumentation ausgeliefert, in der alle erwähnten Schnittstellen beschrieben sind. Auf diese Dokumentation beziehen wir uns an vielen Stellen dieses Abschnitts.
Bei der Entwicklung des Editors stand die Gewährleistung der Akzeptanz durch Sicherheit in der Bedienerführung, durch Übersichtlichkeit und Leistungsfähigkeit im Funktionsangebot sowie durch Anpassungsfähigkeit an unterschiedliche Aufgabenstellungen im Vordergrund.
Um einen möglichst universellen, industriezweigunabhängigen Einsatz dieses Editors zu gewährleisten, wurde ein Funktionspaket zugrunde gelegt, das in der Lage ist, einen möglichst großen Aufgabenbereich zu befriedigen. Andererseits ist es erforderlich, diese Anwendungsbreite mit einer überschaubaren Anzahl von Grund- und Ergänzungsoperationen zu gewährleisten. Unter diesem Aspekt bestand die Zielstellung auch darin, den Anwendern für die Entwicklung problemspezifischer Programmpakete unterschiedliche, leicht handhabbare Softwarewerkzeuge zur Darstellung, Veränderung, Verwaltung und Ausgabe grafischer Informationen bereitzustellen, um eine zunehmend durchgängige Bearbeitung von CAD-Aufgaben zu ermöglichen.

Es wurden daher folgende Funktionen realisiert:
- hohe Bildaufbaugeschwindigkeit
- Gestaltung des Editors als "offenes", in Anwenderlösungen integrierbares Softwarepaket
- Realisierung eines Linien- und Punktrasters zur Erleichterung der Eingabe grafischer Daten
- Möglichkeit der Vergrößerung des Bildes, um auch bei großen Bildformaten ein genaues Arbeiten zu gestatten
- umfangreiche Transformationsmöglichkeiten für Bilder
- Auswahl von Ausschnitten durch "Rechteck-Echo" (Viewport), Auswahl von Punkten durch Fadenkreuz
- "Gummibandfunktion" (Stroke-Funktion) zur Unterstützung bei der Eingabe von Polygonzügen und der Festlegung von Radien bei Kreis und Kreisbogen
- Überlagerung von Bildern auf dem Bildschirm
- Auswahl beliebiger Schreibrichtungen, -arten und -höhen für Texte, die Bestandteile von Grafiken sind
- individuelle Gestaltung von Satz- und Sonderzeichen sowie grafischer Grundprimitive
- Bearbeitung extern erzeugter Grafiken
- unterschiedliche Hintergrundhelligkeiten
- komfortable Bedienerführung über die Tastatur (wenn Sie nicht über ein grafisches Tablett verfügen).

Mit GEDIT wird ein Arbeitsplatzcomputer zum CAD-Arbeitsplatz. Er kann so zur Bearbeitung wissenschaftlich-technischer, ökonomischer und organisatorischer Aufgaben, für die eine grafische Unterstützung vorteilhaft ist, eingesetzt werden.

Zum Start von GEDIT müssen folgende Dateien vorhanden sein (SCP 1700, Version 2.0; Dateien 7., 10.: jeweils aktuelle Ausgaben, zum Beispiel GRFE74.FRM oder KGS7100.SYS):

1. GEDIT.CMD   Programm GEDIT
2. GEDIT.000   Überlagerungsdatei 1
3. GEDIT.001   Überlagerungsdatei 2
4. GEDIT.SPC   Auftaktbild
5. MITTEL_G.FON   Textzeichensatz ("Font")
6. L.CMD   Firmware-Ladeprogramm
7. xxxxxxxx.FRM   Firmware für Grafikkontroller
8. GRAPHICS.CMD   grafische Schicht SCP-GX
9. ASSIGN.SYS   Zuweisungsdatei für Gerätetreiber
10. xxxxxxxx.SYS   Tablett- und Bildschirmtreiber

Die Datei ASSIGN.SYS enthält die Nummer der Arbeitsstation und, getrennt durch ein Leerzeichen, den Dateinamen des zugehörigen Drivers. Die Angabe eines Laufwerkes vor dem Dateinamen des Treibers ist möglich. Die erste Eintragung in der Datei ASSIGN.SYS muß den größten zu ladenden Treiber benennen. Die Datei ASSIGN.SYS können Sie mit Hilfe eines geeigneten Textprogramms oder des Editors ED in Abhängigkeit der vorhandenen peripheren Geräte verändern. Die Autoren arbeiten vorzugsweise mit diesen Zuordnungen:

Gerät	Nummer	Treiber-Dateibezeichnung
Bildschirm	01	xxxxxxxx.SYS
Plotter K 6411	11	K6411RSG.SYS
Plotter K 6418	12	K6418RSG.SYS
Drucker K 6313, lr	21	K6313LR8.SYS (niedrige Auflösung)
Drucker K 6313, hr	22	K6313HR8.SYS (hohe Auflösung)

Außerdem sind entsprechend der Konfiguration des Arbeitsplatzcomputers diese Dateien, die weitere Gerätetreiber enthalten, erforderlich:

11. K6411RSG.SYS   Treiber für Plotter K6411
12. K6418RSG.SYS   Treiber für Plotter K6418
13. K6313HR8.SYS   Treiber für Drucker K6313, hohe Auflösung
14. K6313LR8.SYS   Treiber für Drucker K6313, niedrige Auflösung

Um das Programm GEDIT zu starten, müssen Sie zunächst die Firmware des Grafikkontrollers laden. Dazu dient das Programm L:

L GRFE74.FRM

Wenn der Ladevorgang erfolgreich verlief, antwortet L mit der Ausschrift

FUNCTION COMPLETE

Dann müssen Sie die Grafik-Systemerweiterung SCP-GX laden:

GRAPHICS [lw:]

Mit der Laufwerksbezeichnung geben Sie an, daß sich dort die Zuweisungsdatei ASSIGN.SYS und die benötigten Gerätetreiber befinden. Eine Laufwerksbezeichnung muß nur angegeben werden, wenn sich diese Dateien nicht auf dem aktuellen Laufwerk befinden. Wenn auch dieser Ladevorgang erfolgreich verlief, antwortet GRAPHICS mit der Ausschrift

SCP-GX installed

Außerdem wird angezeigt, welcher Treiber zuletzt geladen wurde. Dies erfolgt beispielsweise so:

K6411LSG.SYS   is 33856 Bytes long at 0616:0000

Jetzt können Sie GEDIT starten. Besonders günstig läßt sich mit GEDIT arbeiten, wenn Sie die Dateien GEDIT.CMD, GEDIT.000, GEDIT.001, GEDIT.SPC und MITTEL_G.FON auf die RAM-Disk kopieren und diese als aktuelles Laufwerk nutzen. Diese Arbeitsweise ist aber nur mit GEDIT bis zur Version 1.2 ohne Einschränkung möglich. Ab Version 2.0 benötigt GEDIT soviel Hauptspeicherplatz, daß Sie nur dann mit einer RAM-Disk arbeiten können, wenn deren Größe generierbar ist (nur in neueren Versionen des SCP 1700). Es empfiehlt sich, dann mit einer RAM-Disk von 250 KByte zu arbeiten.

Der Aufruf von GEDIT erfolgt ohne Angabe von Parametern. Nach etwa 10 Sekunden meldet sich GEDIT mit seinem Auftaktbild, das die Versionsnummer und ein Nutzerkennzeichen enthält. Nach kurzer Zeit werden die grafische Arbeitsfläche und rechts von ihr das Menüfeld sichtbar. Damit ist GEDIT arbeitsbereit.

Die Nutzerführung des Editors ist menügesteuert, wobei die Grundfunktionen in einem Grundmenü angeboten werden. Nach Auswahl einer Grundfunktion wird in der Regel in Untermenüs verzweigt, in denen Sie die ausgewählte Funktion näher spezifizieren können.

Für die Menüsteuerung wird der Bildschirm, wie schon erwähnt, in zwei Felder aufgeteilt (siehe Abbildung 4). Rechts auf dem Bildschirm ist zur Nutzerführung eine Menüfläche von 135*400 Bildpunkten reserviert. Der obere Teil des Menüfeldes dient der Funktionsauswahl, der untere Teil der Anzeige aktueller Parameter. Links steht ein Fenster von 505*400 Bildpunkten als Arbeitsfläche zur Verfügung. Je nach Art der angewählten Funktion werden im Bedarfsfall über eine Systemzeile (25. Zeile, inverse Darstellung) alphanumerische Eingaben angefordert oder Fehlernachrichten ausgegeben.

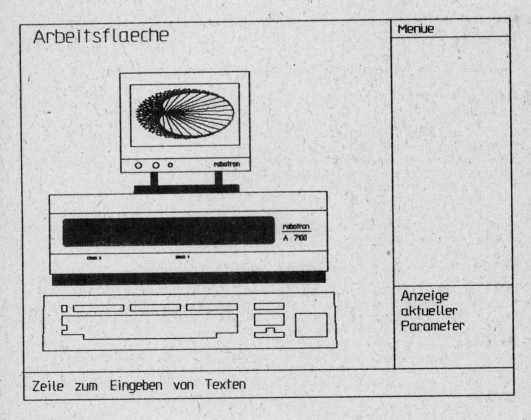

Abbildung 4
GEDIT-Bildschirmaufteilung

Die einzelnen Funktionen, die im Menüfeld angezeigt werden, können Sie mit
den Kursortasten "auf" und "ab" anwählen. Wenn Sie eine Funktion
ausgewählt haben, betätigen Sie die Taste <--'. Dann wird die Funktion
sofort ausgeführt. Durch Betätigen der HOME-Taste (alte Tastatur,
K 7673.91) oder PA3-Taste (neue Tastatur, K 7672.03) verlassen Sie ein
Untermenü, das während der Ausführung einer Funktion erscheint, und kehren
wieder in das Ausgangsmenü zurück.
Beachten Sie bitte, daß die neue Flachtastatur über eine Taste "GRAPH"
verfügt. Mit dieser Taste können Sie die Kursortasten in den "Grafik-
Modus" und zurück in den Normalmodus schalten. Im Grafik-Modus leuchtet
die Leuchtdiode unter dem Wort GRAPH rechts oben auf der Tastatur auf. In
diesem Modus können Sie die Kursortasten nicht mehr zur Funktionsauswahl
benutzen, dafür aber das Fadenkreuz bewegen, mit dem Sie bestimmen, an
welcher Stelle des Arbeitsfeldes grafische Operationen ausgeführt werden.
Mit der alten Tastatur wird das Fadenkreuz ebenfalls durch die
Kursortasten bewegt, aber nur bei gleichzeitig gedrückter CTRL-Taste.
Werden von GEDIT alphanumerische Eingaben gefordert, wie zum Beispiel

Name der Bilddatei : _____

so wirken die Tastenkombinationen ^S, ^D, ^A, ^F und ^G genauso wie im
Textprogramm TP. Mit ^Y löschen Sie den Text rechts vom Kursor. Mit der
Taste ESC brechen Sie die Eingabe ab. Die Taste <--' dient zur Bestätigung
der Eingabe. Text wird im "Einfügemodus" eingegeben.

Nun eine kurze Übersicht über die GEDIT-Menüs (Version 2.0, SCP 1700).

Grundmenü

```
----------------
| Grundmenue   |
|              |
|   Infos      |--- Informationen anzeigen
|   Linie/Kreis|--- Linie, Kreis, Kreisbogen zeichnen
|   Flaechen   |--- Polygonzug zeichnen
|   Text       |--- Textzeile "zeichnen"
|   Polymarker |--- Symbole zeichnen
|   Ausschnitt |--- Bildausschnitt bearbeiten/nutzen
|   Hintergrund|--- Bildhintergrund gestalten
|   Bild laden |--- Bild von Datei einlesen
|   Bild modif.|--- Bild schrittweise editieren
|   Bildausgabe|--- Bild ausgeben (Datei, Plotter, Drucker)
|   Loeschen BS|--- Bild auf Bildschirm löschen
----------------
```

Info-Menü

```
-----------------
| Info-Menue    |
|               | +- Eintragungen für Bilddateien im
| Datei-Verz.   |-+  Dateiverzeichnis anzeigen
| Edit-Status   |--- temporäre Zustände und Variablenwerte anzeigen
| GX-Debugger   |--- Aufruf des SCP-GX-Debuggers
| Piezophon     |--- Arbeit mit Piezophon
-----------------
```

Linienmenü

```
-----------------
| Linie/Kreis   |
|               |
| Linie         |--- Linienzug zeichnen
| Kreis         |--- Kreis zeichnen
| Kreisbogen    |--- Kreisbogen zeichnen
| Ellipse       |--- Ellipse zeichnen
| Ellip.bogen   |--- Ellipsenbogen zeichnen
| Linienart     |--- Linienart für Linien, Text einstellen
| Lin.-breite   |--- Linienbreite für Linien, Text einstellen
| Linienfarbe   |--- Linienfarbe für Linien, Text einstellen
-----------------
```

Im Untermenü Linienart werden folgende Linienarten angeboten:
- Vollinie
- Strichlinie
- Punktlinie
- Strich-Punkt-Linie
- Strich-Punkt-Punkt-Linie.

Linienfarben werden auf einem monochromen Bildschirm durch folgende Intensitäten wiedergegeben:
- normal   (mittlere Videoebene)
- intensiv (höchste Videoebene)
- diffus   (unterste Videoebene).

Die Linienbreite kann zwischen 1 und 7 Bildpunkten (Pixel) eingestellt werden.

Hintergrundmenü

```
-----------------
| Hintergrund   |
|               |
| Dunkel        |--- dunkler Hintergrund ohne Raster
| Hell          |--- heller Hintergrund ohne Raster
| Dun./P-Rast   |--- dunkler Hintergrund mit Punktraster
| Hell/P-Rast   |--- heller Hintergrund mit Punktraster
| Dun./L-Rast   |--- dunkler Hintergrund mit Linienraster
| Hell/L-Rast   |--- heller Hintergrund mit Linienraster
-----------------
```

Mit "heller Hintergrund" ist die Umstellung der Intensität der Zeichen-
fläche auf die unterste Videoebene (diffus) gemeint. Das Rastermaß für
Punkt- und Linienraster wird in Bildpunkten angegeben.

Flächenmenü

```
-----------------
| Flaechen      |
|               |
| Polygon       |--- gefülltes Polygon zeichnen
| Balken        |--- gefüllten Balken zeichnen
| Kreis         |--- gefüllten Kreis zeichnen
| Kreissegm.    |--- gefülltes Kreissegment zeichnen
| Ellipse       |--- gefüllte Ellipse zeichnen
| Ellip.Segm.   |--- gefülltes Ellipsensegment zeichnen
| Fuellart      |--- Füllart auswählen
| Fuellindex    |--- ausgewählte Füllart näher spezifizieren
| Fuellfarbe    |--- Füllfarbe auswählen
-----------------
```

Im Untermenü Füllart können Sie die Füllarten leer (Fläche wirkt wie ein
geschlossener Linienzug), voll (alle Bildpunkte innerhalb der Fläche sind
gesetzt), gemustert und schraffiert auswählen.
Im Untermenü Füllindex können Sie die Füllarten "gemustert" und "schraffiert" näher spezifizieren:

schraffiert: - vertikal   gemustert: - Kreuze
             - horizontal   - Karos
             - um +45 Grad geneigt   - Karos invers
             - um -45 Grad geneigt   - Sterne
             - gerade gekreuzt
             - schräg gekreuzt

Über den Untermenüteil Füllfarbe können Sie die Intensität des Füllattri-
butes für die Füllarten "voll" und "schraffiert" einstellen. Die Füll-
farben für "gemustert" sind im SCP-GX fest installiert. Die drei möglichen
Intensitäten sind dieselben wie im Linienmenü.

Ausschnittmenü

```
-----------------
| Ausschnitt    |
|               |
| Selektieren  |--- Bildausschnitt herauslösen
| Vergroess.   |--- Bildausschnitt vergrößern
| Verschieben  |--- Bildausschnitt verschieben
| Kopieren     |--- Bildausschnitt (mehrfach) kopieren
| Loeschen     |--- Bildausschnitt löschen
| Original     |--- alte Bildabmessung wiederherstellen
-----------------
```

Bildmodifizierungsmenü

```
-----------------
| Bild-Modify   |
|               |
| Step - Edit   |--- Bild schrittweise editieren
| PIC - Edit    |--- Bild mittels Identifikatoren editieren
| PIC-Auswahl   |--- Auswahl für Identifikatorgenerierung
| Vergroess.    |--- Bild dauerhaft vergrößern
| Verkleinern   |--- Bild dauerhaft verkleinern
-----------------
```

Polymarkermenü

Im Menüteil "Polymarker" werden 12 Polymarkersymbole zur Auswahl angeboten. Über die Funktion "Markerfarbe" kann die Intensität der ausgewählten Markersymbole eingestellt werden (analog zu Linien- und Füllfarbe).

Step-Edit-Menü

```
-------------------
|Bildeditieren    |
|ET...naechste    |--- nächste SCP-GX-Funktion aus Bildspeicher
|     Funktion    |    abarbeiten
|L....Loeschen    |--- Löschen der SCP-GX-Funktion auf der
|     GX-Fkt.     |    eingestellten Edit-Position
|R....Loeschen    |--- Löschen des Bildes aus dem Bildspeicher
|     Restbild    |    ab der eingestellten Edit-Position
|E....Einfueg.    |--- Einfügen von SCP-GX-Rufen in den Bild-
|     GX-Fkt.     |    speicher ab eingestellter Edit-Position
|A....Autoedit    |--- Bildspeicherinhalt zeitverzögert
|HOME..Ende       |    automatisch abarbeiten (Halt durch
|                 |    Betätigung einer beliebigen Taste)
|xxxx<=GX-Rufe    |--- Anzahl der GX-Rufe des aktuellen Bildes
|xxxx<=Editpos    |--- aktuelle Edit-Position (Nr. des GX-Rufs)
-------------------
```

Bildausgabemenü

```
-------------------
| Ausgabe BS      |
|                 |
| Bildschirm      |--- Bild auf Bildschirm anzeigen
| Plott.K6411     |--- Bild auf Plotter K6411 ausgeben
| Plott.K6418     |--- Bild auf Plotter K6418 ausgeben
| Dru.K6313lr     |--- Bild drucken (K6313), niedrige Auflösung
| Dru.K6313hr     |--- Bild drucken (K6313), hohe Auflösung
| GEDIT-Datei     |--- Bild als GEDIT-Datei (Typ PIC)
| Bild-Dump       |--- Bildspeicherinhalt als Tabelle drucken
| GKS-Datei       |--- Bild als GKS-Metafile (Typ GKS)
-------------------
```

GEDIT arbeitet mit einer Vielzahl globaler Variablen, deren aktueller Zustand für die Gestaltung z.B. von Polygonzügen oder Textzeilen von Bedeutung ist. Aus diesem Grund werden im unteren Teil des Menüfeldes von GEDIT folgende Variablen und Attribute ständig angezeigt:
- Zoomfaktor: gültiger Vergrößerungsfaktor bei Arbeit mit Bildausschnitten
- Rastermaß: aktuelle Rastergröße bei Hintergrundgestaltung mit Linien- oder Punktraster
- Linienattribut: aktuelle Linienart beim Zeichnen von Linien, Kreisen, Kreisbögen, Polygonen, Rechtecken
- Füllattribut: aktuelles Füllattribut (Schraffur, Muster).

Nun zur praktischen Arbeit mit GEDIT. Die erste Funktion des Grundmenüs ist die Funktion INFOS. Sie bietet die Möglichkeit zur Anzeige verschiedener Informationen. Die Auswahl erfolgt im Info-Untermenü. In Version 1.2 können Sie zu folgenden Stichworten Informationen erfragen:

- **Bild-Verzeichnis:** Verzeichnis der Bilddateien (*.pic) auf dem aktuellen Laufwerk (Laufwerk A, B oder E)
- **Edit-Status;** Anzeige folgender Parameter:
  1. maximale Anzahl der GX-Rufe (2000)
  2. aktuelle Anzahl der GX-Rufe
  3. aktuelles Laufwerk
  4. Seriennummer
  5. Generierungsdatum.

Die zweite Funktion des Grundmenüs ("Linie/Kreis") ist die eigentliche Hauptfunktion zum Erstellen und Ändern von Zeichnungen. Wenn Sie diese Funktion auswählen, erscheint das Linienmenü. Mit diesem Menü sollten Sie zuerst die verfügbaren Linienattribute auf die von Ihnen gewünschten Werte einstellen. Standardmäßig sind nach dem Start von GEDIT diese Werte eingestellt:
- Linienart "Vollinie"
- Linienbreite "1 Pixel"
- Linienfarbe "normal".
Alle Zeichnungen werden dann mit der Linienart ausgeführt, für die Sie sich entschieden haben. Während der Arbeit können Sie die Linienattribute wechseln. Das gilt auch für Linienbreite und Linienfarbe. Die Linienbreite kann 1 bis 7 Pixel betragen.

Die Hauptaufgabe von GEDIT ist das Zeichnen von Linien. Dazu müssen Sie die Funktion "Zeichne Linie" auswählen. Sobald Sie dies getan haben, erscheint auf der Arbeitsfläche ein großes Fadenkreuz. Dieses Fadenkreuz läßt sich durch die Kursortasten (nach Betätigen der GRAPH-Taste (Flachtastatur) oder in Verbindung mit der CTRL-Taste (alte Tastatur)) in die entsprechenden Richtungen verschieben. Außerdem können Sie das Fadenkreuz diagonal verschieben. Dies geschieht mit den folgenden Zifferntasten des Zehnerblocks der Tastatur in Verbindung mit der CTRL-Taste:

"2": Das Linienkreuz wird nach rechts oben verschoben.
"1": Das Linienkreuz wird nach links oben verschoben.
"0": Das Linienkreuz wird nach links unten verschoben.
"-": Das Linienkreuz wird nach rechts unten verschoben.

Um eine Linie zu zeichnen, ist zuerst der Mittelpunkt des Fadenkreuzes auf ihren Anfangspunkt zu positionieren.
Danach müssen Sie gleichzeitig die Tasten "CTRL" und "ENT" (alte Tastatur) bzw. nur die Taste <--' betätigen. Dadurch wird der Anfangspunkt markiert. Jetzt können Sie das Fadenkreuz auf den Endpunkt der Linie positionieren. Dabei folgt dem Fadenkreuz eine Linie, die sich in alle Richtungen und Entfernungen vom markierten Anfangspunkt mitbewegt. Man bezeichnet diese Linie auch als "Gummiband". Dieses "Gummiband" ermöglicht eine bessere Einschätzung der Lage und Richtung in der Zeichenebene. Ist der Endpunkt erreicht, markieren Sie ihn genauso wie den Anfangspunkt. Sie können nun den Linienzug von Punkt zu Punkt fortsetzen. Wenn Sie schließlich die Taste ENTER (rechts unten am Ziffernblock) betätigen, wird die Linie vollständig abgebildet, und das Fadenkreuz verschwindet. Sollten Sie sich "verzeichnet" haben, können Sie die zuletzt fixierte Linie löschen. Wenn Sie die Tastenkombination ^9 betätigen, wird die Funktion abgebrochen, ohne daß auch nur einer der erfaßten Linienzüge übernommen wird.
Ein Linienzug kann aus bis zu 64 Punkten bestehen. Sobald 64 Punkte eingegeben worden sind, nimmt GEDIT keine weiteren Eingaben an.
Wenn Sie über ein grafisches Tablett verfügen, wird dies vom Betriebssystem erkannt und die Steuerung von der Tastatur an das grafische Tablett übergeben. Folgende Tastaturfunktionen werden durch entsprechende Tablettfunktionen nachgebildet:

Tastaturfunktion	Tablettfunktion
Kursortaste nach links	Maus nach links
Kursortaste nach rechts	Maus nach rechts
Kursortaste nach oben	Maus nach oben
Kursortaste nach unten	Maus nach unten
"2" des Ziffernblockes	Maus nach rechts oben
"1" des Ziffernblockes	Maus nach links oben
"0" des Ziffernblockes	Maus nach links unten
"-" des Ziffernblockes	Maus nach rechts unten
Taste "CTRL" und "ENT"	Auslösetaste auf der Maus
Taste "ET"	Menüfeld "CR" und Auslösetaste
Taste "CTRL" und "9"	Menüfeld "BK" und Auslösetaste
Taste "DEL"	Menüfeld "DEL" und Auslösetaste

Wenn Sie ein Bild gezeichnet haben, werden Sie es anschließend auf Diskette sichern wollen. Bei besonders umfangreichen Bildern ist es auch während der Arbeit ratsam, den Arbeitsstand in etwa halbstündigen Abständen zu sichern, denn im Fall einer ungeplanten Unterbrechung würden Sie ansonsten viel Arbeit vergeblich geleistet haben.
Hierfür gibt es im Grundmenü die Funktion "Sichern". Haben Sie diese Funktion ausgewählt, werden Sie aufgefordert, einen Dateinamen einzugeben. Dieser Name kann aus 8 Zeichen bestehen, wobei das erste Zeichen ein Buchstabe oder eine Ziffer sein muß, dem weitere Buchstaben oder Ziffern folgen können. Sobald Sie den Namen eingegeben haben, wird das Bild gespeichert. Die Datei erhält den Dateityp PIC. Ein so gesichertes Bild können Sie später weiterbearbeiten, aber auch über einen Plotter oder Drucker ausgeben lassen.
Auf den folgenden Seiten finden Sie die Abbildungen 5 und 6. Sie wurden wie Abbildung 4 mit GEDIT erarbeitet und mit einem Nadeldrucker ausgedruckt.

Abbildung 5 macht deutlich, daß "CAD" auch dem Karikaturisten offensteht:

Keine Angst, es ist nur Orangensaft!

Abbildung 5
Hans Huckebein, kein Unglücksrabe (frei nach Wilhelm Busch)

Abbildung 6 wurde für einen Vortrag ausgearbeitet. Der mit dem Nadeldrucker hergestellte Ausdruck wurde dann mit Hilfe eines SECOP-Kopiergerätes auf eine Polylux-Folie kopiert. Auf diese Weise hergestellte Folien sind kontrastreich und wirken auf Zuhörer in der Regel ansprechender als manuell hergestellte Folien.

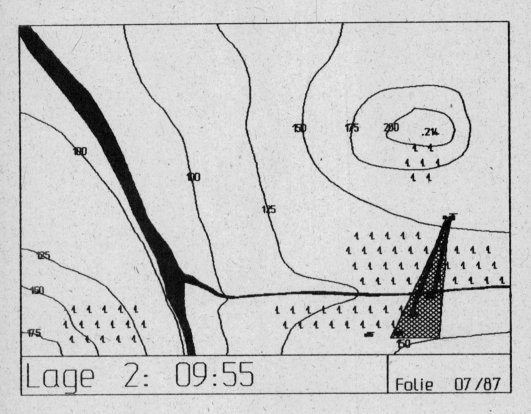

Abbildung 6
Vorlage für Polylux-Folie (verkleinert)

4.5. Geschäftsgrafik mit GRAFIK/M16

GRAFIK/M16 ist ein Softwareprodukt, mit dem Sie im Dialog mit dem Computer Geschäftsgrafik entwerfen, anzeigen und ausdrucken lassen können. Es arbeitet unter dem Betriebssystem SCP 1700 und benötigt die Grafik-Systemerweiterung SCP-GX.
Zur Lösung der Aufgaben mit GRAFIK/M16 werden keine Programmierkenntnisse vorausgesetzt. Sie werden durch Menüs Schritt für Schritt bis zur Lösung des Problems geführt. In vielen Fällen können Sie die Standardannahmen, die in den Menüs vorgeschlagen werden, übernehmen. Alle Berechnungen, die zur Herstellung einer Grafik erforderlich sind, führt GRAFIK/M16 selbständig aus.
Die Daten, die grafisch dargestellt werden sollen, können Sie einzeln manuell eingeben, GRAFIK/M16 kann aber auch Daten aus TABCALC-Dateien übernehmen. In Zukunft werden auch Programme verfügbar sein, mit denen Daten aus REDABAS-Datenbankdateien übernommen werden können.

Folgende Formen grafischer Darstellungen sind mit GRAFIK/M16 möglich:
- Linienzüge
- Treppenkurven
- Balkendiagramme
- Säulendiagramme
- Kreisdiagramme
- Strichdiagramme
- Punktfolgen.

GRAFIK/M16 bietet die Grundfunktionen:
- Erzeugen und Speichern von Grafiken
- Wiederaufruf einer gespeicherten Grafik, um sie zu ändern oder als Bestandteil einer anderen Grafik zu verwenden
- Ausgeben einer Grafik auf einem grafischen Bildschirm, einem Plotter oder einem Nadeldrucker.

Bei der Gestaltung von Grafiken können Sie folgende Funktionen nutzen:
- Auswahl von Linienart, -stärke und -farbe
- Schraffur/Ausfüllung von Balken, Säulen, Sektoren in verschiedenen Farben und Mustern
- Markieren von Datenpunkten mit Symbol und numerischem Wert
- Erzeugen von Überschriften und anderen Texten unter Nutzung von Fonts, die sich in Gestalt, Größe und Farbe unterscheiden
- Kombination mehrerer Grafiken auf einer Druckseite
- Kombination verschiedener Darstellungsformen innerhalb einer Grafik
- Vertauschen horizontaler und vertikaler Koordinatenachsen.

GRAFIK/M16 kann auf allen Arbeitsplatzcomputern eingesetzt werden, die grafikfähig sind, die also über die Logikmodule ABG K 7072 und KGS K 7070 sowie über einen Grafik-Bildschirm verfügen. Der Ausdruck von Grafiken ist nur mit Nadeldruckern möglich. Gegenwärtig werden die Nadeldrucker der Baureihen robotron K 63XX und der Nadeldrucker Epson LX86 unterstützt. Außerdem können Grafiken mit dem Plotter robotron K 6418 ausgegeben werden. Zum Softwareprodukt gehören eine Diskette mit den Programmkomponenten und die Programmtechnische Beschreibung. Die Installation von GRAFIK/M16 können Sie selbst vornehmen, wenn Sie sich genau an die entsprechende Anleitung in der Programmtechnischen Beschreibung halten. Die Programmtechnische Beschreibung ist leicht verständlich aufgebaut und zugleich umfassend.

Nun zur praktischen Arbeit mit GRAFIK/M16. Ebenso wie bei GEDIT (siehe S. 91) müssen Sie zuerst die Firmware des Grafikkontrollers und die Grafik-Systemerweiterung SCP-GX laden. Gestartet wird GRAFIK/M16 mit dem Kommando

GRAFIK

Zunächst erscheint ein Titelbild, das unter anderem eine Warnung vor unerlaubter Vervielfältigung enthält. Nach wenigen Sekunden sehen Sie dann das Hauptmenü:

HAUPT-MENUE

1. ERSTELLEN neue Grafik
2. LESEN alte Grafik
3. ANZEIGE aktuelle Grafik
4. AENDERN aktuelle Grafik
5. AUSGABE aktuelle Grafik
6. SPEICHERN aktuelle Grafik
7. MEHRERE Grafiken/Bild

0. ENDE GRAFIK/M16

FUNKTION mit Nummer auswaehlen

Wir wollen eine neue Grafik erstellen, deshalb geben wir eine "1" ein. Es ist nicht erforderlich, die Eingbe mit der Taste <--' zu bestätigen. Sofort erscheint das folgende Menü:

ERSTELLEN NEUE GRAFIK

1. LINIE
2. BALKEN (Einzel)
3. BALKEN (Summe)
4. KREIS
5. TREPPE
6. STRICH
7. PUNKT
8. TEXT

0. AUFRUF Hauptmenue

FUNKTION mit Nummer auswaehlen

Nehmen wir an, es soll ein "Tortendiagramm" erarbeitet werden, in dem die Anteile von 7 Produktionsbereichen an der gesamten Industriellen Warenproduktion grafisch dargestellt werden und in dem der Bereich PB4 besonders hervorgehoben ist. Wir wählen also Funktion 4. Das Kreismenü erscheint:

```
Titel:
Subtitel:

Teil      Bezeichner     Wert     Explosion     Farbe     Schraffur
----      ----------     -----    ---------     -----     ---------
1                                     N           1           1
2                                     N           1           1
3                                     N           1           1
4                                     N           1           1
5                                     N           1           1
6                                     N           1           1
7                                     N           1           1
8
-----------------------------------------------------------------
ARBEIT mit MENUE-BILD nach <ESC>
-----------------------------------------------------------------

1. restliche Daten anzeigen 2. Ergaenzungen 9. Anzeige Grafik
0. zurueck zum Hauptmenue
                          FUNKTION mit Nummer auswaehlen
```

Nachdem die ESC-Taste betätigt wurde, können die Daten in das Kreismenü eingetragen werden:

```
Titel: Produktionsstatistik
Subtitel: Monat Februar 1988

Teil      Bezeichner     Wert     Explosion     Farbe     Schraffur
----      ----------     -----    ---------     -----     ---------
1           PB1           47.2        N           1           1
2           PB2           22.6        N           2           2
3           PB3          122.0        N           3           3
4           PB4           88.3        J           4           4
5           PB5           63.7        N           5           5
6           PB6           61.1        N           6           6
7           PB7           26.9        N           7           7
8
-----------------------------------------------------------------
ARBEIT mit MENUE-BILD nach <ESC>
-----------------------------------------------------------------

1. restliche Daten anzeigen 2. Ergaenzungen 9. Anzeige Grafik
0. zurueck zum Hauptmenue
                          FUNKTION mit Nummer auswaehlen
```

Zur Kontrolle können Sie sich die Grafik anzeigen lassen und gegebenenfalls korrigieren (Funktion 9). Wenn die Grafik die gewünschte Gestalt hat, sollte sie abgespeichert werden. Dies geschieht über Funktion 6 des Hauptmenüs. Dabei werden Sie nach dem Namen der Datei gefragt. Nehmen wir an, die Datei wurde PRODSTAT genannt.

Nun kann die Grafik PRODSTAT jederzeit erneut aufgerufen (Funktion 2 des Hauptmenüs), aktualisiert und ausgedruckt werden. Wenn Sie sie ausdrucken wollen (Funktion 5 des Hauptmenüs), wird eine Grafik erzeugt, die einen großen Teil der Fläche einer A4-Seite einnimmt:

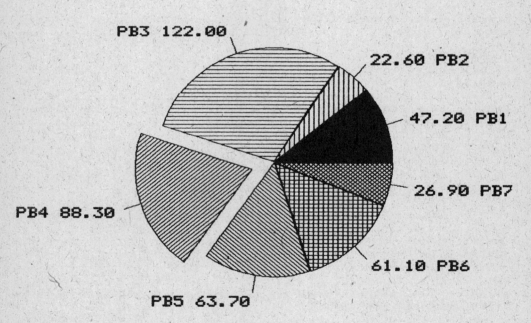

Abbildung 7
Produktionsstatistik (mit Grafik/M16 erstellt)

Die Herstellung von Balkendiagrammen wollen wir am Beispiel der Meßstellen der Wasserwirtschaft, das wir in Abschnitt 4.2. betrachtet haben, verfolgen. Dazu nehmen wir an, daß die Meßstellen den täglichen Verlauf der pH-Werte und des Salzgehalts in Form von Balkendiagrammen darstellen müssen. Dies kann mit GRAFIK/M16 so geschehen:

Im Hauptmenü wählen wir die Funktion 1 (Erstellen neue Grafik). Im nächsten Menü beantworten wir die Frage nach der Art der Darstellung mit "2" (Balken (Einzel)). Wir werden nun gefragt, auf welche Weise die Daten eingegeben werden sollen. Als Antwort geben wir "1" (manuell über Konsole). Die Daten tragen wir im Kurvendatenmenü ein. Das Kurvenmenü nutzen wir, um die Darstellungsform näher zu spezifizieren. Schließlich legen wir im Achsenmenü den Wertebereich und die Abstände der Koordinatenachsen fest.

Beide Statistiken sollen gemeinsam auf einer A4-Seite angeordnet werden. Wir wählen daher Funktion 7 des Hauptmenüs, die die Möglichkeit bietet, eine oder mehrere Grafiken an bestimmte Stellen einer A4-Seite zu positionieren.

Das Mehrfachgrafikmenü hat diese Gestalt:

```
Format 1      Format 2      Format 3      Format 4      Format 5



Format:    2

Dateiname a: pHWerte
Dateiname b: Salz
Dateiname c:
Dateiname d:
-----------------------------------------------------------------
ARBEIT mit MENUE-BILD nach <ESC>
-----------------------------------------------------------------

Mehrfach-Grafik 1. speichern 2. laden 3. ausgeben 9. anzeigen
0. zurueck zum Hauptmenue
                          FUNKTION mit Nummer auswaehlen
```

Wir haben Format 2 gewählt und die Dateinamen, unter denen wir die Statistiken gespeichert haben, unter "a" und "b" eingetragen. Damit wird die Statistik der pH-Werte in die obere und die Statistik des Salzgehalts in die untere Hälfte einer A4-Seite gedruckt. Dabei werden beide Grafiken entsprechend verkleinert.

Wenn Ihnen die Beschriftung zu klein ist, können Sie größere Buchstaben wählen. Es würde aber den Rahmen des vorliegenden Buches sprengen, hierauf im einzelnen einzugehen.

Betrachten Sie bitte zum Abschluß dieses Kapitels die mit GRAFIK/M16 erstellten Balkendiagramme.

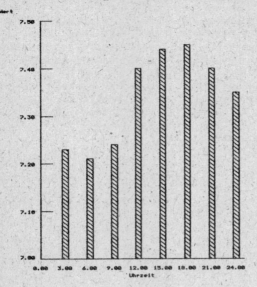

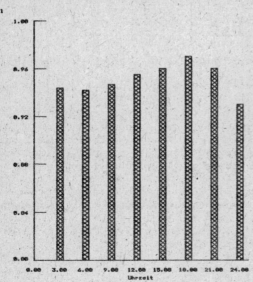

Abbildung 8
Mit GRAFIK/M16
erstellte
Balkendiagramme

5. Kurze Beschreibung weiterer Softwareprodukte

5.1. Informationsrecherche mit AIDOS

Das bislang bereits für ESER-EDVA und 8-Bit-Personal- und Bürocomputer verfügbare Informationsrecherchesystem AIDOS wurde auch für 16-Bit-Arbeitsplatz- und Personalcomputer bereitgestellt. Es gibt zwei Versionen, die sich in ihrem Leistungsumfang unterscheiden:
- **AIDOS/M16** für SCP 1700
- **AIDOS/M-1** für DCP.

Die Version AIDOS/M-1 ist als jüngster Sproß der AIDOS-Familie ein Produkt, in das, wie der Hersteller in der Anwenderdokumentation schreibt, "alle aus der Implementierung und Anwendung gewonnenen Erfahrungen eingeflossen sind. Es wurde besonderer Wert auf maximalen Bedienkomfort sowie leichte und sichere Handhabung gelegt."

In beiden Versionen sind jedoch die grundlegenden Funktionsprinzipien auf dieselbe Weise realisiert. Hauptanwendungsgebiet von AIDOS ist die Speicherung und Wiederauffindung von Dokumenten, die in Textform vorliegen und einen bestimmten Umfang nicht überschreiten. Beispiele solcher Dokumente sind
- Inhaltsangaben von Büchern und Aufsätzen
- Zusammenfassungen von Forschungsberichten und Dissertationen
- Kurzreferate zu Patentschriften
- Reiseberichte
- Arztbefunde.

Diese Dokumente (in der AIDOS-Terminologie **Nachweise** genannt) können Sie mit AIDOS abspeichern. Dabei müssen Sie bestimmte Formatvorschriften einhalten, die Sie selbst festlegen können. Bestimmte Teile des abgespeicherten Nachweises dienen dazu, das Wiederauffinden zu ermöglichen. Dies kann auf zwei unterschiedliche Weisen erfolgen:
- AIDOS benutzt ein Wörterbuch, das **Thesaurus** genannt wird und in dem zu jedem gespeicherten Begriff die sogenannten **Schlüsselmerkmale** (zum Beispiel die laufenden Nummern) der Nachweise angegeben sind, in denen der Begriff erscheint, etwa so:

Begriff	laufende Nummern der Nachweise, in denen der Begriff auftritt
Lada	23, 56, 79, 120
Niwa	10, 13, 24, 56
Peugeot	23
Volvo	56, 79
Wartburg	1, 3, 5, 6, 19, 24, 25, 26

Sie können dann alle Nachweise heraussuchen lassen, in denen zum Beispiel die Begriffe Niwa und Wartburg gemeinsam (das wäre der Nachweis 24) oder einer der Begriffe Volvo oder Peugeot oder Lada (das wären die Nachweise 23, 56, 79 und 120) auftreten. Damit das Wiederauffinden schnell erfolgen kann, stellt AIDOS bereits beim Einspeichern eines Nachweises fest, ob es in dem dafür vorgesehenen Feld Begriffe aus dem Thesaurus enthält. Ist dies der Fall, wird dies sofort im Thesaurus vermerkt.

- AIDOS benutzt eine **hierarchische Klassifikation**, nach der jeder Nachweis eingeordnet wird. Ein Ausschnitt einer hierarchischen Klassifikation könnte zum Beispiel so aussehen:

Notation	Benennung
E	Softwareprodukte
E.1	Basissoftware
E.1.1	Betriebssysteme
E.1.2	Compiler
E.1.3	Interpreter
E.1.4	Dienst- und Hilfsprogramme
E.1.5	Datenbanksoftware
E.1.6	Informationsrecherchesysteme

Wenn Sie nun eine Kurzbeschreibung des Softwareprodukts AIDOS speichern wollen, sollten Sie im dafür vorgesehenen Feld die **Notation E.1.6** eintragen, weil AIDOS ein Informationsrecherchesystem ist. Wenn die Kurzbeschreibung des Softwareprodukts AIDOS zum Beispiel die Nummer 13 hat, wird dies in der hierarchischen Klassifikation bei der Notation E.1.6 vermerkt, sobald die Kurzbeschreibung als Nachweis eingegeben wird:

E.1.6   Informationsrecherchesysteme   13

Wenn Sie anschließend alle Nachweise ausgewiesen haben wollen, die sich mit Informationsrecherchesystemen befassen, führt Ihre **Recherche** (dies ist der Fachausdruck für eine solche Suchanfrage) zum Ergebnis 13. Sie wissen dann, daß der Nachweis mit der Nummer 13 der gesuchte ist.

Viele Nutzer verfügen bereits über umfangreiche Erfahrungen mit REDABAS. Für diese Nutzer wurde als Bestandteil von AIDOS/M-1 eine Funktion integriert, mit der es möglich ist, den gesamten oder teilweisen Inhalt eines **Nachweisespeichers** (das ist die AIDOS-Datei, in der die Nachweise gespeichert sind) als Datei auszugeben, die von REDABAS lesbar ist, so daß die Nachweise als REDABAS-Sätze weiterverarbeitet werden können.
Sowohl AIDOS/M16 als auch AIDOS/M-1 können als Satellitensystem für die Arbeit mit AIDOS/VS, das auf ESER-EDVA abgearbeitet wird und die volle Leistungsfähigkeit eines Großrechners zur Verfügung stellt, dienen. Diese Arbeitsweise gestattet den gegenseitigen Austausch von erfaßten und verarbeiteten Daten. Damit ermöglicht sie insbesondere die
- dezentrale Erfassung, Prüfung und Anzeige
- zentrale Speicherung und Sicherung
von Daten.

Wenn auch der Einsatz von AIDOS theoretisch bereits mit zwei Diskettenlaufwerken möglich ist, setzt eine effektive Arbeit einen Festplattenspeicher voraus. AIDOS benötigt einen Hauptspeicher von mindestens 320 KByte. AIDOS/M-1 unterstützt die Arbeit mit einem farbigen Bildschirm.
Wenn ein Festplattenspeicher eingesetzt wird, können Sie mit AIDOS etwa 3000 bis 5000 Nachweise (durchschnittlicher Umfang etwa 1000 Byte) unter Nutzung eines Thesaurus, der etwa 3000 Begriffe enthält, effektiv verwalten.

5.2. Numerische Mathematik mit NUMATH

Das Softwareprodukt NUMATH dient zur Lösung von Aufgaben mit Hilfe von Methoden der numerischen Mathematik. Es ist in allen Zweigen der Volkswirtschaft einsetzbar. Seine Komponenten lösen Aufgaben auf den Gebieten
- Lineare Algebra (lineare Gleichungssysteme, Ausgleichsrechnung, Eigenwerte und Eigenvektoren von Matrizen)
- Approximation, Interpolation und Differentation von Funktionen (Polynom-Interpolation, numerische Differentation, Spline-Interpolation, Trigonometrische Interpolation)
- Numerische Berechnung einfacher und mehrfacher Integrale
- Nichtlineare Gleichungen und Gleichungssysteme
- Extremwertaufgaben
- Gewöhnliche und partielle Differentialgleichungen
- Elementare und spezielle Funktionen.

Es besteht aus in FORTRAN geschriebenen Unterprogrammen, die Sie mit eigenen FORTRAN-(Haupt-)Programmen verbinden müssen. Seine hierarchische Struktur ist an die unterschiedlichen Anforderungen, die an ein solches Softwareprodukt gestellt werden, angepaßt:
- Auf der obersten Stufe stehen die **Solver**. Solver sind selbständige Programme mit voll ausgebildeter Nutzerschnittstelle. Sie bewältigen komplexe Aufgabenstellungen wie zum Beispiel die Auflösung eines Systems linearer Gleichungen. Alle erforderlichen Verfahren sind im Solver integriert. Wenn Sie einen Solver nutzen, ergibt sich für Sie die größtmögliche Einsparung an Programmieraufwand. Sie müssen praktisch nur ein kurzes Hauptprogramm als Rahmen um den Solver erstellen.
- Eine Stufe unter den Solvern befinden sich die **Basismodule**. Ein Basismodul realisiert jeweils einen bestimmten mathematischen Algorithmus, zum Beispiel die Inversion einer Matrix. Die Solver bedienen sich der Basismodule, aber auch Sie können Basismodule nutzen, wenn Sie eigene Unterprogramme zur Lösung komplexer Aufgabenstellungen ausarbeiten.
- Auf der untersten Stufe befinden sich die **Elementarmodule** und die **Module zur Matrixmanipulation**. Solver und Basismodule greifen auf sie zu.

Die Aufrufbedingungen zu allen Modulen, die von Ihnen genutzt werden können, sind ausführlich dokumentiert. Damit sind Sie in der Lage, die Parameter korrekt an die Unterprogramme zu übergeben und von ihnen zu übernehmen.
Abhängig von Ihren Anforderungen an die Genauigkeit der Ergebnisse können Sie zwischen REAL*4- und REAL*8-Varianten wählen.
Das Produkt NUMATH steht unter SCP 1700 und DCP zur Verfügung.

5.3. Lösung ökonomischer Aufgaben mit POESY

Mit dem Softwareprodukt POESY (Portables Ökonomisches Software-System) wird ein neuer Weg beschritten, um vielen Anwendern, die nicht die Zeit haben, das Programmieren zu erlernen, branchenspezifische Software nutzbar zu machen, die flexibel an unterschiedliche Anforderungen angepaßt werden kann.
POESY besteht aus den Komponenten
- Finanzrechnung
- Kostenrechnung
- Grundmittelrechnung
- Materialrechnung
- Warenrechnung
- Investitionsrechnung
- Leistungsrechnung
- Arbeitskräfterechnung
- Nutzensrechnung

und bietet somit für nahezu alle Belange der betrieblichen Rechnungsführung und Statistik fertige Werkzeuge. Alle Komponenten zeigen dem Anwender gegenüber ein einheitliches "Gesicht". Wenn Sie also mit einer dieser Komponenten erste Erfahrungen gesammelt haben, wird Ihnen die Erschließung weiterer Komponenten zunehmend leichter fallen. Die erwähnten Komponenten werden beginnend mit dem ersten Quartal 1988 schrittweise fertiggestellt. Sie sind einzeln, aber auch im Verbund einsetzbar.
POESY kann unter den Betriebssystemen SCP 1700 und DCP eingesetzt werden. Außerdem wird es für die 8-Bit-Personal- und Bürocomputer unter SCP bereitgestellt, so daß auf diese Weise ein Qualifizierungs- und Wachstumspfad gegeben ist.
Als eines der ersten anwendungsorientierten Softwareprodukte verfügt POESY über eine leistungsfähige Fenstertechnik, durch die eine besonders effektive Kommunikation zwischen Anwender und Programm möglich wird. Die Gestaltung der Fenster, aber auch der "Belege", über die die Dateneingabe und Datenveränderung erfolgt, kann ohne Eingriffe in das eigentliche Programm durch besondere Werkzeuge vom Anwender an seine Anforderungen angepaßt werden.

5.4. Integrierte Bearbeitung von Texten, Datenbanken, Tabellen und Grafik mit ARIADNE

Das Integrierte System ARIADNE ist nur unter dem Betriebssystem DCP verfügbar. Mit ihm wird eine neue Stufe der Qualität universell einsetzbarer Softwareprodukte erreicht. ARIADNE umfaßt als ein Softwareprodukt die Funktionen, für die zuvor mindestens drei Produkte,
- Datenbanksoftware (zum Beispiel REDABAS)
- Textverarbeitungsprogramm (zum Beispiel TP)
- Kalkulationsprogramm (zum Beispiel TABCALC),

erforderlich waren. Hinzu kommen weitere Funktionen (zum Beispiel die Herstellung von Geschäftsgrafiken). Ein weiterer Fortschritt besteht darin, daß keinerlei Konvertierungen mehr erforderlich sind, wenn Sie beispielsweise Daten aus der Tabellenkalkulation erst auf datenbanktypische Weise nutzen, dann aus ihnen eine Geschäftsgrafik herstellen und schließlich zusammen mit der Geschäftsgrafik in ein Textdokument integrieren wollen.

Datenbestände, die Sie mit REDABAS oder TP angelegt haben, können auf einfache Weise übernommen werden, umgekehrt können Sie Dateien erzeugen, die von REDABAS und TP weiterverarbeitet werden können.

Besonders hervorgehoben werden muß, daß die Leistung der einzelnen Komponenten ausgewogen und zugleich hoch ist. Die Leistung der Komponente "Textverarbeitung" ist nicht etwa zu Lasten des Integrationseffekts reduziert, sondern voll vergleichbar mit der eines speziell für diesen Zweck entwickelten Softwareprodukts wie TP. Dasselbe gilt für alle anderen Komponenten.

Diese hohe Leistungsfähigkeit erfordert allerdings den Einsatz einer Festplatte. ARIADNE arbeitet umso effektiver, je größer der verfügbare Hauptspeicher ist. Es werden mindestens 512 KByte benötigt.

Wenn Sie ARIADNE nutzen, sollten Sie sich von dieser Grundvorstellung leiten lassen: Alle Informationen werden in einzelnen **Mappen** aufbewahrt. Die Mappen, über die ARIADNE verfügt, sind hierarchisch geordnet. So gibt es eine übergeordnete Mappe, die mehrere nachgeordnete Mappen enthält. Jede dieser Mappen kann wiederum nachgeordnete Mappen, aber auch Texte, Tabellen oder Programme enthalten. ARIADNE-Programme sind in der Programmiersprache **ARES** geschrieben. ARES ist auf ähnliche Weise in ARIADNE integriert wie die REDABAS-Programmiersprache in das Datenbankprogramm REDABAS.

Wenn Sie mit Hilfe von ARIADNE eine umfangreiche Studie erstellen, entspricht die übergeordnete Mappe vermutlich der Studie insgesamt, die Mappen der zweiten Ebene entsprechen den Kapiteln, die Mappen der dritten Ebene den Abschnitten und die Mappen der vierten Ebene einzelnen Texten, eingeschobenen Tabellen, grafischen Abbildungen und Formeln.

Mappen sind in ihrer Größe praktisch nicht begrenzt. Während der Arbeit können Sie sich mehrere Mappen zugleich auf dem Bildschirm anzeigen lassen. Gegebenenfalls überdecken sich die Mappen dabei, aber Sie können sie so verschieben, daß die für Sie wichtigen Informationen sichtbar werden. Auf einfache Weise können Daten von einer Mappe in eine andere Mappe übertragen werden.

Die Funktionstasten der Tastatur dienen dazu, häufig benötigte Funktionen mit einem Tastendruck ausführen zu lassen. Hierzu gehört das Blättern in Mappen.

Im einzelnen umfaßt ARIADNE folgende Komponenten:
- Textverarbeitung mit den Funktionen Erfassung, Änderung, Formatierung und Gestaltung; Rechtschreibkontrolle und Wortwiederholungsprüfung
- Relationale Datenbank, vergleichbar mit REDABAS; REDABAS-Datenbankdateien können unmittelbar bearbeitet werden
- Tabellenkalkulation außerordentlich hoher Leistungsfähigkeit
- Geschäftsgrafik, vergleichbar mit GRAFIK/M16. Ist eine Grafik mit einer Datenbank oder Tabelle verkettet, wird die gespeicherte Form der Grafik automatisch aktualisiert, wenn Änderungen von Datenbank oder Tabelle dies erforderlich machen.

Besonders hervorzuheben ist die Möglichkeit, jeden Schritt anschließend wieder "ungeschehen" zu machen, wenn er sich als Irrtum erwiesen hat.

Wegen der Vielfalt der Funktionen ist ARIADNE ein Softwareprodukt, das zu unterschiedlichsten Zwecken in allen Bereichen der Volkswirtschaft eingesetzt werden kann. Die folgende Liste soll einige Anwendungen nennen, in denen ARIADNE das geeignete Werkzeug ist:

- Bürorationalisierung
  - Textverarbeitung im weitesten Sinne
  - Herstellung von Serienbriefen, Formularen, Etiketten
  - Verwaltung von Schriftstücken aller Art
  - Terminkontrolle
- Produktionsorganisation
  - Produktionsplanung
  - Fertigungsvorbereitung
  - Produktionslenkung, -überwachung und -statistik
- Betriebliche Rechnungsführung und Statistik
- Planung und Bilanzierung
- Projektmanagement
  - Projektierung
  - Herstellung von Projektdokumenten mit Text-, Tabellen- und Grafik-Anteil
  - Projektplanung, -steuerung und -überwachung
- Forschung und Wissenschaft
  - Anfertigung von Studien und Forschungsberichten
  - Mathematische, technische und statistische Berechnungen (Nutzung der Programmiersprache ARES)
  - Speicherung, Auswertung und Archivierung von Meßdaten
  - Dokumemtation.

Diese Zusammenstellung ist sicher nicht vollständig. Wir dürfen erwarten, daß mit zunehmender Verbreitung von ARIADNE weitere Anwendungsgebiete erschlossen werden.

5.5. Statistik mit STAVE

Das Softwareprodukt STAVE unterstützt Sie beim Bearbeiten von Aufgaben, in denen Statistiken beliebigen Inhalts analysiert, bearbeitet und dargestellt werden müssen.
STAVE ist dialogorientiert. Die Kommunikation erfolgt über Kommandos, Anweisungen und Beantwortung von Anfragen des Programms. Die Anfragen erfolgen stets in problembezogener Weise. Für den Fall, daß Sie nicht mehr wissen, was als nächstes zu tun ist, steht eine HELP-Funktion bereit. Syntaktische Fehler können sofort korrigiert werden. Nach jedem Schritt können Sie die Arbeit unterbrechen oder abbrechen, ohne daß Arbeitsergebnisse verlorengehen. Teilergebnisse können auf dem Bildschirm angezeigt und selektiv ausgedruckt werden.
Kommandofolgen, die Sie häufig benötigen, können Sie in Kommandodateien zusammenfassen. Diese Kommandodateien lassen sich einfach aufrufen und werden automatisch abgearbeitet.
STAVE umfaßt folgende statistische Verfahren:
- Dateneingabe
- Datensieb, Datentransformation, Datenausdruck zur Kontrolle der Eingabe
- Bestimmung statistischer Meßzahlen, eindimensionale Häufigkeitsanalyse
- spezielle Parametertests
- Korrelationsrechnung
- quasilineare Regressionsrechnung
- Varianzanalyse und multiple Mittelwertvergleiche.

5.6. Tourenplanung und Fahrzeugeinsatz mit TOUR

Das Softwareprodukt TOUR dient zur Lösung des sogenannten Tourenproblems: Eine Anzahl von Kunden ist von einem Lager aus mit Ware zu beliefern. Dazu steht ein Fuhrpark zur Verfügung. Die Kunden müssen innerhalb eines bestimmten Zeitraums in individuell vereinbarten Zeitabständen mit individuell vereinbarten Warenmengen beliefert werden.
Dieses Tourenproblem tritt in vielen Bereichen der Volkswirtschaft auf. Beispiele hierfür sind die Belieferung von Einzelhandelsverkaufsstellen durch den Großhandel oder die Belieferung von Baustellen durch ein Plattenwerk.
Mit Hilfe von TOUR können Sie im Dialog Ihr spezielles Tourenproblem exakt beschreiben und eine optimale Lösung, die ihr Ergebnis in konkreten Fahrbefehlen findet, erarbeiten. Dabei gestattet TOUR unter anderem die Berücksichtigung dieser Bedingungen:
- Häufigkeit der Belieferung des Kunden
- Öffnungszeiten für Kunden
- Aufenthaltsdauer bei Kunden
- Belade- und Entladezeiten
- Kapazität und Auslastung der Fahrzeuge
- Einsatzdauer der Fahrzeuge
- Beschränkung der Tourdauer.

6. Interpreter und Compiler

Mit dem Erfolg von BASIC wurde ein Bedarf an Softwareprodukten geweckt, die es gestatten, möglichst viele Stufen der Programmentwicklung "integriert" zu unterstützen, ohne dabei auf die sonst üblichen Werkzeuge wie Textprogramm, Compiler/Interpreter, Assembler oder Programmverbinder (siehe Abschnitt 6.3.) zurückzugreifen. Solche Softwareprodukte heißen **Programmierumgebung**. Die verschiedenen BASIC-Systeme waren die ersten, wenn auch einfachen Programmierumgebungen. Sie enthalten in der Regel nur einen Editor, mit dessen Hilfe Sie Programme eingeben und verändern können, und einen Interpreter, der die BASIC-Programme, ohne sie zu übersetzen, Anweisung für Anweisung abarbeitet (interpretiert). Eine weitere Programmierumgebung ist das System PASCAL-886 (SCP 1700). Ein ganz ähnliches System wird als TPASCAL für DCP angeboten.
Wir werden uns zunächst den beiden Programmierumgebungen BASIC und PASCAL-886 zuwenden, um dann in den Abschnitten 6.3. bis 6.7. die Arbeit mit traditionellen Compilern zu erläutern. An dieser Stelle ist es wichtig, auf die in Zukunft stark steigende Bedeutung von attraktiven Programmierumgebungen hinzuweisen. In den kommenden Jahren werden weitere sprachorientierte Programmierumgebungen bereitgestellt, deren Leistung weit über BASIC und PASCAL-886 hinausgehen. Insbesondere wird der Entwurf als besondere Phase der Softwareentwicklung durch eigene integrierte Werkzeuge unterstützt, die in hohem Maße Gebrauch von der Grafik-Fähigkeit der Arbeitsplatzcomputer machen.

6.1. Der BASIC-Interpreter

BASIC ist eine weit verbreitete, leicht zu erlernende Programmiersprache, in der Sie viele kleine und mittlere Aufgaben mit wenig Aufwand schnell lösen können. Das folgende Beispiel wird es beweisen.
Wir gehen davon aus, daß einer LPG kürzlich ein Arbeitsplatzcomputer unter dem Betriebssystem SCP 1700 geliefert wurde und daß an diesen Computer demnächst ein Nadeldrucker robotron K 6327 oder robotron K 6328 angeschlossen werden soll. Der Leiter hat gerade im Prospekt zu diesem Drucker gelesen, daß der Kunde sich damit eigene Druckzeichen definieren kann. Voller Begeisterung ruft er seinen EDV-Spezialisten zu sich und sagt: "Kollege Flink, wir bekommen doch diesen modernen Nadeldrucker. Bisher mußten wir in unsere Texte die Zeichen für männliche und weibliche Tiere immer nachträglich mit der Hand einfügen. Wie kann uns der neue Computer helfen?"
Wie immer im Leben gibt es nun für den EDV-Spezialisten mindestens zwei Möglichkeiten. Hier wollen wir zeigen, daß er seinem Leiter zu Recht die Antwort geben kann:

"Das ist überhaupt kein Problem. Unsere Sekretärin, die ja schon Übung mit dem Textprogramm hat, wird diese beiden Zeichen eingeben und ausdrucken lassen können."

Was wird zu tun sein? In der Anwenderdokumentation zum Drucker finden Sie die "ESC-Folgen", mit denen Sie den Nadeldrucker steuern. ESC-Folgen sind Folgen von Byte, deren erstes Byte das Zeichen ESC (1BH) ist. Sie werden an den Drucker ausgegeben. Der Drucker druckt die Byte einer ESC-Folge jedoch nicht aus, sondern betrachtet sie als Anweisungen zur Druckersteuerung.

Für unseren Zweck sind diese ESC-Folgen von Bedeutung:

ESC, "!", n	Mit der Zahl n wird die Schriftart des im folgenden ausgedruckten Textes festgelegt.
ESC, ":", 0, 0, 0	Es soll ein neues Zeichen in den RAM des Druckers abgelegt werden.
ESC, "%", 1, 0	Die vom Nutzer definierten Zeichen sollen gedruckt werden.
ESC, "&", 0, z, z, 128	Wenn das Zeichen z an den Drucker ausgegeben wird, soll der Drucker das im Anschluß definierte Zeichen drucken. Die obersten 8 Nadeln werden genutzt.

In BASIC können wir eine solche Folge mit der LPRINT-Anweisung an den Drucker ausgeben. Da die Byte ESC und 00X häufig vorkommen, verwenden wir für sie die Variablen ESC$ und NUL$, deren Werte mit der Funktion CHR$ bestimmt werden:

100 ESC$ = CHR$ (27): NUL$ = CHR$ (0)

Zunächst müssen wir uns ein Programm schaffen, das es gestattet, beliebige Schriftzeichen zu definieren und in verschiedenen Schriftarten auszudrucken. Dazu müssen wir wissen: Ein Symbol wird vom Nadeldrucker in 9 Spalten und 8 Zeilen gedruckt. Zum Entwurf zeichnen wir uns dieses Raster auf:

In dieses Raster zeichnen wir die gewünschten Symbole ein, und zwar so, daß die Positionen, an denen eine Nadel drucken soll, mit einem Druckzeichen (hier dem Stern) markiert werden:

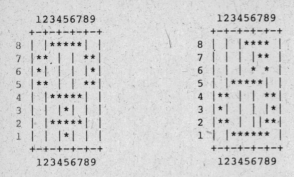

Der BASIC-Interpreter für SCP 1700 wird mit dem Kommando BASIC gestartet. Er meldet sich so:

BASIC-1700 V01.03
62390 Bytes free
Ok

Immer, wenn der Kursor unter dem Aufforderungstext Ok erscheint, können Sie eine BASIC-Anweisung eingeben.
Jedes BASIC-Programm können Sie sowohl unter BASIC als auch mit einem Textprogramm (Modus: Bearbeiten Programmdatei) eingeben. Wenn Sie es unter BASIC eingeben, ist das Programm nach Beenden der Arbeit mit BASIC verloren, wenn Sie es nicht mit der Anweisung SAVE sichern. Die Anweisung SAVE hat zwei Parameter: der erste Parameter wird in Anführungszeichen eingeschlossen und ist der Name der Datei, die das Programm aufnehmen soll. Als zweiten Parameter geben wir hier den Buchstaben A an. Damit wird die Datei im sogenannten "ASCII-Format" abgespeichert. In diesem Format können Sie sie mit einem Textprogramm weiterverarbeiten.
Nehmen wir an, wir haben das BASIC-Programm, das auf Seite 117 wiedergegeben ist, mit der Anweisung

SAVE "DC1",A

in der Datei DC1.BAS gespeichert. Der Dateityp BAS wird von BASIC automatisch ergänzt. Dann können wir es mit dem Kommando RUN starten.
Wenn Sie das Programm mit einem Textprogramm erstellt haben, können Sie es mit dem Kommando RUN "DC1" starten (vorausgesetzt, Sie haben es als Datei DC1.BAS gespeichert).

Das Programm erfragt zunächst Spalte für Spalte, in welchen Zeilen die Nadel drucken soll. Wenn Sie mit einer Spalte fertig sind, betätigen Sie die Taste <--' (damit geben Sie den Zahlenwert 0 ein).

```
100 REM Programm zum Entwurf von Symbolen
101 REM ---------------------------------
102 REM
103 REM Nutzung setzt Nadeldrucker der Baureihe 632X
104 REM oder kompatiblen Nadeldrucker voraus.
107 REM
108 ESC$ = CHR$(27): NUL$ = CHR$(0)
110 FOR I=1 TO 9
120 F(I) = 0
130 PRINT "Welche Zeilen haben einen Punkt"
135 PRINT "in Spalte "; I; " ?"
140 INPUT R: IF R < 1 OR R > 8 THEN 160
150 F (I) = F(I) + 2^(R-1)
160 IF R = 0 THEN NEXT I ELSE 140
170 LPRINT ESC$;":";NUL$;NUL$;NUL$;
180 LPRINT ESC$;"%";CHR$(1);NUL$;
190 LPRINT ESC$;"&";NUL$;"<<";
200 LPRINT CHR$(128);
210 FOR X=1 TO 9: LPRINT CHR$(F(X));: NEXT X
220 LPRINT CHR$(0)CHR$(0);
230 LPRINT "Ihre Symbol-Codierung:"
240 FOR J=1 TO 9: LPRINT F(J);: NEXT J
250 LPRINT
260 FOR I=1 TO 100
270 PRINT:PRINT:PRINT:PRINT:PRINT:PRINT:PRINT:
280 PRINT "Geben Sie bitte den Code für die"
290 PRINT "von Ihnen gewünschte Schriftart ein."
300 PRINT "Er errechnet sich als Summe der"
310 PRINT "Grundtypen:    Unterstreichen   128"
320 PRINT "               Kursivschrift     64"
330 PRINT "               Breitdruck        32"
340 PRINT "               Doppeldruck       16"
350 PRINT "               Fettdruck          8"
360 PRINT "               Schmalschrift      4"
370 PRINT "               Elite              1"
380 PRINT "               Pica               0"
390 PRINT "Wenn Sie also die Schrift Pica"
400 PRINT "unterstrichen und fett drucken"
410 PRINT "wollen, müssen Sie 128+8+0 = 136"
420 PRINT "eingeben."
430 PRINT "Wenn Sie das Programm beenden wollen,"
440 PRINT "geben Sie bitte die Zahl 999 ein."
450 INPUT "Schriftart-Code"; C
460 IF C = 999 THEN 530
470 IF C > 253 THEN 540
480 LPRINT ESC$;"!";CHR$(C)
490 LPRINT "Ihr gewählter Code: "; C
500 LPRINT "<"
510 LPRINT ESC$;"!";NUL$;NUL$
520 NEXT I
530 END
540 PRINT "Zahl kein zulässiger Code."
550 GOTO 520
```

Im Anschluß daran erscheint auf dem Bildschirm die Ausschrift

Geben Sie bitte den Code für die
von Ihnen gewünschte Schriftart ein.
Er errechnet sich als Summe der
Grundtypen: Unterstreichen   128
              Kursivschrift   64
              Breitdruck   32
              Doppeldruck   16
              Fettdruck   8
              Schmalschrift   4
              Elite   1
              Pica   0
Wenn Sie also die Schrift Pica
unterstrichen und fett drucken
wollen, müssen Sie 128+8+0 = 136
eingeben.
Wenn Sie das Programm beenden wollen,
geben Sie bitte die Zahl 999 ein.
Schriftart-Code _

Nun können Sie so lange Schriftart für Schriftart ausprobieren, bis Sie die Zahl 999 eingeben, das Programm also beenden.

Aber damit sind die neuen Symbole erst entworfen. Sie wurden beide nacheinander dem Zeichen "<" zugeordnet. Wenn Sie jetzt den Drucker aus- und wieder einschalten, hat er die neuen Symbole wieder vergessen. Sie benötigen also noch ein Programm, das beliebigen Zeichen neue Symbole zuordnet.
Völlig beliebig können die Zeichen nicht sein. Nur den sechs Zeichen

: ; < = > ?

können Sie ein neues Symbol zuordnen.
Eine erste Variante, die Sie sicher noch viel nutzerfreundlicher gestalten können, ist das Programm auf Seite 119. Wichtig sind insbesondere die Zeilen 270 und 280, in denen den beiden Zeichen "<" und ">" die beiden soeben erstellten neuen Symbole für männliche und weibliche Tiere zugeordnet werden.
Wenn Sie weitere Symbole definieren wollen, fügen Sie einfach weitere entsprechend aufgebaute Zeilen vor die DATA-Anweisung mit der Zeichenfolge "ENDE" ein. Diese DATA-Anweisung zeigt dem Programm an, daß keine weiteren Symbol-Definitionen folgen.
Das Programm ist recht ausführlich mit Kommentaren ("REM-Anweisungen", diese werden von BASIC nicht ausgeführt, sondern dienen dem Programmierer zur Erinnerung) versehen, denn es könnte durchaus sein, daß Sie sich für Ihre Arbeit ein ähnliches Programm erstellen wollen. Die Zahlenfolge hinter dem zu ersetzenden Symbol ist dieselbe, die vom Programm zum Symbolentwurf unter dem Text

Ihre Symbolcodierung:

ausgedruckt wird.

```
100 REM Definition von Ersatzsymbolen
101 REM -----------------------------
102 REM
103 ESC$ = CHR$ (27): NUL$ = CHR$ (0)
108 REM Einschalten Arbeitsweise
110 LPRINT ESC$; "x"; NUL$;
120 LPRINT ESC$; ":"; NUL$; NUL$; NUL$;
129 REM Bis zu 6 eigene Symbole könnten definiert werden.
130 FOR I=1 TO 6
140     LPRINT ESC$; "%"; CHR$ (1); NUL$;
149 REM Lesen nächstes zu ersetzendes Symbol
150     READ BY$
159 REM Wenn "ENDE", fertig
160     IF BY$="ENDE" THEN END
169 REM Sonst drucken: Symbol ...
170     LPRINT ESC$;"&";NUL$;BY$;BY$;CHR$(128);
179 REM Lesen des neuen Symbols als Bitmuster
180     FOR J=1 TO 11
190        READ F: LPRINT CHR$ (F);
200     NEXT J
210 REM Anzeige der Symbole
220     LPRINT ESC$; "%"; NUL$; NUL$;
230     LPRINT BY$; "  wird  ";
240     LPRINT ESC$; "%"; CHR$(1); NUL$;
250     LPRINT BY$
260 NEXT I
269 REM Bitmuster der neuen Symbole
270 DATA "<",112,80,138,138,143,138,138,80,112,0,0
280 DATA ">",14,10,17,17,145,177,145,202,238,0,0
290 DATA "ENDE"
```

Wenn Sie dieses Programm ausführen lassen, "merkt" sich der Drucker die neuen Symbole so lange, bis Sie dieses Programm mit anderen Symboldefinitionen abarbeiten lassen oder bis Sie den Drucker ausschalten.

Die Symbole, die Sie mit dem Programm geändert haben, und die neuen Symbole, die anstelle der alten ausgedruckt werden, druckt Ihnen das Programm so aus (die folgenden Zeilen sind wegen des besonderen Effektes auf dem Nadeldrucker hergestellt und in die Druckvorlage montiert worden):

```
< wird ♀
> wird ♂
```

Die Sekretärin gibt nun überall dort, wo das Zeichen ♀ erscheinen soll, das Zeichen "<", und dort, wo das Zeichen ♂ erscheinen soll, das Zeichen ">" ein. Bevor der Ausdruck erfolgt, startet sie BASIC und in BASIC das oben angegebene Programm.

Nun eine ganz andere Anwendung. Sie können, wie bereits erwähnt, in der Anleitung für den Drucker robotron K 6327 lesen, daß auch die Darstellung von Grafik-Symbolen möglich ist. Das folgende Programm druckt alle Symbole des sogenannten "IBM-Zeichensatzes" aus:

```
100 REM Alle Zeichen des IBM-Zeichensatzes drucken
101 REM ---------------------------------------
102 REM
105 FOR I=2 TO 15
110 PREFIX$ = CHR$(27) + "t1"
120 POSTFIX$ = CHR$(27) + "t0"
130 LPRINT CHR$(27);"6";
140 ZEILE$ = ""
150 FOR J=0 TO 15
160 WERT = I*16 + J
170 ZEILE$ = ZEILE$ + CHR$ (WERT)
180 NEXT J
190 LPRINT PREFIX$;ZEILE$;POSTFIX$
200 NEXT I
210 END
```

Mit dem folgenden Programm kommen wir einen großen Schritt weiter. Es druckt einen mit einem Textprogramm erstellten Text aus, in dem das Steuerzeichen ^Q den "Grafik-Modus" ein- und das Steuerzeichen ^R den Grafik-Modus ausschaltet. Grafik-Zeichen werden im Text durch die Zeichen repräsentiert, die einen um 128 niedrigeren Byte-Wert aufweisen.
Sicher fallen Ihnen noch viele Verbesserungen zu diesem einfachen Druckprogramm ein.

```
100 REM Einfaches Druckprogramm für Grafik-Zeichen
101 REM ---------------------------------------
102 REM
110 INPUT "Dateiname"; F$
120 P$ = "nein"
130 U$ = CHR$(27) + "t1": V$ = CHR$(27) + "t0"
140 OPEN "i",1,F$
150 FOR I=1 TO 61
160 LINE INPUT# 1, Z$
170 Y$ = ""
180 FOR J=1 TO 82
190 A$ = MID$ (Z$,J,1)
200 IF A$ = "" THEN 280
210 N = ASC (A$)
220 IF N=17 THEN P$ = "ja": GOTO 280
230 IF N=18 THEN P$ = "nein": GOTO 280
240 IF N=10 OR N=13 THEN 290
250 IF N=32 THEN 270
260 IF P$ = "ja" THEN A$ = CHR$ (N+128)
270 Y$ = Y$ + A$
280 NEXT J
290 LPRINT U$;Y$;V$
300 NEXT I
```

Im folgenden wird ein Text, so, wie er von Ihnen einzugeben ist, und so, wie er von diesem kleinen Druckprogramm erzeugt wird, wiedergegeben.

a) So erscheint der Text auf dem Bildschirm, wenn Sie ihn mit einem Textprogramm wie TP eingegeben haben:

```
Die Kästchen wurden mit TP gemacht. Daneben steht eine
Integralformel.
^Q
ZDDDBDDD?   ZDDDBDDD?   ZDDDBDDD?   ZDDDBDDD?
3   3   3   3   3   3   3   3   3   3   3   3
CDDDEDDD4   CDDDEDDD4   CDDDEDDD4   CDDDEDDD4           t
3   3   3   3   3   3   3   3   3   3   3   3   3  ^Rx dx^Q
SDDDADDDY   SDDDADDDY   SDDDADDDY   SDDDADDDY           u
^R
Das war's.
```

b) So sieht der Ausdruck des Nadeldruckers aus:

Die Kästchen wurden mit TP gemacht. Daneben steht eine
Integralformel.

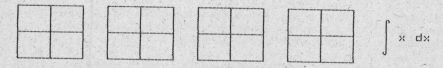

Das war's.

6.2. Die Programmierumgebung PASCAL-886

Die Programmiersprache PASCAL wurde mit dem Ziel entwickelt, die Grundsätze einer systematischen und strukturierten Programmierung in der Programmierpraxis durchzusetzen.
Daher müssen Sie in PASCAL zum Beispiel für jede Variable, die Sie in einem Programm verwenden, ausdrücklich festlegen, welchen Wertebereich sie annehmen kann und auf welche Weise sie genutzt werden soll. Ihnen stehen außerdem leistungsfähige Anweisungen zur Programmierung von Schleifen und Verzweigungen zur Verfügung.
Andere Sprachelemente, die diesen Grundsätzen nicht entsprechen, zum Beispiel Anweisungen, die die unterschiedliche Interpretation eines Abschnitts im Hauptspeicher zulassen wie die EQUIVALENCE-Anweisung in FORTRAN, wurden absichtlich nicht aufgenommen.
Mit den Programmierumgebungen PASCAL-886 (SCP 1700) und TPASCAL (DCP) stehen Ihnen Softwareprodukte zur Verfügung, die Sie bei der Programmentwicklung unterstützen und die besonders schnelle Programme erzeugen, die zudem noch wenig Speicherplatz benötigen. Allerdings ist der Umfang von Programmen, die mit einer dieser Programmierumgebungen entwickelt wurden, in der gegenwärtig ausgelieferten Version auf 64 KByte beschränkt.
PASCAL-886 und TPASCAL realisieren im wesentlichen den PASCAL-Sprachumfang, wie er in /6/ definiert wurde. Einige wenige Abweichungen von diesem Standard waren erforderlich, um die hohe Effektivität zu erreichen, die PASCAL-886 und TPASCAL bieten:

- Die Anweisungen READ und WRITE ersetzen die Anweisungen GET und PUT. Sie sind außerdem leistungsfähiger als GET und PUT.
- Eine GOTO-Anweisung kann sich nur auf eine Marke beziehen, die sich in demselben Block wie die GOTO-Anweisung befindet.
- Die Prozedur PAGE ist nicht implementiert.
- Der Präfix PACKED ist nicht implementiert, weil PASCAL-886 und TPASCAL automatisch packen, wenn dies möglich ist.
- Namen von Prozeduren und Funktionen können nicht als Parameter verwendet werden.

Wir beschäftigen uns im folgenden mit PASCAL-886 unter SCP 1700. Die Arbeit mit TPASCAL unter DCP ist so ähnlich, daß eine gesonderte Darstellung in diesem Rahmen nicht erforderlich ist. PASCAL-886 wird in den beiden Varianten PASCAL-886/S (Standard, Genauigkeit der Gleitkomma-Arithmetik: 11 Stellen der Mantisse) und PASCAL-886/B (BCD-Arithmetik, Genauigkeit der Gleitkomma-Arithmetik: 18 Stellen der Mantisse) ausgeliefert. Über den genannten Unterschied hinaus verhalten sich beide Varianten gleich. Im Grundmenü wird Ihnen angezeigt, mit welcher Variante Sie arbeiten.

Das ausgelieferte Softwareprodukt umfaßt die folgenden Dateien:
- PASCAL.CMD   Systemkern (Editor, Compiler, Programmverbinder)
- PASCAL.TXT   Texte der Fehlermeldungen
- PLUS.CMD   Systemdienste
- PASRETT.CMD   Hilfsprogramm zum Wiederherstellen einer Arbeitsdatei, die durch einen ungeplanten Abbruch verlorenging
- PASINST.CMD   Installation von PASCAL-886.

Sie beginnen die Arbeit mit PASCAL-886 durch Eingabe dieses Kommandos:

PASCAL

Nach wenigen Augenblicken wird das Grundmenü angezeigt:

```
-----------------------------------------------
|                                             |
| PASCAL 886/S (c) 01/08/86 VEB ROBOTRON BWS  |
| Systemkern Version 3.32D/SCPX 1700          |
| AC A 7100                                   |
|                                             |
|                                             |
| Laufwerk: A                                 |
|                                             |
| Arbeitsdatei                                |
| Hauptdatei                                  |
|                                             |
| Editor   Compiler-Optionen   Test           |
|                                             |
| Sichern  Beenden       Dir                  |
|                                             |
| Text :     x BYTE (....-....)               |
| Frei : yyyyy BYTE (....-....)               |
|                                             |
| >                                           |
|                                             |
-----------------------------------------------
```

In der letzten Zeile des Menüs werden Sie durch das Zeichen >
aufgefordert, einen der folgenden Kommandobuchstaben einzugeben:

L	Bestimmen eines Laufwerks als aktuelles Laufwerk
A	Arbeitsdatei laden oder neu einrichten
H	Hauptprogramm-Datei festlegen
E	Editieren der Arbeitsdatei
C	Übersetzen
T	Abarbeiten des übersetzten Programms
S	Sichern der Arbeitsdatei auf Diskette oder Festplatte
D	Dateiverzeichnis des aktuellen Laufwerks anzeigen
B	Rückkehr zum SCP 1700
O	Einstellen der Compiler-Optionen

Wenn eins dieser Kommandos abgearbeitet wurde, erscheint wieder das Aufforderungszeichen, und Sie können ein anderes Kommando eingeben. Geben Sie ein Zeichen ein, das kein zulässiges Kommando ist, erscheint erneut das Grundmenü. Die Kommandos werden sofort ausgeführt, nachdem Sie den entsprechenden Buchstaben eingegeben haben. Sie brauchen nicht erst die Taste <--' zu betätigen. Im folgenden werden die einzelnen Kommandos näher beschrieben.

L Bestimmen eines Laufwerks als aktuelles Laufwerk

Sobald Sie "L" eingegeben haben, werden Sie nach der Bezeichnung des neuen aktuellen Laufwerks gefragt. Als Antwort geben Sie die Bezeichnung des neuen aktuellen Laufwerks ein, dahinter einen Doppelpunkt, und bestätigen die Eingabe mit der Taste <--'. Wenn Sie nur die Taste <--' betätigen, ohne eine Laufwerksbezeichnung anzugeben, bleibt das bisher aktuelle Laufwerk weiterhin das aktuelle Laufwerk. Immer, wenn das Kommando "L" ausgeführt wird, wird das Betriebssystem automatisch zurückgesetzt. Wenn Sie eine neue Diskette einlegen und diese beschreiben wollen, ist dies nur möglich, wenn nach dem Diskettenwechsel das Betriebssystem zurückgesetzt wird.

A Arbeitsdatei laden oder neu einrichten

Sobald Sie "A" eingegeben haben, werden Sie nach der Bezeichnung der neuen Arbeitsdatei gefragt. Sie antworten mit einer gültigen Dateibezeichnung. Wenn PASCAL-886 die gewünschte Datei findet, zeigt es mit einer kurzen Ausschrift den laufenden Ladevorgang an.
Findet PASCAL-886 die Datei nicht, wird eine Datei mit der angegebenen Bezeichnung neu angelegt. Auch diesen Vorgang zeigt PASCAL-886 mit einer kurzen Ausschrift an.
Falls Sie zuvor bereits eine Datei bearbeitet und sie nicht auf einer Diskette oder Festplatte gesichert haben, werden Sie erst gefragt, ob Sie diese Datei sichern wollen. Wenn Sie diese Frage mit J beantworten, wird die alte Arbeitsdatei gesichert, danach wird die neue Arbeitsdatei geladen oder neu angelegt. Antworten Sie mit N, wird die alte Arbeitsdatei einfach durch die neue ersetzt.

H Hauptprogramm-Datei festlegen

Ein Programm muß in eine Hauptprogramm-Datei und in mehrere Teilprogramm-Dateien zerlegt werden, wenn es einen bestimmten Umfang überschreitet. Sie müssen dann in das Hauptprogramm "include"-Anweisungen anstelle der Teilprogramme einfügen. Dort, wo sich eine "include"-Anweisung befindet, wird vom Compiler das Teilprogramm eingefügt, das in der "include"-Anweisung angegeben ist.
Sobald Sie "H" eingegeben haben, werden Sie nach dem Namen der neuen Hauptdatei gefragt. Sie antworten mit einer gültigen Dateibezeichnung. Die Datei mit dieser Bezeichnung wird daraufhin von PASCAL-886 als Hauptprogramm-Datei angesehen.

E Editieren der Arbeitsdatei

Sobald Sie "E" eingegeben haben, erscheint der Inhalt der Arbeitsdatei auf dem Bildschirm. Dieser Text kann ähnlich wie mit der Option "N Editieren einer Programmdatei" des Textprogramms TP bearbeitet werden. Wenn es noch keine Arbeitsdatei gibt, werden Sie aufgefordert, eine Arbeitsdatei zu benennen. Der Dialog verläuft dann wie beim Kommando A.
In der obersten Zeile des Bildschirms finden Sie wie bei TP einige Angaben zum Status der Arbeit mit der Datei:

Zeil:n   Spa:m   Einfuegen   Tab.   L:NNNNNNNN.TTT

Diese Angaben bedeuten:

Zeil:n   Der Kursor befindet sich in Textzeile n.
Spa: m   Der Kursor befindet sich in Spalte m.
Einfuegen   Der Einfügemodus ist eingeschaltet. Wenn Sie den Einfügemodus mit ^V ausschalten, steht an derselben Stelle "Ersetzen".
Tab.   Einrücken erfolgt automatisch.

Bei der Eingabe müssen Sie jede Zeile mit der Taste <--' abschließen. Durch die Kombination der CTRL-Taste mit anderen Tasten können Sie viele Kommandos geben, die Sie schon aus dem Textprogramm TP kennen. Dies betrifft zum Beispiel die Bewegung des Kursors oder das Löschen von einzelnen Zeichen, Worten und Zeilen.

C Übersetzen

Sobald Sie "C" eingegeben haben, wird der Inhalt der Arbeitsdatei oder der Hauptprogramm-Datei, wenn Sie eine solche festgelegt haben, übersetzt. Wenn noch keine Arbeitsdatei existiert, kommt es zu einer Fehlermeldung. Der Ablauf der Übersetzung hängt davon ab, welche der möglichen Compiler-Optionen von Ihnen ausgewählt wurden. Für alle Optionen gibt es Standardwerte, die angenommen werden, wenn Sie keine Auswahl treffen. Die Auswahl der Optionen erfolgt durch das Kommando "O". Wenn PASCAL-886 im Programm einen Fehler entdeckt, wird die Übersetzung abgebrochen und angezeigt, wieviel Zeilen des Programms bisher übersetzt wurden. Außerdem erscheint eine Fehlernachricht, die die Art des Fehlers näher beschreibt.

Wenn Sie nun die Taste ESC betätigen, wird der Editor aufgerufen. Der Kursor wird automatisch an die Stelle bewegt, an der der Fehler erkannt wurde. Sie können ihn dann sofort beseitigen und eine erneute Übersetzung veranlasssen.
Wenn kein Fehler auftrat, zeigt Ihnen PASCAL-886 an, wieviel Zeilen übersetzt wurden und welchen Umfang des Hauptspeichers das übersetzte Programm belegt. Abhängig von den gültigen Werten für die Optionen speichert PASCAL-886 das erzeugte Objektprogramm
- im Hauptspeicher (M, Standard)
- als Datei vom Typ COM auf dem Datenträger im aktuellen Laufwerk (C)
- als Datei vom Typ CHN auf dem Datenträger im aktuellen Laufwerk (H).

T Abarbeiten des übersetzten Programms

Sobald Sie "T" eingegeben haben, wird das übersetzte Programm abgearbeitet.
Je nach Compiler-Option wird das Programm aus dem Hauptspeicher (M) heraus aktiviert oder als Datei vom Typ COM (C) geladen und gestartet.
Wurde kein übersetztes Programm gefunden, übersetzt PASCAL-886 automatisch die Arbeitsdatei und startet das entstandene Programm sofort, wenn die Übersetzung erfolgreich verlief.

S Sichern der Arbeitsdatei auf Diskette oder Festplatte

Sobald Sie "S" eingegeben haben, wird der Inhalt der Arbeitsdatei entsprechend der Dateibezeichnung auf einer Diskette oder Festplatte gesichert. PASCAL-886 bestätigt anschließend die Ausführung dieser Aktion. Wenn auf dem Datenträger bereits ein Programm mit derselben Dateibezeichnung existiert, erhält diese den Dateityp BAK (der Dateiname bleibt derselbe), und die Arbeitsdatei wird als neue Version unter der angegebenen Dateibezeichnung gesichert.

D Dateiverzeichnis des aktuellen Laufwerks anzeigen

Sobald Sie "D" eingegeben haben, werden Sie aufgefordert, eine "Maske" einzugeben. Zulässige Eingaben sind eine gültige Dateibezeichnung einschließlich eventueller Joker-Symbole, eine Laufwerksangabe oder eine Leereingabe.
Anschließend werden alle Eintragungen des Dateiverzeichnisses angezeigt, auf die die Maske zutrifft. Wenn Sie nur eine Laufwerksbezeichnung eingeben, wird das gesamte Dateiverzeichnis des betreffenden Laufwerks angezeigt. Wenn eine Leereingabe erfolgt, wird das gesamte Dateiverzeichnis des aktuellen Laufwerks angezeigt.

B Rückkehr zum SCP 1700

Sobald Sie "B" eingegeben haben, wird PASCAL-886 verlassen, und SCP 1700 erhält wieder die Steuerung des Computers.
Befindet sich noch eine Arbeitsdatei im Hauptspeicher, die nicht gesichert wurde, werden Sie gefragt, ob die Datei gesichert werden soll.

O Einstellen der Compiler-Optionen

Sobald Sie "O" eingegeben haben, erscheint das Nebenmenü zur Einstellung der Compiler-Optionen und zur Fehlersuche:

```
-----------------------------------------------------
|                                                    |
|                   -> Test                          |
|  Code fuer     Programm                            |
|                   Modul                            |
|  Minimum Codesegment:       cccc Paragraphen       |
|  Minimum Datensegment:      dddd Paragraphen       |
|  Minimum freier Speicher:   iiii Paragraphen       |
|  Maximum freier Speicher:   aaaa Paragraphen       |
|  Kommandozeilenparameter                           |
|  Fehlersuche                Zurueck                |
|                                                    |
-----------------------------------------------------
```

Der Pfeil -> zeigt Ihnen an, welche Option zur Zeit gültig ist. Wenn Sie eine Option auswählen wollen, müssen Sie einen der Buchstaben T, P oder M eingeben.
Die Angaben zur Speicheraufteilung werden nur angezeigt, wenn die Option P oder M eingestellt wurde. Nach Eingabe von "C", "D", "I" oder "A" können Sie die Mindestgrößen für die angezeigten Speicherbereiche neu festlegen. Nach Eingabe von "K" werden Sie nach dem Inhalt einer Parameterliste gefragt, die unter "T" abzuarbeitenden Programmen beim Start als Bestandteil der Kommandozeile übergeben wird.
Wenn Sie "F" eingeben, beginnt PASCAL-886, den nächsten Fehler im Quellprogramm zu suchen. Wenn Sie "Z" eingeben, kehrt PASCAL-886 zum Grundmenü zurück.
Nun sollen Sie noch sehen, wie ein PASCAL-Programm übersetzt und ausgeführt wird. Die dem Beispiel zugrunde liegende Aufgabenstellung begünstigt eine Entscheidung zugunsten einer Programmierung mit PASCAL-886: Das Programm wird nicht sehr umfangreich sein, und es löst eine in sich abgeschlossene Aufgabe.
Außerdem wird das Zusammenwirken von REDABAS und PASCAL-886 demonstriert.

Unser Beispiel bezieht sich auf ein Kollektiv, das ein Rationalisierungsmittel herstellt, damit die höheren Zielstellungen für die Produktion von Plattenspielern mit Tangentialarm erreicht werden können. Da das Rationalisierungsmittel recht kompliziert ist, teilt der Leiter die Arbeit in einzelne Vorgänge auf und verteilt sie auf mehrere Kollegen. Er beherrscht die Planungsprinzipien und fertigt sich zunächst als Skizze einen kleinen Netzplan (siehe Abbildung 9).
Die Arbeitsinhalte der Vorgänge hat der Leiter im Kopf, und daher stehen im Netzplan nur deren Abkürzungen. Außerdem hat er in den Netzplan über jeden Vorgang die geplante Dauer (D) in Wochen und unter jeden Vorgang die Woche eingetragen, in der er frühestens begonnen werden kann (FAZ, links) und in der er spätestens beendet sein muß (SEZ, rechts).

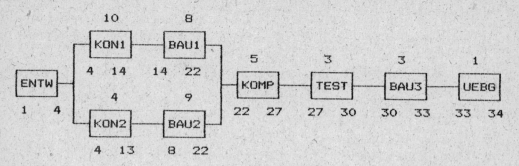

Abbildung 9
Netzplan

Außerdem wurden alle Daten noch in einer Tabelle zusammengefaßt:

Vorgang	Abkürzung	Dauer	Frühester Start	Spätestes Ende
Entwurf	ENTW	3	1	4
Konstruktion 1	KON1	10	4	14
Aufbau 1	BAU1	8	14	22
Konstruktion 2	KON2	4	4	13
Aufbau 2	BAU2	9	8	22
Komplettierung	KOMP	5	22	27
Test	TEST	3	27	30
Überarbeitung	BAU3	3	30	33
Übergabe	UEBG	1	33	34

Weil das Rationalisierungsmittel sehr wichtig für den Betrieb ist, verlangt der übergeordnete Leiter einen wöchentlichen, exakten Bericht. Damit will sich der Leiter des Kollektivs nicht sonderlich belasten, aber er weiß, daß sein Leiter saubere und übersichtliche Berichte besonders schätzt. Daher nutzt er seinen Arbeitsplatzcomputer zur Erstellung des Berichts. Ausgangspunkt ist die oben angegebene Tabelle. Allerdings entscheidet er sich für eine grafische Darstellung, weil man auf ihr den tatsächlichen Stand der Arbeiten schneller erkennt. Sie könnte etwa so aussehen:

Bericht zum Arbeitsfortschritt, Woche 17

```
            Woche
            1111111111222222222233333333334   Dauer
Vorgang     1234567890123456789012345678907890  S / I
-------     ----------------------------------  -----
ENTW        ===                  |              3   3
KON1           ===========+      |             10  11
BAU1                      -===----              8
KON2           -=======--        |              4   6
BAU2               ========----  |              9
KOMP                             |   -----      5
TEST                             |        ---   3
BAU3                             |          ---  3
UEBG                             |           -   1
```

Einfache Striche zeigen die geplanten Zeiträume an, Pluszeichen die Überschreitung eines geplanten Zeitraums und Gleichheitszeichen die innerhalb des geplanten Zeitraums geleistete Arbeit. Der Leiter kann also auf den ersten Blick erkennen, daß die Arbeit in der 17. Woche eine Woche im Verzug ist.

Wie kann dabei der Arbeitsplatzcomputer helfen? Der Leiter des Kollektivs benötigt vor allem eine einfachen Möglichkeit zur Erfassung der Plan- und Ist-Daten. Dazu bietet sich REDABAS an. Die folgende REDABAS-Struktur leistet das Erforderliche:

```
Feld   Name      Typ   Länge
-----------------------------
001    VORGANG   C     4
002    DAUER     N     2
003    FAZ       N     2
004    SEZ       N     2
005    ANFANG    N     2
006    ENDE      N     2
```

Die REDABAS-Datei wird PROJEKT.DBD genannt. Vor Beginn der Arbeit werden für alle Vorgänge die Daten der Felder VORGANG, DAUER, FAZ und SEZ eingetragen. Immer, wenn ein neuer Vorgang begonnen oder abgeschlossen wird, trägt ein damit beauftragter Mitarbeiter dies mit Hilfe der EDIT-Anweisung von REDABAS in das Feld ANFANG oder ENDE des entsprechenden Vorgangs ein. In Woche 17 entsteht dann mit dem Kommando LIST dieser Ausdruck der REDABAS-Datei PROJEKT.DBD:

```
00001   ENTW    3    1    4    1    4
00002   KON1   10    4   14    4   15
00003   BAU1    8   14   22   15    0
00004   KON2    4    4   13    5   10
00005   BAU2    9    8   22   11    0
00006   KOMP    5   22   27    0    0
00007   TEST    3   27   30    0    0
00008   BAU3    3   30   33    0    0
00009   UEBG    1   33   34    0    0
```

Die weitere Verarbeitung einer Datei vom Typ DBD durch eigene Programme ist recht kompliziert. REDABAS enthält daher die Möglichkeit, eine Kopie einer Datei vom Typ DBD im reinen ASCII-Format zu erstellen. Dies geschieht mit dem Kommando

COPY TO PROJEKT SDF

Die so erstellte Datei heißt PROJEKT.TXT. Sie läßt sich mit dem Kommando TYPE ausdrucken. Jeder Satz wird mit den Zeichen "CR" und "LF" abgeschlossen.

Aus dieser Datei muß das zu erstellende PASCAL-Programm nun den geforderten Wochenbericht erstellen. Die beiden Ausdrucke auf S. 130 wurden mit dem anschließend wiedergegebenen PASCAL-Programm SIV hergestellt.

```
Program SIV;
  Var ZEILE: Array [1..40] of Char; VORGANG: String [4];
      ZDAUER, ZFAZ, ZSEZ, ZAZ, ZEZ: String [2];
      RUECKKEHRCODE, I: Integer;
      WOCHE, DAUER, FAZ, SEZ, AZ, EZ, WE: Integer;
      PROJEKTDATEI: Text;
  Const ESC: Char = ^[; LEER = ' '; PLAN = '-'; IST = '=';
        PLUS = '+'; JETZT = '|'; X14: Char = ^N;
  Begin
      ClrScr;
      Writeln ('Ausgabe des Soll/Ist-Vergleichs');
      Write ('Woche: '); Read (WOCHE);
      Writeln (Lst, ESC, X14,
               '         Soll/Ist-Vergleich Woche ', WOCHE);
      Writeln (Lst);
      Writeln (Lst, '                              Woche');
      Write (Lst, '                                             ');
      Writeln (Lst,
               '1111111111222222222233333333334       Dauer');
      Write (Lst, '                      Vorgang    ');
      Writeln (Lst, '1234567890123456789012345678890',
               '1234567890    S / I');
      Write (Lst, '                     ');
      Write (Lst, '--------    -------------------------',
               '--------------------');
      Writeln (Lst, '         -----');
      Assign (PROJEKTDATEI, 'B:PROJEKT.TXT');
      Reset (PROJEKTDATEI);
      While not eof (PROJEKTDATEI) do begin
          Readln (PROJEKTDATEI, VORGANG, ZDAUER, ZFAZ, ZSEZ,
                  ZAZ, ZEZ);
          If ZDAUER [1] = LEER then ZDAUER [1] := '0';
          Val (ZDAUER, DAUER, RUECKKEHRCODE);
          If ZFAZ [1] = LEER then ZFAZ [1] := '0';
          Val (ZFAZ, FAZ, RUECKKEHRCODE);
          If ZSEZ [1] = LEER then ZSEZ [1] := '0';
          Val (ZSEZ, SEZ, RUECKKEHRCODE);
          If ZAZ [1] = LEER then ZAZ [1] := '0';
          Val (ZAZ, AZ, RUECKKEHRCODE);
          If ZEZ [1] = LEER then ZEZ [1] := '0';
          Val (ZEZ, EZ, RUECKKEHRCODE);
          Write (Lst, '             ',VORGANG,'         ');
          For I:= 1 to 40 do ZEILE [I] := LEER;
          ZEILE [WOCHE] := JETZT;
          For I:= FAZ to SEZ - 1 do ZEILE [I] := PLAN;
          If AZ <> 0 then begin
             If EZ < WOCHE then WE := EZ -1;
             If ((EZ = 0) or (EZ = WOCHE)) then WE := WOCHE;
             For I:=AZ to WE do ZEILE [I] := IST;
             If EZ <> 0 then WE := EZ;
             If WE > SEZ then
                  for I:=SEZ+1 to WE do ZEILE [I] := PLUS;
          End;
```

```pascal
              For I:=1 to 40 do write (Lst, ZEILE [I]);
              Write (Lst, '      ', DAUER:2);
              If EZ <> 0 then write (Lst, '  ',EZ-AZ:2);
              Writeln (Lst);
       End;
       close (PROJEKTDATEI);
End.
```

Sie können dieses Quellprogramm sowohl mit dem PASCAL-886-internen Editor als auch mit einem Textprogramm (Arbeitsweise: Bearbeiten Programmdatei) eingeben. Wenn Sie die zweite Verfahrensweise wählen, sollten Sie der Quelltextdatei den Typ PAS geben.
Anschließend genügt es, innerhalb von PASCAL-886 die Quelltextdatei mit dem Kommando A zu laden, mit dem Kommando C so oft zu übersetzen, bis alle Fehler, die bei der Eingabe des Programms entstanden, beseitigt sind, und schließlich mit dem Kommando T auszuführen.
Dabei entstehen für die Wochen 17 und 23 diese Ausdrucke:

```
Soll/Ist-Vergleich Woche 17

        Woche
                1111111111222222222233333333334      Dauer
Vorgang         1234567890123456789012345678901234567890       S / I
----------------------------------------------------------------
ENTW            ===                      !                      3    3
KON1               ============+         !                     10   11
BAU1                             ========                       8
KON2                         =======---                         4    6
BAU2                              ---=============              9
KOMP                                     !   =====              5
TEST                                     !        ----          3
BAU3                                     !        -----         3
UEBG                                     !         --           1


Soll/Ist-Vergleich Woche 23

        Woche
                1111111111222222222233333333334      Dauer
Vorgang         1234567890123456789012345678901234567890       S / I
----------------------------------------------------------------
ENTW            ===                      !                      3    3
KON1               ============+         !                     10   11
BAU1                            -=========+                     8
KON2                         =======---        !                4    6
BAU2                              ---=============+             9
KOMP                                     -----                  5
TEST                                     !    ----              3
BAU3                                     !       -----          3
UEBG                                     !       --             1
```

Abbildung 10
Soll-Ist-Vergleiche für Arbeitswochen 17 und 23

6.3. Die Arbeit mit konventionellen Compilern

Auf den Arbeitsplatzcomputern A 7100 und A 7150 stehen Ihnen konventionelle Compiler unter anderem für FORTRAN, C, COBOL und Modula-2 zur Verfügung.
Die folgenden Abschnitte können natürlich kein Lehrbuch einer der genannten Programmiersprachen ersetzen. Sie sollen hier nur so viel über diese Programmiersprachen erfahren, um selbst zu entscheiden, welche der genannten Compiler Sie für die Lösung Ihrer Aufgaben einsetzen.
Vorab einige allgemeine Vorschläge, die die Erfahrungen der Autoren wiedergeben, die aber natürlich auch subjektive Komponenten enthalten:

Programmieren Sie schwierige Aufgaben in der Programmiersprache, die Sie am besten beherrschen. Sie können nahezu jede Aufgabe in jeder der genannten Programmiersprachen gut programmieren, wenn Sie diese beherrschen.

Für Aufgaben aus Verwaltung und Ökonomie können Sie COBOL erfolgreich einsetzen.

Für Aufgaben aus Naturwissenschaft und Technik ist FORTRAN besonders geeignet.

Systemprogramme lassen sich in C, aber auch in Modula-2 programmieren.

Weil die Programmiersprachen FORTRAN, C, COBOL und Modula-2 in erster Linie der "professionellen" Programmierung dienen, gibt es keine überzeugenden Beispiele für die Anwendung dieser Sprachen, die in den Rahmen dieses Buches passen, die also maximal auf einer Druckseite Platz finden.
"Professionelle" Programme sind immer viel umfangreicher. Die Beispiele in den Abschnitten 6.4. bis 6.7. sind daher Kompromisse. Mit ihnen wird das Ziel verfolgt, in aller Kürze charakteristische Merkmale dieser Programmiersprachen so zu demonstrieren, daß Ihnen geholfen wird, sich für die Nutzung einer oder einiger dieser Programmiersprachen zu entscheiden. Aber auch, wenn Sie nur eine erste Vorstellung von den Ähnlichkeiten und Unterschieden dieser Sprachen gewinnen, ist schon viel erreicht.
Um ein Bild zu gebrauchen: Aus der Ferne betrachtet sind es sechs Gipfel eines Gebirges, die recht ähnlich sind. Nähern Sie sich dem Gebirge, können Sie mehr und mehr Unterschiede zwischen den Gipfeln ausmachen. Wenn Sie schließlich einen oder mehrere dieser Gipfel bezwungen haben, wollen Sie gar nicht mehr glauben, daß die Gipfel Ihnen einmal ähnlich erschienen.

Um mit den genannten Programmiersprachen zu arbeiten, benötigen Sie alle oder die meisten der folgenden Programme:
- Compiler (gelegentlich mehrere Programme)
- Assembler
- Programmverbinder, Bibliothekar.

Assembler, Programmverbinder und Bibliothekar sind Bestandteil des "Programmpakets für modulare Programmierung" oder werden zusammen mit dem Betriebssystem ausgeliefert. Sie werden in der Regel nicht zusammen mit den Compilern vertrieben.
Diese Programme erfüllen folgende Aufgaben:

a) Compiler übersetzen das Programm, das Sie als Programmdatei in einer höheren Programmiersprache erstellt haben, entweder in die Assemblersprache oder direkt in "Objektcode". Sie erzeugen als Ergebnis eine Datei vom Typ A86 oder OBJ. Der Objektcode ist eine Zwischenstufe auf dem Weg zum ausführbaren Programm, die vom Programmverbinder benötigt wird. Die meisten Compiler bestehen aus mehreren einzelnen Programmen, den sogenannten Pässen oder Phasen, die nacheinander abgearbeitet werden müssen.

b) Wenn der Compiler ein Assemblerprogramm erzeugt, muß es vom Assembler in Objektcode übersetzt werden. Einer der Assembler für SCP 1700 wird als Datei RASM86 bereitgestellt. Der Assembler für DCP heißt MASM.

c) Wenn Sie große Programme entwickeln, lohnt es sich, die häufig benötigten Unterprogramme, die Sie selbst in einer höheren Programmiersprache oder in der Assemblersprache programmiert haben, im Objektcode in eigenen Bibliotheken zusammenzufassen. Dazu benötigen Sie ein Programm, das Bibliothekar genannt wird. Der Bibliothekar für SCP 1700 wird als Datei LIB86.CMD bereitgestellt. Der Bibliothekar für DCP heißt LIB. Der Programmverbinder erstellt aus Programmen im Objektcode und aus ihm bekannten Bibliotheken das ausführbare Programm. Der Programmverbinder für SCP 1700 wird als Datei LINK86 bereitgestellt. Der Programmverbinder für DCP heißt LINK.

Die folgende Abbildung 11 soll Ihnen das Zusammenwirken der erwähnten Programme verdeutlichen.

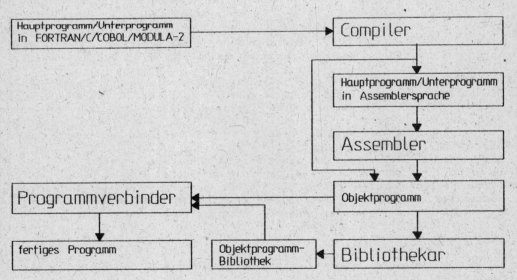

Abbildung 11
Zusammenwirken von Compiler, Assembler, Bibliothekar und Programmverbinder

Um aus dem Quellprogramm das ausführbare Programm zu erzeugen, müssen Sie stets eine größere Zahl einzelner Kommandos, oft mit vielen Parametern versehen, geben. Da es immer dieselben Kommandos sind und es aufwendig und auch fehleranfällig ist, wenn Sie diese Kommandos wieder und wieder eingeben, sollten Sie Stapeldateien bilden, die all diese Kommandos enthalten. Sie wissen sicher noch: Unter SCP hat eine Stapeldatei den Typ SUB, und sie wird mit dem Kommando SUBMIT aktiviert. Unter DCP hat sie den Typ BAT, und Sie aktivieren sie, indem Sie einfach den Dateinamen der Stapeldatei als Kommando geben.

In den Abschnitten 6.4. und 6.5. sind Beispiele für Stapeldateien angegeben, mit denen Sie arbeiten können. Natürlich werden Sie sich mit zunehmender Erfahrung bald eigene Stapeldateien schaffen, die auf Ihre Entwicklungsbedingungen zugeschnitten sind.

6.4. Compiler für FORTRAN 77

FORTRAN ist eine Programmiersprache, die seit langem populär ist. In den letzten Jahren hat ihre Bedeutung weiter zugenommen, weil in ihr Programme zur Herstellung von Computer-Grafik (wegen ihres hohen Anteils an mathematischen Berechnungen) leichter als in anderen Programmiersprachen formuliert werden können. Eine der wichtigsten Anwendungen der Computer-Grafik ist der computergestützte Entwurf (Computer Aided Design), Ihnen sicher unter der Abkürzung CAD bekannt.

Der vom VEB Robotron-Projekt Dresden entwickelte Compiler FOR77 realisiert den vollen Sprachumfang nach TGL 44500 ("FORTRAN 77") mit einigen Erweiterungen und Besonderheiten, die durch die Implementation bedingt sind. Die wichtigsten Besonderheiten sind:

- FOR77 arbeitet mit dem ASCII-Code (entspricht KOI-7).
- Felder dürfen nicht größer als 32767 Byte sein.
- Die Liste der Anweisungsnummern einer GOTO-Anweisung darf nicht mehr als 50 Anweisungsnummern enthalten.
- Die maximale Schachtelungstiefe von DO-Anweisungen beträgt 25.
- Alle COMMON-Anweisungen dürfen zusammen nicht mehr als 32767 Byte (DCP: 65535 Byte) belegen.
- Das Data-Segment kann nicht größer als 65535 Byte sein.
- Das Code-Segment einer Programmeinheit (Hauptprogramm, SUBROUTINE- oder FUNCTION-Unterprogramm) kann nicht größer als 65535 Byte sein.
- In einer Programmeinheit dürfen bis zu 99 Anweisungsfunktionen definiert werden.
- Die Ausführung einer PAUSE-Anweisung bewirkt die Ausgabe der Nachricht

PROGRAM PAUSE text

Die Ausführung des Programms wird erst fortgesetzt, wenn Sie die Taste <--' betätigt haben. Wenn Sie das Tastaturkommando ^C geben oder die Taste S betätigen, wird das Programm beendet, und alle Dateien werden abgeschlossen.
- Die Ausführung einer STOP-Anweisung bewirkt, daß erst die Nachricht

PROGRAM STOP text

ausgegeben und dann die Abarbeitung des Programms beendet wird.

- In FORTRAN muß jeder Datei, die bearbeitet wird, eine logische Einheit zugeordnet werden. Diese logische Einheit ist eine Zahl, die zur Identifikation der Datei dient, der sie zugeordnet wurde. Unter SCP 1700 stehen die logischen Einheiten 1 bis 16 zur Verfügung. Unter DCP können standardmäßig bis zu 16 logische Einheiten (maximal dreistellige Zahlen) genutzt werden. Unter beiden Betriebssystemen ist standardmäßig die logische Einheit 5 der Tastatur und die logische Einheit 6 dem Bildschirm (gegebenenfalls nach dem Tastaturkommando ^P auch dem Drucker) zugeordnet.
- Die Länge von Variablen des Typs CHARACTER ist auf maximal 32676 Byte begrenzt.

Außerdem werden die Datentypen INTEGER*2, INTEGER*4, LOGICAL*1, LOGICAL*2, LOGICAL*4, REAL*4 und REAL*8 unterstützt, damit der Compiler kompatibel zu älteren FORTRAN-Versionen ist.

Der FORTRAN 77-Compiler nimmt auf den Disketten, die vom VEB Robotron-Projekt Dresden ausgeliefert werden, sehr viel Platz ein und befindet sich nicht auf der eigentlichen Systemdiskette. Sie können das ausgelieferte System dennoch unverändert verwenden, wenn Sie über ein Beistellgefäß mit zwei weiteren Diskettenlaufwerken vom Typ K 5601 (624 KByte) verfügen. Falls Sie an einem Arbeitsplatzcomputer A 7150 mit Festplatte tätig sind, sollten Sie alle zugehörigen Dateien auf die Festplatte kopieren und mit dieser als aktuellem Laufwerk arbeiten.
Unter dem Betriebssystem DCP sollten Sie FORTRAN ohnehin nur unter Nutzung des Festplattenlaufwerks einsetzen.
Sind Sie auf die beiden Laufwerke MFS 1.6 im Grundgefäß angewiesen, müssen Sie für eine effektive Arbeitsweise die Dateien anders als der Hersteller anordnen und auf einige nicht erforderliche Dateien verzichten, so daß alle benötigten Programme und Bibliotheken auf zwei Disketten untergebracht werden können.
Unter dem Betriebssystem SCP 1700 (Version 1.2 des Compilers) hat sich diese Aufteilung als Minimallösung bewährt:

Diskette in Laufwerk A			Diskette in Laufwerk B		
Datei		Größe	Datei		Größe
W1PASS	.CMD	52	EANULL	.L86	2
W2PASS	.CMD	56	EWM87	.OBJ	22
CYPASS	.00i (i=1,3)	64	F7787N	.L86	2
CYPASS	.CMD	12	F77ART	.L86	42
EWM87	.L86	2	F77E87	.L86	2
FEPASS	.CMD	20	F77EAS	.L86	52
FIPASS	.CMD	16	F77INFO	.TXT	22
FOR77	.CMD	50	F77INI	.L86	20
FOR77	.INI	14	F77OVL	.L86	6
GXPASS	.CMD	16	F77P87	.L86	2
R1PASS	.001	30	F77RUN	.MSG	10
R1PASS	.002	24	F77SERV	.L86	6
R1PASS	.CMD	8			
S1PASS	.CMD	56			
S2PASS	.00i (i=1,7)	70			
S2PASS	.CMD	44			

Die Arbeit mit Version 1.2 des Compilers läßt sich wesentlich beschleunigen, wenn man die RAM-Disk effektiv einsetzt. Von den Autoren wurden mit nachstehend beschriebener Arbeitsweise gute Erfahrungen gemacht:
- Das zu übersetzende Quellprogramm befindet sich auf der RAM-Disk.
- Zu Beginn einer Testsitzung werden folgende Dateien auf die RAM-Disk kopiert:
  . die Bibliotheken EWM87.OBJ, EWM87.L86, F77ART.L86, F77EAS.L86 und F77INI.L86
  . der Assembler RASM86.CMD
  . der Programmverbinder LINK86.CMD
  . das Programm zur Abarbeitung von SCP-Kommando-Dateien SUBMIT.CMD
  . eine Kommando-Datei zur Erleichterung der Arbeit mit dem Programmverbinder L.SUB.

Ab Version 2.0 arbeitet der Compiler etwas anders. Dementsprechend erfolgt die Übersetzung auch in etwas anderen Phasen. Zum Beispiel wird sofort ein Objektprogramm erzeugt. Damit entfällt die Notwendigkeit der Assemblierung. Außerdem können Sie mehrere Programmeinheiten auf einmal übersetzen lassen. Auch ohne RAM-Disk und Festplatte läßt sich mit den neueren Versionen unter SCP 1700 effektiv arbeiten. Die Autoren schlagen diese Aufteilung vor (Version 2.1):

Diskette in Laufwerk A		Diskette in Laufwerk B		
Datei		Bibliothek		sonstige Datei
CCPASS	.CMD	EWM87	.L86	EWM87 .OBJ
CCPASS	.00i (i=1, 3)	F77BAS	.L86	LINK86 .CMD
CCPASS	.SYM	F77E87	.L86	SUBMIT .CMD
CYPASS	.00i (i=1, 3)	F77EAN	.L86	L .SUB
CYPASS	.CMD	F77EAR	.L86	
FEPASS	.CMD	F77EAS	.L86	
FIPASS	.CMD	F77N87	.L86	
FOR77	.CMD	F77OVL	.L86	
GXPASS	.CMD	F77P87	.L86	
R1PASS	.00i (i=1, 2)	F77SERV	.L86	
R1PASS	.CMD			
R1PASS	.SYM			
SYPASS	.CMD			
SYPASS	.00i (i=1, ..., B, 11)			
W1PASS	.CMD			
W2PASS	.CMD			

Bei dieser Aufteilung verbleibt auf der Diskette im Laufwerk B noch genügend Platz für ein Textprogramm zum Editieren der Quellprogramme. Auch die Quellprogramme selbst, die Zwischenergebnisse und die entstehenden ausführbaren Programme finden auf dieser Diskette meistens ausreichend Platz.

Zuerst betrachten wir die Arbeit unter SCP 1700. Dann befassen wir uns mit den Abweichungen unter DCP. Nehmen wir an, Sie haben das folgende FORTRAN-Programm mit Hilfe eines Textprogramms als Datei FLAECHE.F77 erstellt:

```
      PROGRAM ISOGRA
C     Isolinien-Darstellung einer Funktion
C     z = f (x, y) = ax**2 + by**2 + cx + dy
C     mit Semigrafik-Symbolen im Wertebereich
C     (-5.08, -5.147) bis (5.08, 5.147)
C
      REAL S (4)
      CHARACTER ZEILE (-3:47)
      INTEGER WERT (0:12), STUFE
      Z (A, B, C, D, V, W) = A*V*V + B*W*W + C*V + D*W
      DATA XLO, YRO / -5.08, 5.147 /
      DATA ZEILE (-2), ZEILE (-1), ZEILE (44), ZEILE (45)
     * /     't',           '1',         't',         '0'      /
C     ASCII-Code-Werte für die einzelnen Semigrafik-Symbole
C     (geordnet in aufsteigender "Iso"-Reihenfolge)
      DATA WERT
     * / 32,250,249,45,61,42,240,35,176,177,178,219,220 /
C     Schrittweite in X- und Y-Richtung (cm)
      DATA DELTAX, DELTAY / 0.254, 0.423333 /
C
C     Eingabe der Koeffizienten S (I)
 1000 CONTINUE
      WRITE (6,100)
 100  FORMAT (' Eingabe von 4 Koeffizienten')
      DO 1005 I=1,4
            WRITE (6,101) I
 101        FORMAT (1X,I1,'ter Koeffizient (^C: ENDE)')
            READ *, S (I)
 1005 CONTINUE
C
C     Zunächst wird der minimale und maximale Funktionswert
C     innerhalb des vorgegebenen Rasters bestimmt, um später
C     die Abstufungen berechnen zu können.
      ZMIN = 0.0
      ZMAX = 0.0
      Y = YRO + DELTAY
      DO 1010 I=1,26
            Y = Y - DELTAY
            X = XLO - DELTAX
            DO 1010 J=1,41
                  X = X + DELTAX
                  ZET = Z (S(1),S(2),S(3),S(4), X,Y)
                  IF (ZET .LT. ZMIN) ZMIN = ZET
                  IF (ZET .GT. ZMAX) ZMAX = ZET
 1010 CONTINUE
      DELTAS = (ZMAX - ZMIN) / 13.0
C     Nun kann das Isogramm Zeile für Zeile berechnet und
C     ausgedruckt werden. Vor Ausgabe jeder Zeile wird der
C     Semigrafik-Druck ein-, danach wieder ausgeschaltet.
      ZEILE (-3) = CHAR (27)
      ZEILE (43) = CHAR (27)
      ZEILE (46) = CHAR (10)
      ZEILE (47) = CHAR (13)
      Y = YRO + DELTAY
```

```
              DO 2100 I=0,27
                    IF (I .EQ. 0) THEN
                          ZEILE ( 0) = CHAR (218)
                          ZEILE (42) = CHAR (191)
                    ELSE IF (I. EQ. 27) THEN
                          ZEILE ( 0) = CHAR (192)
                          ZEILE (42) = CHAR (217)
                    ENDIF
                    IF (I .EQ. 0 .OR. I .EQ. 27) THEN
                          DO 2010 J=1,41
                                ZEILE (J) = CHAR (196)
2010                    CONTINUE
                    ELSE
                          Y = Y - DELTAY
                          X = XLO - DELTAX
                          DO 2050 J=1,41
                                X = X + DELTAX
                                ZET=Z(S(1),S(2),S(3),S(4), X,Y)
                                STUFE = INT ((ZET - ZMIN) / DELTAS)
                                IF (STUFE .LT. 0) STUFE = 0
                                IF (STUFE .GT. 12) STUFE = 12
                                ZEILE (J) = CHAR (WERT (STUFE))
2050                    CONTINUE
                          ZEILE ( 0) = CHAR (179)
                          ZEILE (42) = CHAR (179)
                    ENDIF
                    WRITE (2) ZEILE
2100        CONTINUE
            GOTO 1000
            END
```

Zunächst zur Arbeit mit Version 1.2. Sie sollten das Quellprogramm auf die RAM-Disk kopieren. Um aus ihm das ausführbare Programm FLAECHE.CMD herzustellen, müssen die Quellprogramme zuerst vom Compiler in Assembler-Programme übersetzt werden. Dazu geben Sie dieses Kommando:

FOR77 E:FLAECHE

Im Zuge der Übersetzung erzeugt der Compiler eine Vielzahl von Ausschriften, die unter anderem anzeigen, welche Phase des Compilers gerade ausgeführt wird.
Wenn die Übersetzung abgeschlossen ist, erzeugt der Compiler die Nachricht

FOR77 complete

Das entstandene Assemblerprogramm wird als Datei FLAECHE.A86 abgespeichert und durch den Assembler RASM86.CMD in ein Objektprogramm übersetzt:

RASM86 FLAECHE
...
END OF ASSEMBLY. NUMBER OF ERRORS: 0. USE FACTOR: pp%

Der Assembler hat zusätzlich zur Objektprogramm-Datei FLAECHE.OBJ noch weitere Dateien der Typen SYM und LST erzeugt, die auf der RAM-Disk zu viel Platz einnehmen und die wir wieder löschen:

ERA *.LST
ERA *.SYM

Arbeiten Sie mit Version 2.0 oder einer noch jüngeren Version, können Sie auf die RAM-Disk verzichten. Wenn Sie das Kommando

FOR77 B:FLAECHE

geben, erzeugen diese Versionen sofort ein Objektprogramm. Der Assembler wird also nicht mehr benötigt.
Schließlich muß der Programmverbinder aus dem Objektprogramm das ausführbare Programm FLAECHE.CMD erzeugen. Er durchsucht dazu die angegebenen Bibliotheken nach noch fehlenden Programmbestandteilen (in der Kommandozeile durch [S] hinter dem Namen der Bibliothek angezeigt) und fügt die weiteren angegebenen Objektprogramme hinzu.
Wenn Sie mit Version 1.2 und RAM-Disk arbeiten, paßt das entstehende ausführbare Programm nicht mehr auf die RAM-Disk. Es muß daher auf die Diskette in Laufwerk B abgelegt werden:

LINK86 B:FLAECHE=FLAECHE,DRUZEI,F77INI.L86[S],
       F77ART.L86[S],F77EAS.L86[S],EWM87.L86[S],EWM87.OBJ

Wenn Sie mit Version 2.0 oder einer noch jüngeren Version arbeiten, heißen die Bibliotheken anders, und LINK86 kann zum Beispiel so aufgerufen werden:

LINK86 FLAECHE,F77BAS.L86[S],F77EAS.L86[S],
       EWM87.L86[S],EWM87.OBJ

Diese Eingaben sind, vor allem weil Sie sie oft wiederholen müssen, recht umständlich. Daher bietet es sich an, entsprechende SUBMIT-Dateien anzulegen, zum Beispiel auf folgende Weise:

LINK86 B:$1=$1,F77INI.L86[S],F77ART.L86[S],F77EAS.L86[S],
       EWM87.L86[S],EWM87.OBJ

LINK86 $1,F77BAS.L86[S],F77EAS.L86[S],EWM87.L86[S],EWM87.OBJ

Wenn die SUBMIT-Datei L.SUB heißt, kann der Programmverbinder über das SUBMIT-Programm aufgerufen werden:

SUBMIT L B:FLAECHE=FLAECHE

Wenn der Programmverbinder fertig ist, teilt er Ihnen noch den Umfang des erzeugten Programms mit. Dann können Sie das Programm aufrufen:

FLAECHE (UNIT002=LST:)

Beim Aufruf wird die logische Einheit 2, auf die die Ausgabe erfolgt, dem Drucker zugeordnet.

Das Programm führt mit Ihnen einen kurzen Dialog, in dem Sie die Parameter der Fläche angeben, die grafisch dargestellt werden soll. Die folgenden Zeilen könnten ein Ausschnitt aus einem solchen Dialog sein:

```
Eingabe von 4 Koeffizienten
1ter Koeffizient (^C: ENDE)
: 1.0
2ter Koeffizeint (^C: ENDE)
: -3.0
3ter Koeffizient (^C: ENDE)
: -3.0
4ter Koeffizeint (^C: ENDE)
: 1.0
```

Nun beginnt der Computer zu rechnen. Wenn er fertig ist, druckt er dieses Bild aus:

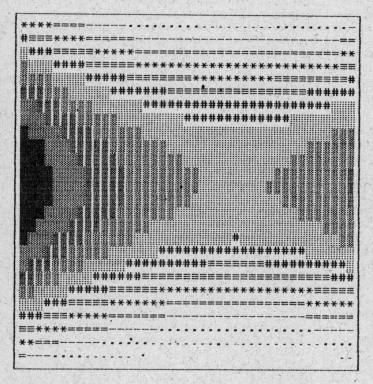

Abbildung 12
Darstellung einer Fläche durch Semigrafik-Symbole

Schließlich einige Worte zur Arbeit mit FORTRAN unter DCP. Wir setzen voraus, daß Sie das FORTRAN-Laufzeitsystem unter Nutzung der vom Hersteller gelieferten Stapeldatei F77RUN.BAT ordnungsgemäß auf der Festplatte installiert haben. Die beiden Kommandos

FOR77 FLAECHE
LINK FLAECHE;

reichen nun aus, um das ausführbare Programm FLAECHE herzustellen. Wie unter SCP 1700 können Sie es anschließend unter seinem Namen aufrufen.
Der Programmverbinder durchsucht automatisch die FORTRAN-Laufzeitbibliothek F77LIB.LIB nach allen in Ihrem Programm aufgerufenen Unterprogrammen. Wenn Sie sich eigene Programmbibliotheken angelegt haben, müssen Sie diese natürlich dem Programmverbinder mitteilen. Dies können Sie zum Beispiel, indem Sie das Kommando LINK ohne abschließendes Semikolon geben. Dann werden Sie vom Programmverbinder nach verschiedenen Dateinamen gefragt. Sie können alle diese Fragen bis auf die letzte Frage, die Frage nach weiteren Bibliotheken, durch Betätigen der Taste <--' beantworten. Der Programmverbinder trifft dann Standardannahmen. Als Antwort auf die Frage nach weiteren Bibliotheken geben Sie die Liste der Dateinamen (durch das Pluszeichen getrennt) an.
Natürlich können Sie auch mehrere Programmeinheiten getrennt übersetzen und später zu einem Programm verbinden. Dann führen zum Beispiel diese Kommandos zum Ziel:

FOR77 PROG1
FOR77 PROG2
LINK PROG1+PROG2;

6.5. Compiler für die Programmiersprache C

Die Programmiersprache C entstand Anfang der 70er Jahre als Systemprogrammiersprache für UNIX. Sie gewann schnell eine weite Verbreitung und wurde zunehmend auch unter anderen Betriebssystemen implementiert. Obwohl mit /3/ ein allgemein anerkanntes Bezugsmaterial existiert, wurden doch die Unterschiede der verschiedenen C-Versionen größer. Um dem entgegenzuwirken, wird seit 1983 an einem ANSI-Standard für C gearbeitet, dessen Verabschiedung für 1988 erwartet wird.
C ist eine Programmiersprache "mittleren" Niveaus. Mit diesem Begriff soll C nicht abgewertet werden. Er soll nur verdeutlichen, daß C in gewisser Weise zwischen der Assemblersprache und höheren Programmiersprachen angeordnet werden kann, wenn man die Möglichkeiten berücksichtigt, die in C enthalten sind.
C erlaubt zum Beispiel wie die Assemblersprache die unmittelbare Bearbeitung von Bit und Byte sowie der Register des Prozessors. Für verschiedene Assembleranweisungen gibt es unmittelbare Entsprechungen. Andererseits verfügt C über Anweisungen, mit denen umfangreiche Abläufe in kurzer Form aufgeschrieben werden können.
Viele meinen, daß C-Compiler im allgemeinen besonders schnell sind und besonders schnelle und kurze Objektprogramme herstellen. Genau wie bei den meisten anderen Programmiersprachen hängt die Qualität der Compiler aber weniger von der Programmiersprache ab, sondern in entscheidendem Maße vom über lange Jahre betriebenen Entwicklungsaufwand.

Besonders geeignet ist C zur Entwicklung von Programmen, in denen die Arbeit mit Zeichenketten einen breiten Raum einnimmt. Hierfür stellt C spezielle Mittel bereit, insbesondere ein umfassendes Konzept zur Verwendung von Zeigern. Weil auch große Teile von Betriebssystemen mit Hilfe dieses Konzeptes günstig programmiert werden können, hat sich C bei der Programmierung von Betriebssystemen und Systemsoftware durchgesetzt. Andererseits fehlt in C eine besondere Unterstützung für die Programmierung der Zusammenarbeit parallel ablaufender Prozesse. Von vielen Programmierern wird auch gewünscht, daß C mehr Sprachelemente erhält, die moderne Programmier-Technologien unterstützen. Daher ist gegenwärtig eine Erweiterung von C (zum Beispiel zur Sprache C++) in der Diskussion.

Vom VEB Kombinat Robotron werden für die beiden Betriebssysteme SCP 1700 und DCP zwei recht verschiedene C-Compiler bereitgestellt. Dies hat historische Ursachen.

6.5.1. C unter SCP 1700

Der vom VEB Robotron-Projekt Dresden entwickelte C-Compiler für das Betriebssystem SCP 1700 ist eine Weiterentwicklung des C-Compilers für MUTOS 1700. Die Entwickler haben sich das Ziel gestellt, einen C-Compiler bereitzustellen, der den verbreiteten C-Implementationen unter MUTOS sehr ähnlich ist. Daher bietet Ihnen dieser C-Compiler die Nutzung einer Vielzahl von Funktionen an, die unter MUTOS und verwandten Systemen zur Verfügung stehen.

Der Compiler erzeugt ein Assemblerprogramm. In den bis 1988 ausgelieferten Versionen muß dieses Programm mit dem Assembler RASM86 übersetzt werden, für spätere Versionen ist ein anderer Assembler (AS, dem Assembler as des MUTOS 1700 ähnlich) vorgesehen. Die Objektprogramme sind entsprechend dem Speichermodell 'SMALL' aufgebaut, das heißt, Codesegment und Datensegment sind voneinander unabhängig und können beide bis zu 64 KByte umfassen. Zum Lieferumfang gehören (abhängig vom Auslieferungsstand) diese Dateien:

Programm	Funktion
CC.CMD	Steuerprogramm
CPP.CMD	Präprozessor
C0.CMD, C1.CMD, C2.CMD, C3.CMD	Compiler
AS.CMD	Assembler (noch nicht 1988)

Bibliothek	Funktion
LIBC.L86	Laufzeitbibliothek
LIBM.L86	Mathematische Funktionen

Include-Datei	Funktion
STDIO.H	Definitionen für Ein- und Ausgabe
CTYPE.H	Klassifikation der ASCII-Zeichen und zugehörige Funktionen
ERRNO.H	Definitionen für die Funktion perror
SETJMP.H	Datenstrukturen für setjmp, longjmp
MATH.H	Deklaration der mathematischen Funktionen

Die Datei READ.ME enthält aktuelle Zusatzinformationen, die Datei STAND.*
einen Vermerk über den Auslieferungsstand.

Folgende Mittel von C sind nicht implementiert:
- Aufzählungstyp (enum); long unsigned;
- Strukturzuweisung
- Strukturen als Funktionswerte, -argumente
Nur die ersten 7 Zeichen von Bezeichnern sind signifikant.

Für spätere Versionen des Compilers ist die interne Nutzung des Kommandos
SUBMIT vorgesehen. Die Datei SUBMIT.CMD wird dann auf dem aktuellen
Laufwerk erwartet.
Für die direkte Ausführung von BDOS-Rufen steht die Funktion __BDOS zur
Verfügung. Ihr Aufruf erfolgt nach diesem Muster:

```
rc = __BDOS(nr,p1)
rc = __BDOSX(nr,p1,p2)
```

Dazu müssen Sie diese Vereinbarungen getroffen haben:

```
char rc; int nr;
```

Die Typvereinbarungen der Parameter p1 und p2 hängen von der Nummer des
BDOS-Rufs nr ab. Nicht benötigte Parameter werden ignoriert.

Denjenigen unter Ihnen, die mit der Version des C-Compilers "10/87"
arbeiten, schlagen die Autoren die folgende SUBMIT-Datei zur Lösung
kleinerer Aufgaben vor:

```
CPP $1.C t1
C0 T1 T2 T3
ERA T1
C1 T2 T3 T4
ERA T2
ERA T3
C3 T4 T4.A86
RASM86 T4 $$ NC PZ SZ
ERA T4
ERA T4.A86
LINK86 $1=T4.OBJ,CL.L86[S]
ERA T4.OBJ
$1
```

Mit ihr wurde zum Beispiel dieses allen C-Programmierern bekannte Programm
HELLO.C übersetzt, verbunden und ausgeführt:

```
#include <stdio.h>
main ()
{ printf ("hello, world\n");
}
```

Die Version, die in der Datei STAND.* diesen Vermerk

C SCP D 1(1) 25.04.88

trägt, enthält gegenüber der Version von 10/87 viele Verbesserungen. Wenn Sie vorhaben, viele Programme in C zu programmieren, sollten Sie sich um diese oder nachfolgende Versionen bemühen. Es ist zweckmäßig, bei der Arbeit die RAM-Disk einzusetzen, entweder für die Übersetzung oder das Assemblieren und Verbinden. Die Autoren bevorzugen die zuletztgenannte Arbeitsweise.
Die Vorbereitung der Arbeit mit der RAM-Disk erleichtert die folgende SUBMIT-Datei:

```
PIP E:=INCLFORC.A86
PIP E:=RASM86.CMD
PIP E:=LINK86.CMD
PIP E:=LIBC.L86
PIP E:=LIBM.L86
```

Die nächste SUBMIT-Datei kann Ihnen als Anregung für den Aufbau einer eigenen SUBMIT-Datei zum Test von C-Programmen dienen:

```
CPP  $1.C   E:T1
CO   E:T1  E:T2  E:T3
ERA  E:T1
C1   E:T2  E:T3  E:T4  -\S0
ERA  E:T2
ERA  E:T3
C2   E:T4  E:T5
ERA  E:T4
C3   E:T5  E:T5.A86
E:RASM86 E:T5 $$ NC PZ SZ
ERA  E:T5
ERA  E:T5.A86
E:LINK86 $1=E:T5.OBJ,LIBC.L86[S],LIBM.L86[S]
ERA  E:T5.OBJ
$1
```

Mit ihr wurde zum Beispiel das folgende C-Programm übersetzt, verbunden und getestet:

```
/* Zaehlen der Haeufigkeit von Symbolen in einer Datei, dabei
   zugleich Kopieren der Datei, Umwandeln aller Zeichen in
   ASCII-Zeichen */
#include <stdio.h>
/* Unterprogramm "Ausgabe von Fehlernachrichten" */
fehler (text,p1)
char *text, *p1;
{printf ("\nCNTSYM %s %s.\n", text,p1); exit (1);}
```

```
/* Hauptprogramm */
main ()
{ char edatei [15], adatei [15], rdatei [15], symbol, s1;
  FILE *efp, *afp, *rfp;
  int isumme, i, j, rc, z[128];
  float p[26], summe;
  /* Dateinamen erfragen, Dateien eroeffnen */
  printf ("\nEingabedatei: "); gets (edatei);
  efp = fopen (edatei, "r");
  if (efp==NULL)
    fehler ("Fehler beim Eroeffnen von Datei", edatei);
  printf ("\nAusgabedatei: "); gets (adatei);
  afp = fopen (adatei, "w");
  if (afp==NULL)
    fehler ("Fehler beim Eroeffnen von Datei", adatei);
  printf ("\nErgebnisdatei: "); gets (rdatei);
  rfp = fopen (rdatei, "w");
  if (rfp==NULL)
    fehler ("Fehler beim Eroeffnen von Datei", rdatei);
  /* Zaehler auf Null setzen */
  for (i=0; i<128; ++i) z[i] = 0; j = 0;
  /* Symbole zaehlen */
  for (;;)                        /* Fuer immer, es sei denn .. */
  { symbol = getc (efp);          /* Naechstes Symbol */
    s1 = symbol; if (s1<0) s1 = s1 + 128;
    rc = putc (s1, afp);
    if (symbol==EOF) break;       /* Wenn EOF, fertig */
    ++z[s1];                      /* Zaehler um 1 erhoehen */
    putchar (s1);                 /* Echo auf Bildschirm */
  }
  /* Teilergebnis in Tabelle ausgeben */
  fprintf (rfp, "\nSymbolstatistik fuer Datei %s", edatei);
  fprintf
    (rfp, "\n=========================================\n");
  fprintf (rfp, "\nZiffern:");
  fprintf (rfp, "\n    0    1    2    3    4    5",
           "    6    7    8    9\n");
  for (i=48; i<58; ++i) fprintf (rfp, "%4d ", z[i]);
  fprintf (rfp, "\nSonderzeichen:");
  fprintf (rfp, "\n   Lz    !   \042   \043   \044   %%",
           "    &    '    (    )\n");
  for (i=32; i<42; ++i) fprintf (rfp, "%4d ", z[i]);
  fprintf (rfp, "\n    *    +    ,    -    .    /\n");
  for (i=42; i<48; ++i) fprintf (rfp, "%4d ", z[i]);
  fprintf (rfp, "\n    :    ;    <    =    >    ?\n");
  for (i=58; i<64; ++i) fprintf (rfp, "%4d ", z[i]);
  isumme = z[65] + z[97];
  for (i=66; i<91; ++i) isumme = isumme + z[i] + z[i+32];
  summe = isumme;
  for (i=65; i<91; ++i)
    p[i-65] = (z[i] + z[i+32]) * 100.0 / summe;
  fprintf (rfp, "\n%7d Buchstaben:", isumme);
  fprintf (rfp, "\n    A    B    C    D    E    F"
           "    G    H    I    J\n");
```

```
      for (i=65; i<75; ++i) fprintf (rfp, "%4d ", z[i]+z[i+32]);
      fprintf (rfp, "\n");
      for (i= 0; i<10; ++i) fprintf (rfp, "%4.1f%%", p[i]);
      fprintf (rfp, "\n    K    L    M    N    O    P"
      "    Q    R    S    T\n");
      for (i=75; i<85; ++i) fprintf (rfp, "%4d ", z[i]+z[i+32]);
      fprintf (rfp, "\n");
      for (i=10; i<20; ++i) fprintf (rfp, "%4.1f%%", p[i]);
      fprintf (rfp, "\n    U    V    W    X    Y    Z\n");
      for (i=85; i<91; ++i) fprintf (rfp, "%4d ", z[i]+z[i+32]);
      fprintf (rfp, "\n");
      for (i=20; i<26; ++i) fprintf (rfp, "%4.1f%%", p[i]);
      /* Dateien abschliessen */
      fclose (efp); fclose (afp); fclose (rfp);
}
```

Das Programm liest eine Datei, löscht in allen Byte dieser Datei das
höchstwertige Bit, ermittelt die Häufigkeit der in der Datei verwendeten
Symbole und stellt eine Kopie der Ausgangsdatei her, in der das
höchstwertige Bit aller Byte gelöscht ist. Das Löschen des höchstwertigen
Bit ist erforderlich, wenn man die Symbolhäufigkeit in Dateien ermitteln
lassen will, die mit TP und der Arbeitsweise "D" erstellt worden sind,
denn in dieser Arbeitsweise setzt TP in einigen Byte dieses Bit, um den
Zeilenumbruch selbständig ausführen zu können.
Auf das Programm selbst angewendet ergab sich dieses Ergebnis:

```
Symbolstatistik fuer Datei e:example2.c
=======================================

Ziffern:
   0    1    2    3    4    5    6    7    8    9
  16   29   17    8   20   14   10    5   10    5
Sonderzeichen:
   Lz   !    "    #    $    %    &    '    (    )
  790   1   72    1    0   22    1    1   68   68
   *    +    ,    -    .    /
  33   42   65    3    9   28
   :    ;    <    =    >    ?
   7   89   16   74    2    1
  1387 Buchstaben:
   A    B    C    D    E    F    G    H    I    J
  69   25   25   43  165  151   17   32  162    3
 5.0% 1.8% 1.8% 3.1%11.9%10.9% 1.2% 2.3%11.7% 0.2%
   K    L    M    N    O    P    Q    R    S    T
   5   45   42  118   48   86    1  121   56   85
 0.4% 3.2% 3.0% 8.5% 3.5% 6.2% 0.1% 8.7% 4.0% 6.1%
   U    V    W    X    Y    Z
  31    6    5    5   10   31
 2.2% 0.4% 0.4% 0.4% 0.7% 2.2%
```

6.5.2. C unter DCP

C wird für DCP in den kommenden Jahren vermutlich zur wichtigsten Programmiersprache werden. Vom VEB Kombinat Robotron wird daher ein speziell für dieses Betriebssystem entwickelter Compiler bereitgestellt. Dieser Compiler erzeugt besonders kurzen und hinsichtlich der Laufzeit optimierten Code. Es ist vorgesehen, auch eine Programmierumgebung für diesen Compiler zu entwickeln.
Zur Entwicklung kurzer Einzweckprogramme in C wird zukünftig auch ein Softwareprodukt verfügbar sein, mit dem Sie auf ähnliche Weise arbeiten können wie mit der Programmierumgebung TPASCAL.
Wegen der besonderen Bedeutung der Programmiersprache C für DCP werden wir uns in diesem Abschnitt etwas ausführlicher als in anderen Abschnitten mit der Arbeit unter DCP beschäftigen.
Vom VEB Kombinat Robotron wird der C-Compiler als Betandteil dieses "Pakets" ausgeliefert:

Programm	Funktion
RC.EXE	Steuerprogramm
P0.EXE	Präprozessor
P1.EXE	Syntaxanalyse
P2.EXE	Codegenerierung
P3.EXE	Codeoptimierung, Erzeugung von Listen
EXEPACK.EXE	Dienstprogramm zur Dateiverdichtung
EXEMOD.EXE	Dienstprogramm zur Kennsatzbearbeitung
CL.EXE	Alternatives Steuerprogramm

Include-Datei	Funktion
ASSERT.H	assert-Makros
CONIO.H	Konsol-Ein-/Ausgabe
CTYPE.H	Makros zur Zeichenklassifikation
DIRECT.H	Verzeichnis-Steuerfunktionen
DOS.H	DCP-Interface-Funktionen, dazugehörige Datentypen und Makros
ERRNO.H	Fehlernummern
FCNTL.H	Flags für Open-Funktionen
IO.H	Funktionen, die mit "Filehandles" (logischen Dateinummern) arbeiten (Betriebssystemniveau)
MALLOC.H	Funktionen zur Hauptspeicherverwaltung
MATH.H	mathematische Funktionen und zugehörige Konstanten
MEMORY.H	Funktionen zur Pufferverwaltung
PROCESS.H	Funktionen zur Prozeßsteuerung; Flags für die **spawn**-Funktionen
SEARCH.H	Such- und Sortierfunktionen
SETJMP.H	Speicherplatzanforderung für **setjmp**- und **longjmp**-Funktionen
SHARE.H	Flags für die geteilte Nutzung von Dateien
SIGNAL.H	**signal**-Funktionen; zugehörige Konstanten
STDIO.H	**stream**-Funktionen; zugehörige Makros, Konstanten und Typen
STDLIB.H	restliche Funktionen der C-Laufzeitbibliothek
STRING.H	Funktionen für Arbeit mit Zeichenketten
TIME.H	Zeitfunktionen; zugehörige Strukturtypen

SYS\LOCKING.H	Flags für die exklusive Nutzung von Dateien
SYS\STAT.H	**stat-**, **fstat**-Funktionen; **stat**-Strukturtyp, zugehörige Konstanten
SYS\TIMEB.H	**ftime**-Funktionen; **timeb**-Strukturtyp
SYS\TYPES.H	für Filestatus und Zeitinformationen erforderliche Typen
SYS\UTIME.H	**utime**-Funktion; **utimebuf**-Strukturtyp

Bibliothek	Funktion
SLIBC.LIB	Standard-C-Bibliothek für das Speichermodell 'SMALL'
SLIBFP.LIB	mathematische Gleitkommabibliothek für das Speichermodell 'SMALL'
SLIBFA.LIB	alternative mathematische Bibliothek für das Speichermodell 'SMALL'
MLIBC.LIB	Standard-C-Bibliothek für das Speichermodell 'MEDIUM'
MLIBFP.LIB	mathematische Gleitkommabibliothek für das Speichermodell 'MEDIUM'
MLIBFA.LIB	alternative mathematische Bibliothek für das Speichermodell 'MEDIUM'
LLIBC.LIB	Standard-C-Bibliothek für das Speichermodell 'LARGE'
LLIBFP.LIB	mathematische Gleitkommabibliothek für das Speichermodell 'LARGE'
LLIBFA.LIB	alternative mathematische Bibliothek für das Speichermodell 'LARGE'
EM.LIB	Emulator-Gleitkomma-Bibliothek
87.LIB	Gleitkommabibliothek für den Numerikprozessor

Sonstige Datei	Funktion
BINMODE.OBJ	Programm zur Bearbeitung binärer Daten
SSETARGV.OBJ	Programm zur Bearbeitung von Zeichenketten, die Joker-Symbole enthalten (Speichermodell 'SMALL')
MSETARGV.OBJ	Programm zur Bearbeitung von Zeichenketten, die Joker-Symbole enthalten (Speichermodell 'MEDIUM')
LSETARGV.OBJ	Programm zur Bearbeitung von Zeichenketten, die Joker-Symbole enthalten (Speichermodell 'LARGE')
DOKERG.TXT	aktuelle Zusatzinformationen

Der Compiler wird mit

`rc`

aufgerufen. Die Dateien P0.EXE, P1.EXE, P2.EXE und P3.EXE sind die vier Phasen des Compilers. Sie werden in dieser Reihenfolge ausgeführt, wenn ein Quellprogramm mit einem der Compiler-Steuerprogramme RC.EXE oder CL.EXE bearbeitet wird.

CL.EXE ist ein alternatives Steuerprogramm für den Compiler. Sie sollten es verwenden, wenn Sie mit dem cc-Kommando von MUTOS vertraut sind. Es ruft ebenso wie RC.EXE die vier Phasen des Compilers auf. Sie können mit CL.EXE auch implizit den Progammverbinder aufrufen.

Include-Dateien enthalten vorgefertigte Abschnitte von Quellprogrammen, die Sie mit der Präprozessor-Anweisung #include in Ihre C-Programme einfügen können. Die meisten vorbereiteten Include-Dateien enthalten Definitionen, die von den Routinen der Laufzeitbibliothek benutzt werden. Vereinbarungsgemäß sind einige Include-Dateien in einem Unterverzeichnis SYS gespeichert. Diese Vereinbarung hat ihren Ursprung darin, daß unter MUTOS die Dateien, die Konstanten und Typen auf Systemniveau definieren, in einem eigenen 'system'-Verzeichnis aufbewahrt werden. Es enthalten jedoch nicht alle Dateien, die traditionell im SYS-Unterverzeichnis gespeichert sind, tatsächlich 'system'-Definitionen. Andererseits gibt es Dateien mit 'system'-Definitionen, die nicht im SYS-Unterverzeichnis enthalten sind. Da jedoch viele Programme, besonders solche, die unter MUTOS erstellt wurden, mit dieser Konvention rechnen, wird die Vereinbarung aus Kompatibilitätsgründen weitergeführt.

Bibliotheksdateien enthalten übersetzte Laufzeitroutinen, die mit Ihren Programmen verbunden werden. Für jedes der drei Standard-Speichermodelle ('SMALL', 'MEDIUM', 'LARGE') gibt es einen eigenen Satz von Bibliotheken. Die Namen aller Bibliotheksdateien für das Speichermodell 'SMALL' beginnen mit einem 'S', für das Speichermodell 'MEDIUM' mit einem M und für das Speichermodell 'LARGE' mit einem L. Wenn wir Aussagen für gleichartige Bibliotheksdateien machen, ohne uns auf ein bestimmtes Speichermodell zu beziehen, verwenden wir als ersten Buchstaben der Dateibezeichnung das Joker-Symbol "?".

Die Speichermodelle haben folgende Bedeutung:
SMALL   Für Programm und Daten steht jeweils nur ein 64 KByte großes Hauptspeichersegment zur Verfügung. Alle Adressen sind 16 Bit lang. Dieses Modell gestattet es, besonders schnelle Programme zu schreiben.
MEDIUM   Für die Daten steht nur ein 64 KByte großes Segment zur Verfügung, das Programm kann jedoch mehrere Hauptspeichersegmente einnehmen. Alle Datenadressen sind 16 Bit lang. Mit diesem Modell ist ein schneller Datenzugriff möglich, aber die Ausführungszeiten sind größer als beim Speichermodell 'SMALL'.
LARGE   Für Daten und Programm stehen mehrere Hauptspeichersegmente zur Verfügung. Alle Adressen sind 32 Bit lang. Mit diesem Modell können große Datenbestände im Hauptspeicher verarbeitet werden, aber die Ausführungszeiten können recht groß sein.

Für das Erstellen und Ausführen eines Programms ist es nicht erforderlich, ein Speichermodell auszuwählen. Für die meisten Programme ist das Speichermodell 'SMALL' ausreichend. Daher benutzt der Compiler dieses Modell, wenn Sie keine anderen Angaben machen.
Zwei zusätzliche Bibliotheksdateien, EM.LIB und 87.LIB, sind modellunabhängig; sie können in allen drei Speichermodellen eingesetzt werden. EM.LIB ist der Gleitkommaemulator, der zur Bildung der Gleitkommaoperationen benutzt wird. 87.LIB ist die Gleitkommabibliothek für den Numerikprozessor. Diese Bibliothek bietet eine begrenzte Gleitkomma-

unterstützung und kann nur genutzt werden, wenn ein Numerikprozessor vorhanden ist. Der Compiler nutzt standardmäßig den Emulator EM.LIB. Sie können aber durch Angabe einer Auswahlbedingung bestimmen, daß die Bibliothek 87.LIB oder die unten beschriebene alternative mathematische Bibliothek benutzt wird.
?LIBC.LIB ist die Standard-Laufzeitbibliothek. ?LIBC.LIB enthält alle Routinen, die zur Standard-C-Laufzeitbibliothek gehören mit Ausnahme von mathematischen Routinen, die Gleitkommaunterstützung erfordern.
?LIBC.LIB enthält außerdem die "Start-Routine" CRT0.OBJ. Die Start-Routine übernimmt eine Reihe von wichtigen Aufgaben. Sie fordert den Stapel für das Programm an und initialisiert die Segmentregister. Sie liefert Anfangswerte für die Variablen **argv**-, **argc**- und **envp**, die die Weitergabe von Kommandoargumenten und Umgebungsparametern an das Programm ermöglichen. Die Start-Routine baut also eine funktionsfähige Arbeitsumgebung für das Programm auf.
?LIBFP.LIB ist die mathematische Gleitkommabibliothek. Sie ist immer dann erforderlich, wenn ein Programm EM.LIB oder 87.LIB benutzt.
?LIBFA.LIB ist die alternative Gleitkommabibliothek. Wenn Ihnen ein besonders schnelles Programm wichtiger ist als besonders genaue Gleitkommaberechnungen, sollten Sie diese Bibliothek anstelle der Bibliotheken EM.LIB und ?LIBFP.LIB benutzen.
Wenn ein Quellprogramm unter Steuerung von RC.EXE oder CL.EXE übersetzt wird, speichert der Compiler die Namen der Standardbibliothek (?LIBC.LIB) und der Gleitkommabibliotheken (EM.LIB und ?LIBFP.LIB sind Standard) in der Objektdatei. Auf diese Weise kann der Programmverbinder das Programm automatisch mit diesen Bibliotheken verbinden.
Die Datei ?SETARGV.OBJ enthält ein Programm, das die Joker-Symbole '?' und '*' in den Dateibezeichnungs-Argumenten expandiert, die an die C-Programme übergeben werden. Eine Expansion eines Joker-Symbols wird nur dann ausgeführt, wenn das Programm ausdrücklich mit der entsprechenden SETARGV-Objektdatei verbunden wurde.
RC.EXE berücksichtigt die drei Umgebungsparameter PATH, INCLUDE und TMP. LINK.EXE benutzt den Umgebungsparameter LIB. Das alternative Steuerprogramm CL.EXE benutzt alle vier Umgebungsparameter. PATH teilt dem Compiler mit, wo die ausführbaren Dateien, INCLUDE, wo die Include-Dateien gesucht werden sollen. Der LIB-Umgebungsparameter teilt LINK.EXE mit, wo die erforderlichen Bibliotheksdateien zu finden sind.
Der TMP-Umgebungsparameter hat eine etwas andere Funktion. Wenn der Compiler ein Programm bearbeitet, erzeugt er eine Reihe temporärer Dateien. Der TMP-Umgebungsparameter teilt dem Compiler mit, wo diese Dateien angelegt werden können. Der Compiler löscht diese Dateien, wenn er seine Arbeit beendet. Der Platz, der für temporäre Dateien benötigt wird, beträgt in der Regel etwa das Doppelte des Platzes, der von der Quelldatei belegt wird. Unter Umständen ist es günstig, wenn Sie die temporären Dateien auf einem besonderen Laufwerk anlegen lassen. Damit verhindern Sie, daß der Datenträger im aktuellen Laufwerk überläuft.
Arbeiten Sie mit einer RAM-Disk, können Sie die Verarbeitungsgeschwindigkeit wesentlich erhöhen, wenn Sie dem TMP-Parameter die RAM-Disk zuweisen.

Um die Umgebungsparameter INCLUDE, LIB und TMP zu definieren, wird das SET-Kommando benutzt. PATH, INCLUDE und TMP müssen <u>vor</u> dem Aufruf des Compilers, LIB <u>vor</u> dem Aufruf des Programmverbinders gesetzt worden sein, um zu wirken.

Sie sollten daher diese oder ähnliche Anweisungen in Ihre AUTOEXEC.BAT-Datei aufnehmen, wenn Sie häufig mit C arbeiten:

```
PATH B:\BIN
SET INCLUDE=B:\INCLUDE
SET LIB=B:\LIB
SET TMP=B:\
```

Das Betriebssystem DCP nutzt ebenfalls den PATH-Parameter, um ausführbare Dateien aufzufinden. DCP sucht zum Beispiel RC.EXE im aktuellen Verzeichnis und in den durch PATH spezifizierten Verzeichnissen. Wenn der Name des Verzeichnisses, der RC.EXE (oder CL.EXE) enthält, in der PATH-Anweisung angegeben wird, können RC (oder CL) von einem beliebigen Verzeichnis aus aufgerufen werden.
SET- und PATH-Kommandos können in jeder Stapeldatei benutzt werden. So können Sie sich spezielle Stapeldateien schaffen, um für ein einzelnes Programm eine besondere Umgebung zu schaffen. Dies ist insbesondere dann von Nutzen, wenn Sie oft die Umgebung wechseln.
Einige Auswahlbedingungen, die beim Compiler-Kommandoaufruf verfügbar sind, überschreiben die Wirkung der Umgebungsparameter. So veranlaßt die /X-Option den Compiler, die Standardpfade für Include-Dateien nicht automatisch zu durchsuchen.
Bevor der Compiler seine Arbeit beginnen kann, müssen Sie sicherstellen, daß die Datei CONFIG.SYS dem Compiler erlaubt, mindestens 10 Dateien zu eröffnen. Dies können Sie überprüfen, indem Sie sich den Inhalt dieser Datei mit dem TYPE-Kommando anzeigen lassen. In der Zeile

```
FILES=N
```

muß n größer oder gleich 10 sein. Andernfalls müssen Sie diese Zeile der Datei CONFIG.SYS entsprechend ändern.
Es ist zwar nicht unbedingt nötig, aber empfehlenswert, auch die Zahl der Puffer in der Datei CONFIG.SYS festzulegen. Der Wert n in der Zeile

```
BUFFERS=N
```

gibt die Pufferanzahl an. Ein Wert von 10 für n ist im Normalfall günstig. Nach jeder Veränderung der Datei CONFIG.SYS müssen Sie das Betriebssystem neu laden, denn die Werte dieser Datei werden nur beim Laden vom DCP übernommen.
Der Compiler kann nur effektiv genutzt werden, wenn die benötigten Dateien günstig auf Disketten oder Festplatte angeordnet sind. Sie sollten für jeden Typ von Dateien (ausführbare Dateien, Include-Dateien und Bibliotheken) ein eigenes Verzeichnis einrichten.
Wenn Sie die oben beschriebene Konvention zur Arbeit mit dem SYS-Unterverzeichnis einhalten, müssen Sie bei Benutzung von Include-Dateien aus diesem SYS-Unterverzeichnis den Namen SYS zusammen mit dem Dateinamen angeben. So bewirkt die Programmzeile

```
#include <sys\locking.h>
```

daß der Compiler in dem durch die INCLUDE-Variable spezifizierten Verzeichnis das Unterverzeichnis SYS sucht, um die Datei **locking.h** einzufügen.

Wenn Sie die SYS-Konvention nicht einhalten, reicht es aus, so zu programmieren:

```
#include <locking.h>
```

Beachten Sie bitte, daß DCP zwischen Groß- und Kleinbuchstaben nicht unterscheidet. Deshalb sind 'sys' und 'SYS' gleichbedeutend, wenn sie als DCP-Verzeichnisnamen benutzt werden.

Einrichten einer Festplattenumgebung

Wir betrachten im Beispiel das Speichermodell 'SMALL'. Wenn alle Programme dieses Modell nutzen, werden lediglich die angegebenen Dateien benötigt. Sollen bei der Programmierung auch andere Speichermodelle verwendet werden, so werden die erforderlichen Bibliotheken am besten im Verzeichnis \LIB gespeichert.
Die Numerik-Gleitkommabibliothek und die alternative mathematische Bibliothek wurden nicht berücksichtigt, weil sie nicht zusätzlich zur regulären Gleitkommabibliothek erforderich sind.

Diese Dateien werden in das Verzeichnis \BIN kopiert:
RC.EXE, P0.EXE, P1.EXE, P2.EXE, P3.EXE, LINK.EXE, LIB.EXE

Diese Dateien vom Typ H werden in das Verzeichnis \INCLUDE kopiert:
ASSERT, CONIO, CTYPE, DIRECT, DOS, ERRNO, FCNTL, IO, MALLOC, MATH, MEMORY, PROCESS, SEARCH, SETJMP, SHARE, SIGNAL, STDIO, STDLIB, STRING, TIME

Diese Dateien vom Typ H werden in das Verzeichnis \INCLUDE\SYS kopiert:
LOCKING, STAT, TIMES, TYPES, UTIME

Diese Dateien vom Typ LIB werden in das Unterverzeichnis \LIB kopiert:
SLIBC, SLIBFP, EM

Nun sollten Sie die Umgebungsparameter so setzen:

```
PATH C:\BIN
SET INCLUDE=C:\INCLUDE
SET LIB=:C\LIB
SET TMP=C:\
```

Der TMP-Parameter spezifiziert das Stammverzeichnis der Festplatte. Die temporären Dateien, die vom Compiler aufgebaut werden, werden nach abgeschlossener Übersetzung automatisch gelöscht, so daß Sie kein separates Verzeichnis für diese Dateien einrichten müssen.

Einrichten einer Diskettenumgebung

Sie benötigen zur Arbeit mit dem Compiler mindestens zwei Disketten. Das folgende Beispiel geht von zwei Disketten aus, auf denen jeweils 720 KByte gespeichert werden können. Die Diskette im Laufwerk B enthält alle für den Test von C-Programmen erforderlichen Programme in den Verzeichnissen \BIN, \LIB und \INCLUDE.

Auf die System-Include-Dateien kann in der Regel verzichtet werden. Auch in diesem Beispiel gehen wir vom Speichermodell 'SMALL' aus.

Diese Dateien werden in das Verzeichnis \BIN kopiert:
RC.EXE, P0.EXE, P1.EXE, P2.EXE, P3.EXE, LINK.EXE, LIB.EXE

Diese Dateien vom Typ H werden in das Verzeichnis \INCLUDE kopiert:
ASSERT, CONIO, CTYPE, DIRECT, DOS, ERRNO, FCNTL, IO, MALLOC, MATH, MEMORY, PROCESS, SEARCH, SETJMP, SHARE, SIGNAL, STDIO, STDLIB, STRING, TIME

Diese Dateien vom Typ LIB werden in das Unterverzeichnis \LIB kopiert:
SLIBC, SLIBFP, EM

Es verbleiben noch etwa 150 KByte auf der Diskette im Laufwerk B. Sie können also durchaus noch kleinere C-Programme auf dieser Diskette speichern und von ihr aus testen. Die Diskette im Laufwerk A sollte eine Systemdiskette sein und unter anderem das Dienstprogramm MDISK enthalten. Die Umgebungsparameter sollten Sie so setzen:

```
PATH B:\BIN
SET INCLUDE=B:\INCLUDE
SET LIB=B:\LIB
SET TMP=A:\
```

Wenn Sie mehr als nur ein Speichermodell nutzen wollen, sollten Sie für jedes Speichermodell eine gesonderte Diskette verwenden, die genau so aufgebaut ist wie die Diskette für das Speichermodell 'SMALL'. Weil Sie so auf allen drei Disketten die gleiche Verzeichnisstruktur angelegt haben, können Sie mit den einmal festgelegten Umgebungsparametern weiter arbeiten, wenn Sie für ein anderes Speichermodell programmieren.

Wir werden nun eine Beispielsitzung verfolgen. Die für die Beispielsitzung benötigte Quelldatei enthält das folgende Programm RECHTECK.C. Mit ihm wird eine spezielle, nur unter DCP zur Verfügung stehende Möglichkeit des A 7150 demonstriert: Es zeichnet im "CGA-Modus" ein Rechteck auf den Bildschirm.

```c
/* Ein Rechteck in der Mitte des Bildschirms zeichnen. */
#include<stdio.h>
#include<dos.h>
union REGS inregs, outregs;
struct SREGS segregs;
main ()
{
   short X, Y;
   /* Bildschirm loeschen. Video-Modus einstellen. */
   grafik (0x06);
   /* Das Rechteck zeichnen. */
   for (X = 200; X < 420; X++) pixel (X, 80);
   for (Y =  80; Y < 160; Y++) pixel (X, Y);
   for (X = 419; X > 199; X--) pixel (X, Y);
   for (Y = 159; Y >  79; Y--) pixel (X, Y);
   /* Zeichnung betrachten lassen, bis Taste gedrueckt. */
   getchar
```

```c
   /* Video-Modus wieder alphanumerisch. */
   grafik (0x03);
}
/* Video-Modus einstellen. */
grafik (modus)
short modus;
{
   inregs.x.ax = modus;
   segread (&segregs);
   int86x (0x10, &inregs, &outregs, &segregs);
}
/* Im Grafik-Modus ein Pixel setzen. */
pixel (X, Y)
short X, Y;
{
   inregs.x.ax = 0x0c01;
   inregs.c.cx = X;
   inregs.x.dx = Y;
   int86x (0x10, &inregs, &outregs, &segregs);
}
```

Wenn die Umgebung korrekt eingerichtet ist, kann das Programm RECHTECK.C mit den folgenden 13 Schritten bearbeitet werden.

1. Es ist ein Verzeichnis zu installieren, das die Programmdateien aufnehmen kann. Dieses Verzeichnis kann sich auf einer Festplatte oder auf einer Diskette befinden. Das Verzeichnis kann einen beliebigen Namen erhalten, im vorliegenden Beispiel heißt es \C. Danach ist die Quelldatei RECHTECK.C in das Verzeichnis zu kopieren.

2. Die Bedingungen für die Übersetzung der Datei sind gegeben. Das Verzeichnis \C wird mit dem CD-Kommando zum aktuellen Verzeichnis erklärt. Danach ist einzugeben:

   RC

   Das Kommando RC ruft das Compiler-Steuerprogramm RC.EXE auf. Das RC.EXE-Programm macht Ausgaben auf den Bildschirm, die Sie durch den weiteren Prozeß der Übersetzung führen.

3. Die erste Aufforderung zur Eingabe, die auf dem Schirm erscheint, ist.

   Source filename [.C]:

   Nach dem Doppelpunkt der Eingabeanforderung sind der oder die Namen der zu übersetzenden Dateien einzugeben. Wenn Sie keinen Dateityp angeben, nimmt RC.EXE den Typ .C an. Im Beispiel antworten Sie so:

   RECHTECK

4. Die nächste Eingabeanforderung lautet

   Object filename [RECHTECK.OBJ]:

Sie gibt Ihnen die Möglichkeit, einen Namen für die Objektdatei zu vergeben. Wird kein Name angegeben und nur die Taste <--' betätigt, wird der Standardname RECHTECK.OBJ benutzt. Die Objektdatei wird im aktuellen Verzeichnis (hier PROG) abgelegt.

5. Die nächste Eingabeanforderung lautet

    `Object listing [NUL.COD]:`

    Diese Anforderung gibt Ihnen die Möglichkeit, eine Liste der Objektdatei zu erzeugen. Antworten Sie mit

    `RECHTECK`

    erzeugt RC.EXE eine Objektliste mit Namen RECHTECK.COD im aktuellen Verzeichnis.

6. RC.EXE beginnt danach mit der Übersetzung. Enthält das C-Programm Fehler, werden sie vom Compiler angezeigt. RECHTECK.C enthält natürlich keine Fehler, wenn Sie keine Eingabefehler gemacht haben. Ist die Übersetzung beendet, meldet sich wieder das DCP mit seinem Aufforderungszeichen.

7. Der nächste auszuführende Schritt ist das Verbinden des Programms. Um das Programm zu verbinden, geben Sie nur dies ein:

    `LINK`

8. Die erste Eingabeanforderung des Programmverbinders lautet:

    `Object Module [.OBJ]:`

    Da nur eine Objektdatei zu verbinden ist, antworten Sie so:

    `RECHTECK`

    Der Programmverbinder ergänzt automatisch den Dateityp OBJ.

9. Die nächste Eingabeanforderung ist

    `Run File [RECHTECK.EXE]:`

    Hier können Sie den Namen eingeben, den Sie dem ausführbaren Programm geben wollen. Wenn Sie keinen Namen eingeben und nur die Taste <--' betätigen, weist der Programmverbinder dem ausführbaren Programm den in eckigen Klammern stehenden Standardnamen zu. Die ausführbare Datei wird im aktuellen Verzeichnis PROG angelegt.

10. Weiter fordert der Programmverbinder:

    `List File [NUL.MAP]:`

Geben Sie hier einen Dateinamen ein, erzeugt der Programmverbinder eine Liste, die alle externen Symbole des Programms und ihre Adressen enthält. Die Liste erhält den Dateityp MAP. Mit der Option /MAP bewirken Sie, daß globale Symbole am Ende der Datei RECHTECK.MAP aufgelistet werden.

11. Die letzte Eingabeanforderung des Programmverbinders lautet

    Libraries [.LIB]:

    Auf diese Weise erfragt der Programmverbinder die Namen zusätzlicher Bibliotheken, die wir für unser Beispiel jedoch nicht benötigen. Deshalb können Sie einfach die Taste <--' betätigen.

12. Danach wird das Programm verbunden. Sollten dabei Fehler auftreten, werden sie auf dem Schirm angezeigt. Hat der Programmverbinder seine Arbeit beendet, erscheint wieder das Aufforderungszeichen des DCP. Damit ist ein ausführbares Programm als Datei RECHTECK.EXE im aktuellen Verzeichnis angelegt.

    Sie können sich die Objektliste RECHTECK.COD und die Linkliste RECHTECK.MAP anzeigen lassen, um sich mit deren Formaten vertraut zu machen. Diese Dateien sind speziell für die Nutzung durch ein Programm zur Fehlersuche gedacht. Für die Programmausführung werden sie nicht gebraucht und können, falls gewünscht, gelöscht werden. Auch die Objektdatei RECHTECK.OBJ können Sie nun löschen.

13. Wenn Sie nun

    RECHTECK

    eingeben, erlischt der Bildschirm, dann wird in der Mitte des Bildschirms ein Rechteck gezeichnet. Nun wartet das Programm auf eine beliebige Eingabe, um dann wieder in den normalen alphanumerischen Modus umzuschalten. Damit ist das Programm beendet.

Mit einer weiteren Stapeldatei können Sie die Compilerumgebung noch nutzerfreundlicher gestalten. Beispielsweise könnten Sie die Stapeldatei CCL.BAT dazu nutzen, ein C-Progamm in einer vorgegebenen Umgebung zu übersetzen und zu verbinden:

```
SET   INCLUDE=B:\TOP\MYINC
RC    %1;
IF    ERRORLEVEL 0 LINK %1,,%1;
```

Der INCLUDE zugewiesene Wert in der ersten Zeile ändert die Umgebung für das RC-Kommando. Da für PATH, TMP und LIB keine neuen Werte vergeben werden, bleiben eventuell zuvor gesetzte Werte erhalten.
Das Symbol '%1' fordert DCP auf, bei der Ausführung der Stapeldatei den ersten Parameter der Kommandozeile an dessen Stelle zu übernehmen. Geben Sie zum Beispiel das Kommando

CCL RECHTECK

ein, ersetzt der Dateiname RECHTECK die Zeichenkette '%1'. Es wird also das Programm RECHTECK.C übersetzt. Dabei entsteht die Objektdatei RECHTECK.OBJ. Die Zeile

```
IF ERRORLEVEL 0 LINK %1,,%1;
```

sichert, daß der Programmverbinder nur dann aufgerufen wird, wenn die Übersetzung erfolgreich verlief. RC bzw. CL liefern einen Rückkehrcode, anhand dessen Sie überprüfen können, ob eine Übersetzung erfolgreich verlaufen ist. Der Rückkehrcode 0 zeigt eine erfolgreiche Übersetzung an, die anderen Codes weisen auf Fehler hin.
Das DCP-Stapelkommando IF ERRORLEVEL wird zum Test des Rückkehrcodes verwendet.
War die Übersetzung erfolgreich, wird die Objektdatei RECHTECK.OBJ zum ausführbaren Programm RECHTECK.EXE verbunden. Der Dateiname RECHTECK wird auch für die Anforderung der vom Programmverbinder erzeugten Liste verwendet, so daß die Datei RECHTECK.MAP erzeugt wird.

6.6. Compiler für COBOL

Obwohl COBOL eine der ältesten Programmiersprachen ist, wird sie heute noch von vielen Programmierern zur Lösung kommerzieller Aufgaben eingesetzt. Zur nach wie vor auch international weiten Verwendung dieser Sprache hat sicher beigetragen, daß die verbreiteten COBOL-Compiler seit vielen Jahren in hohem Maße kompatibel sind. Damit gehört COBOL zu den Programmiersprachen, die eine vergleichsweise leichte Übertragbarkeit der Quellprogramme zwischen unterschiedlichen Computern und Betriebssystemen ermöglichen.
Wichtig war, daß 1974 ein mit vielen Institutionen abgestimmter ANSI-Standard X3.23-1974 verabschiedet wurde, der 1978 auch als ISO-Standard übernommen wurde und der noch heute international als Bezugsrahmen für die Entwicklung von COBOL-Compilern gilt, obwohl es inzwischen einen neueren ANSI-Standard gibt (X3.23-1985).
Der COBOL-Compiler realisiert für SCP 1700 und DCP im wesentlichen die Stufe 2 des ANSI-Standards X3.23-1974. Dies ist die höchste Stufe; damit steht Ihnen bis auf wenige Ausnahmen der volle Umfang der Sprache COBOL sowohl unter SCP 1700 als auch unter DCP zur Verfügung.
Im einzelnen werden realisiert:
- Sprachkern, sequentielle Dateiorganisation, relative Dateiorganisation, Tabellenverarbeitung, Segmentierung, Quellprogrammbibliothek: **Stufe 2**
- Unterprogrammkonzept: **Stufe 1**.

Sowohl unter SCP 1700 als auch unter DCP ist die Arbeit mit COBOL einfach, auch wenn Sie nicht über ein Festplattenlaufwerk verfügen. Sie kommen, wenn Sie nicht besonders umfangreiche Programme erstellen müssen, mit einer Systemdiskette mit einigen Dienstprogrammen, einem Textprogramm und den COBOL-Quellprogrammen im Laufwerk A und mit allen zum Test von COBOL erforderlichen Dateien auf einer Diskette im Laufwerk B aus.

Unter SCP 1700 benötigen Sie diese Dateien:

```
Datei           Funktion
---------------------------------------------------------------------
COB.CMD         COBOL-Compiler
COBOL.L86       COBOL-Laufzeitbibliothek, Dateisystem
ERCOTEXT.MSG    Fehlertextdatei
RASM86.CMD      Assembler
LINK86.CMD      Programmverbinder
SUBMIT.CMD      Programm zur Abarbeitung von Stapeldateien
LC.SUB          Stapeldatei zum Aufruf des Programmverbinders
DCON87.L86, ⎫
CEL87.L86,  ⎬   Gleitkomma-Bibliotheken, Gleitkomma-Emulator
EWM87.OBJ,  ⎪
EWM87.L86   ⎭
```

Unter DCP benötigen Sie diese Dateien:

```
Datei           Funktion
---------------------------------------------------------------------
COB.EXE         COBOL-Compiler
COBOL.LIB       COBOL-Laufzeitbibliothek, Dateisystem
ERCOTEXT.MSG    Fehlertextdatei
MASM.EXE        Assembler
LINK.EXE        Programmverbinder
```

Der Aufruf des Compilers erfolgt unter beiden Betriebssystemen mit dem Kommando

`COB [Laufwerk:]Dateiname`

Unter SCP 1700 läuft dann die Übersetzung ohne weitere Unterbrechungen ab. Unter DCP werden Sie noch nach dem Namen der Ergebnisdatei und einer Datei gefragt, die das Übersetzungsprotokoll aufnehmen soll:

`Target file [[Laufwerk:]Dateiname.ASM]:_`
`List file [CON/EL]:_`

Beide Fragen können Sie mit der Taste <--' beantworten, wenn Sie mit den Standardannahmen, die der COBOL-Compiler trifft, zufrieden sind. Wenn Sie unter DCP die Kommandozeile zum Aufruf des COBOL-Compilers mit einem Semikolon abschließen, entfallen diese Fragen.

Das Übersetzungsergebnis ist unter beiden Betriebssystemen ein Assemblerprogramm. Es hat unter SCP 1700 den Dateityp A86, unter DCP den Dateityp ASM. Unter SCP 1700 wird es mit dem Kommando

`RASM86 [Laufwerk:]Dateiname`

assembliert, unter DCP mit dem Kommando

MASM [Laufwerk:]Dateiname;

Als Ergebnis der Assemblierung entsteht ein Objektprogramm, das den Dateityp OBJ erhält. Es muß nun mit dem Programmverbinder zum ausführbaren Progamm verbunden werden. Unter SCP 1700 hat sich zum Aufruf des Programmverbinders diese kleine Stapeldatei bewährt:

LINK86 $1,COBOL.L86[S],DCON87.L86[S],CEL87.L86[S],
               EWM87.OBJ,EWM87.L86[S]

Damit haben Sie zugleich sichergestellt, daß auch die Gleitkomma-Bibliotheken durchsucht werden. Aufgerufen wird diese Stapeldatei auf folgende Weise:

SUBMIT LC [Laufwerk:]Dateiname

Unter DCP genügt es in vielen Fällen, einfach das Kommando

LINK [Laufwerk:]Dateiname,,,COBOL

zu geben. Unter beiden Betriebssystemen erfolgt dann ohne weitere Unterbrechung das Verbinden des Objektprogramms zum ausführbaren Programm, das unter SCP 1700 den Typ CMD und unter DCP den Typ EXE erhält. Es kann anschließend unter seinem Namen aufgerufen werden.

Es ist nicht einfach, ein COBOL-Beispiel zu gestalten, das sowohl der in diesem Buch gebotenen Kürze genügt als auch einige interessante Funktionen realisiert. Dies liegt daran, daß COBOL eine "weitschweifige" Programmiersprache ist. Selbst Programme mit geringem Funktionsumfang enthalten viele Anweisungen. Im Ergebnis sind COBOL-Programme allerdings "selbstdokumentierend".
COBOL-Programme haben zudem immer denselben Grundaufbau. Viele COBOL-Programmierer haben sich dies zunutze gemacht und gehen, wenn sie ein neues COBOL-Programm erstellen, von einem vorgefertigten Gerüst aus, das bereits alle Anweisungen enthält, die in jedem Fall notwendig sind. Auf diese Weise läßt sich der Aufwand für die Programmeingabe beträchtlich reduzieren.
Das folgende Beispiel enthält in erster Linie Bestandteile, die Sie für einen eigenen Programmrahmen nutzen können. Drei wichtige Funktionen sind näher ausgeführt:
- Dialog über Bildschirm und Tastatur
- Arbeit mit sequentiellen Dateien
- Behandlung von Fehlern bei der Ein- und Ausgabe.
Das Beispielprogramm kopiert den Inhalt einer Datei in eine andere Datei. Die Namen der beteiligten Dateien werden vom Programm abgefragt. Beachten Sie bitte die umfangreichen Möglichkeiten, die COBOL zur Behandlung von Fehlern bei der Ein- und Ausgabe bietet. Dies trägt dazu bei, daß COBOL gerade im kommerziellen Bereich, in dem falsch oder ungenügend behandelte Fehler sofort zu erheblichen finanziellen Verlusten führen können, viele Anwender gefunden hat.

```cobol
*   Programm zum Kopieren des Inhalts einer Datei in eine
*   andere. Aufruf: Nur Dateinamen des Programms angeben.
*
    IDENTIFICATION DIVISION.
*   ==========================

PROGRAM-ID. CP.
AUTHOR. ECKEHART STAMER.
INSTALLATION. A7100.
DATE-WRITTEN. 6. JUNI 1988.
SECURITY. ZUR VEROEFFENTLICHUNG ALS BEISPIEL.

    ENVIRONMENT DIVISION.
*   =====================

    INPUT-OUTPUT SECTION.
*   ---------------------

FILE-CONTROL.
        SELECT EINGABEDATEI ASSIGN TO 7
*           Saetze werden durch <CR> + <LF> begrenzt:
            RECORD DELIMITER IS STANDARD
*           Statusinformation wird nach Beendigung jeder
*           Eingabe in E-ZUSTAND gespeichert:
            FILE STATUS IS E-ZUSTAND.
        SELECT AUSGABEDATEI ASSIGN TO 8
            RECORD DELIMITER IS STANDARD
            FILE STATUS IS A-ZUSTAND.
I-O-CONTROL.
*           Ein- und Ausgabesaetze werden an derselben Stelle
*           des Hauptspeichers abgelegt:
            SAME RECORD AREA FOR EINGABEDATEI, AUSGABEDATEI.

    DATA DIVISION.
*   ==============

    FILE SECTION.
*   -------------

FD      EINGABEDATEI
        LABEL RECORD STANDARD;
        VALUE OF ID IS EDAT-BEZEICHNUNG;
*       Die Saetze koennen bis zu 2000 Byte lang sein:
        RECORD CONTAINS 1 TO 2000 CHARACTERS.
01      EINGABESATZ.
        02  EINGABEZEICHEN PIC X OCCURS 1 TO 2000 TIMES
            DEPENDING ON SATZLAENGE.
FD      AUSGABEDATEI
        LABEL RECORD STANDARD;
        VALUE OF ID IS ADAT-BEZEICHNUNG;
        RECORD CONTAINS 1 TO 2000 CHARACTERS.
01      AUSGABESATZ.
        02  AUSGABEZEICHEN PIC X OCCURS 1 TO 2000 TIMES
            DEPENDING ON SATZLAENGE.
```

```
       WORKING-STORAGE SECTION.
*      ------------------------

01     SATZLAENGE                       PIC 9999 COMP.
01     EDAT-BEZEICHNUNG                 PIC X(34).
       88 ENDE-E                        VALUE "<".
01     ADAT-BEZEICHNUNG                 PIC X(34).
       88 ENDE-A                        VALUE "<".
01     E-ZUSTAND                        PIC XX.
       88 EINGABEDATEI-GUT              VALUE "00".
       88 DATEIENDE                     VALUE "10".
       88 PERMANENTER-E-FEHLER          VALUE "30".
       88 UNZUL-EDAT-BEZEICHNUNG        VALUE "91".
       88 DATEI-NICHT-GEFUNDEN          VALUE "94".
       88 CLOSE-EDAT-FEHLER             VALUE "99".
       88 SATZ-ZU-LANG                  VALUE "9B".
01     A-ZUSTAND                        PIC XX.
       88 AUSGABEDATEI-GUT              VALUE "00".
       88 PERMANENTER-A-FEHLER          VALUE "30".
       88 UNZUL-ADAT-BEZEICHNUNG        VALUE "91".
       88 ADAT-GIBT-ES-SCHON            VALUE "93".
       88 CLOSE-ADAT-FEHLER             VALUE "99".
01     ANTWORT                          PIC X.
       88 JAGROSS                       VALUE "J".
       88 JAKLEIN                       VALUE "j".


       PROCEDURE DIVISION.
*      ===================

       DECLARATIVES.
*      -------------

       EINGABEDATEI-FEHLERBEHANDLUNG SECTION.
*      --------------------------------------

*      Jedes Mal, wenn ein Fehler bei der Eingabe
*      auftritt, wird diese Routine abgearbeitet:
       USE AFTER STANDARD ERROR PROCEDURE ON EINGABEDATEI.
PARAGRAPH-1.
       IF DATEI-NICHT-GEFUNDEN
           DISPLAY "Eingabedatei nicht gefunden."
       ELSE IF PERMANENTER-E-FEHLER
           DISPLAY "Permanenter Fehler bei Eingabe."
       ELSE IF UNZUL-EDAT-BEZEICHNUNG
           DISPLAY "Bezeichnung der Eingabedatei unzulaessig."
       ELSE IF SATZ-ZU-LANG
           DISPLAY "Eingabesatz zu lang."
           STOP RUN
       ELSE
           DISPLAY "E/A-Fehler Eingabedatei; Datei-Zustand: "
           E-ZUSTAND
           STOP RUN.
```

```
    AUSGABEDATEI-FEHLERBEHANDLUNG SECTION.
*   -----------------------------------------

*          Jedes Mal, wenn ein Fehler bei der Ausgabe
*          auftritt, wird diese Routine abgearbeitet:
           USE AFTER STANDARD ERROR PROCEDURE ON AUSGABEDATEI.
PARAGRAPH-1.
           IF UNZUL-ADAT-BEZEICHNUNG
              DISPLAY "Bezeichnung der Ausgabedatei unzulaessig."
           ELSE IF PERMANENTER-A-FEHLER
              DISPLAY "Permanenter Fehler bei Ausgabe."
           ELSE IF ADAT-GIBT-ES-SCHON
              DISPLAY "Ausgabedatei existiert bereits."
           ELSE IF CLOSE-ADAT-FEHLER
              DISPLAY "Fehler beim Abschliessen der Ausgabedatei."
           ELSE
              DISPLAY "E/A-Fehler Ausgabedatei; Datei-Zustand: "
              A-ZUSTAND
              STOP RUN.

    END DECLARATIVES.
*   ------------------

    VERARBEITUNG SECTION.
*   ---------------------

DIALOG.
           DISPLAY "Kopieren  von: " WITH NO ADVANCING
           ACCEPT EDAT-BEZEICHNUNG.
           DISPLAY "Kopieren nach: " WITH NO ADVANCING
           ACCEPT ADAT-BEZEICHNUNG.
           OPEN INPUT EINGABEDATEI, OUTPUT AUSGABEDATEI.
           PERFORM E-A-SCHLEIFE THRU E-A-SCHLEIFEN-ENDE
                           UNTIL DATEIENDE.
           CLOSE EINGABEDATEI, AUSGABEDATEI.
           DISPLAY "Weiter (J/N) ? " WITH NO ADVANCING
           ACCEPT ANTWORT.
           IF JAGROSS OR JAKLEIN GO TO DIALOG.
           STOP RUN.

E-A-SCHLEIFE.
           READ EINGABEDATEI AT END GO TO E-A-SCHLEIFEN-ENDE.
           PERFORM SATZ-VERARBEITEN THRU SATZ-VERARBEITEN-ENDE.
           WRITE AUSGABESATZ.

E-A-SCHLEIFEN-ENDE.
           EXIT.

SATZ-VERARBEITEN.
*          Hier können Anweisungen zur Verarbeitung des
*          Eingabesatzes eingefügt werden.
SATZ-VERARBEITEN-ENDE.
           EXIT.
```

6.7. Compiler für Modula-2

Die Programmiersprache Modula-2 besitzt einige Eigenschaften, die sie deutlich von den heute am häufigsten eingesetzten Programmiersprachen unterscheiden. Die Befürworter von Modula-2 meinen, daß Modula-2 wegen dieser Eigenschaften zu einer der bedeutendsten Programmiersprachen der kommenden Jahre werden wird. Die wichtigste dieser Eigenschaften ist, einen Programmierstil zu fördern, der konsequent am **Modulprinzip** orientiert ist.

In der Ingenieurtätigkeit hat sich dieses Prinzip überall dort durchgesetzt, wo ein komplexes System hoher Zuverlässigkeit realisiert werden muß. Bei einem solchen System kommt es darauf an, daß das, was in der **Spezifikation** von ihm gefordert wird, auch tatsächlich von ihm geleistet wird.

Die Entwicklung eines Programms in Modula-2 kann in gewisser Weise mit dem Entwurf einer Leiterplatte unter Verwendung integrierter Schaltkreise verglichen werden: Der Leiterplatten-Konstrukteur versucht, möglichst viele Funktionskomplexe **modular** durch integrierte Schaltkreise zu realisieren, deren Daten er gewöhnlch einem speziellen Katalog entnimmt. Der Modula-2-Programmierer versucht, möglichst viele Funktionskomplexe durch bereits in Bibliotheken vorhandene **Module** zu realisieren, deren genaues Verhalten er kennt, wenn er sich deren Beschreibung ansieht. Eine solche Beschreibung heißt in Modula-2 **Definitions-Modul**. Der eigentliche Modul wird **Implementations-Modul** genannt.

Weder Leiterplatten-Konstrukteur noch Modula-2-Programmierer müssen wissen, wie die verwendeten Module intern realisiert sind. Sie nehmen beide an, daß die Module fehlerfrei sind und exakt der jeweiligen Spezifikation entsprechen. Dies muß in vorangegangenen Arbeitsabschnitten sichergestellt worden sein, sonst ist das modulare Prinzip der Entwicklung nicht zu verwirklichen.

Es gibt in Modula-2 eine weitere Möglichkeit, die sich nicht mehr mit der Arbeitsweise des Leiterplatten-Konstrukteurs "alter Schule" vergleichen läßt: Modula-2-Programme können übersetzt werden, ohne daß die Implementationsmodule tatsächlich vorliegen, sobald Definitionsmodule entstanden sind. Wenn dazu noch "erste Fassungen" von Implementationsmodulen entstehen, in denen nichts geschieht oder die nur bestimmte Meldungen erzeugen, kann man schon in relativ frühen Abschnitten der Entwicklung den "großen Rahmen" des Programms auf seine Verwendbarkeit hin überprüfen. Damit können zukünftige Nutzer ihre Meinung zu bestimmten Varianten äußern, ohne daß bereits viel Arbeit im Detail geleistet wurde.

Natürlich ist dieser Gedanke nicht völlig neu. Schon früher haben gute Programmierer "leere" Unterprogramme, die nur aus Aufruflisten bestanden, programmiert, um möglichst frühzeitig den "großen Rahmen" testen zu können. Neu ist aber in Modula-2, daß durch die Überprüfung der Definitionsmodule bereits beim Übersetzen sichergestellt wird, daß übergeordnete und untergeordnete Module an ihren Schnittstellen zueinander passen.

Natürlich müssen sich spätere Versionen der Implementationsmodule genau an die durch die Definitionsmodule gegebenen Schnittstellen halten. Sollte doch aus funktionellen Gründen eine Änderung eines Implementationsmoduls erforderlich sein, die die Schnittstelle zu übergeordneten Modulen betrifft, muß der zugehörige Definitionsmodul neu übersetzt werden.

Viele andere neue Eigenschaften von Modula-2 regen die Diskussion über diese Programmiersprache an, und es wird in der Praxis zu der einen oder anderen Eigenschaft unterschiedliche Bewertungen geben.
Es wird sich in den nächsten Jahren entscheiden, ob die Konzepte, die zum Beispiel mit Modula-2 verbunden sind, breite Anwendung finden. Es spricht viel dafür, weil
- es zukünftig eine attraktive Programmierumgebung für Modula-2 auf Personalcomputern geben wird, die allen anderen Programmierumgebungen deutlich überlegen ist.
- bereits der gegenwärtig vertriebene Modula-2-Compiler Objektcode erzeugt, dessen Laufzeiteffektivität mit der von PASCAL-886 oder TPASCAL vergleichbar ist.

Außerdem kann Modula-2 auch auf kleineren Computern effektiv implementiert werden, weil der Sprachumfang vergleichsweise klein ist. Da außerdem eine international anerkannte Sprachdefinition für Modula-2 existiert, sind perspektivisch gute Voraussetzungen gegeben, um in Modula-2 Programme zu entwickeln, die mit besonders geringem Aufwand von einem Computer oder Betriebssystem zu einem anderen Computer oder Betriebssystem übertragen werden können.

Wenn es auch international starke Bemühungen gibt, FORTRAN und C so weiterzuentwickeln, daß bestehende Schwächen beseitigt werden (FORTRAN 8X, C++), und die Verbreitung von ADA zunimmt, sollten Sie Modula-2 wegen der erwähnten wertvollen Eigenschaften auf jeden Fall mit Interesse begegnen und eigene Erfahrungen anstreben.

Wir wollen im folgenden betrachten, wie ein Modula-2-Programm entsteht. Es ist in diesem Buch nicht genügend Raum, um alle neuen Konzepte, die Modula-2 bietet, an konkreten Beispielen zu erläutern. Seien Sie also nicht enttäuscht, wenn Ihnen das Beispiel, mit dem wir nun arbeiten, fast wie ein PASCAL-Programm vorkommt.

Das folgende Modula-2-Programm können Sie genauso wie bei der Verwendung anderer Programmiersprachen mit Hilfe eines Textverarbeitungsprogramms erstellen. Es besteht aus drei Dateien:
- einem übergeordneten Modul (Datei: DIALOG.MOD, Modulbezeichnung: Dialog), der dazu dient, einen einfachen Dialog zur Anforderung von einfachen Leistungen der Elementarmathematik zu führen
- einem Definitionsmodul (Datei: ELEMATH.DEF, Modulbezeichnung: EleMath), in dem eine Schnittstelle definiert wird, über die die genannten Leistungen abgefordert werden können
- einem Implementationsmodul (Datei: ELEMATH.MOD, Modulbezeichnung: EleMath), der diese Leistungen (Multiplikation, Addition, Subtraktion, Bestimmung des größten gemeinsamen Teilers von natürlichen Zahlen) realisiert.

Wenn Sie bereits in PASCAL programmiert haben, werden Ihnen die Prozeduraufrufe zur Ein- und Ausgabe, die in den folgenden Modulen enthalten sind, sicher bekannt vorkommen.

Definitionsmodul EleMath

```
DEFINITION MODULE EleMath;
  PROCEDURE Produkt (Zahl1, Zahl2: CARDINAL);
  (* Das Produkt aus Zahl1 und Zahl2 wird berechnet
     und ausgegeben. *)
  PROCEDURE Summe (Zahl1, Zahl2: CARDINAL);
  (* Die Summe aus Zahl1 und Zahl2 wird berechnet
     und ausgegeben. *)
  PROCEDURE Differenz (Zahl2: CARDINAL);
  (* Die Differenz aus Zahl1 und Zahl2 wird berechnet
     und ausgegeben. *)
  PROCEDURE Ggt (Zahl1, Zahl2: CARDINAL);
  (* Der groesste gemeinsame Teiler von
     Zahl1 und Zahl2 wird berechnet. *)
END EleMath.
```

Implementationsmodul EleMath

```
IMPLEMENTATION MODULE EleMath;
 FROM InOut IMPORT WriteCard;
 VAR
   Zahl1, Zahl2: CARDINAL;
   PROCEDURE Produkt (Zahl1, Zahl2: CARDINAL);
    BEGIN
     WriteCard (Zahl1 * Zahl2, 10);
    END Produkt;
   PROCEDURE Summe (Zahl1, Zahl2: CARDINAL);
    BEGIN
     WriteCard (Zahl1 + Zahl2, 10);
    END Summe;
   PROCEDURE Differenz (Zahl1, Zahl2: CARDINAL);
    BEGIN
     WriteCard (Zahl1 - Zahl2, 10);
    END Differenz;
   PROCEDURE Ggt (Zahl1, Zahl2: CARDINAL);
    BEGIN
    WHILE Zahl1 # Zahl2 DO
     IF Zahl1 > Zahl2 THEN Zahl1 := Zahl1 - Zahl2
     ELSE Zahl2 := Zahl2 - Zahl1
     END;
    END;
    WriteCard (Zahl1, 10);
    END Ggt;
END EleMath.
```

Dialogmodul

```
MODULE Dialog;
 FROM InOut IMPORT ReadCard, WriteString, WriteLn, Read;
 FROM EleMath IMPORT Produkt, Summe, Differenz, Ggt;
 VAR
  Zahl1, Zahl2: CARDINAL;
  Aufgabe, Antwort: CHAR;
 BEGIN
  REPEAT
   WriteString ("*:Pro; +:Sum; -:Dif; %:Ggt> ");
   Read (Aufgabe); WriteLn;
   IF (Aufgabe <> "*") AND (Aufgabe <> "+") AND
      (Aufgabe <> "-") AND (Aufgabe <> "%")
    THEN WriteString ("Aufgabenart nicht zulaessig. ")
   ELSE
    WriteString ("Zahl1> "); ReadCard (Zahl1); WriteLn;
    WriteString ("Zahl2> "); ReadCard (Zahl2); WriteLn;
    CASE Aufgabe OF
      "*": Produkt (Zahl1, Zahl2);
    | "+": Summe (Zahl1, Zahl2);
    | "-": Differenz (Zahl1, Zahl2);
    | "%": Ggt (Zahl1, Zahl2);
    END;
    WriteLn;
    WriteString ("Noch eine Aufgabe (J/N)? ");
    Read (Antwort); WriteLn;
   END;
  UNTIL (Antwort <> "J") AND (Antwort <> "j");
END Dialog.
```

Zuerst muß der Definitionsmodul übersetzt werden, dann sollte der zugehörige Implementationsmodul übersetzt werden. Zuletzt wird der übergeordnete Modul, der den Dialog realisiert, übersetzt. Die Arbeit mit dem Modula-2-Compiler verläuft unter SCP 1700 und DCP auf nahezu identische Weise. Wir betrachten die Arbeit mit zwei Diskettenlaufwerken. Im Laufwerk A befindet sich die Systemdiskette mit Dienstprogrammen und einem Textprogramm. Alle zur Arbeit mit Modula-2 erforderlichen Dateien befinden sich in der Diskette im Laufwerk B. Für viele Fälle reichen die folgenden Dateien aus:
- Compiler: M2C.CMD (SCP 1700) oder M2C.EXE (DCP), MCINIT.OVR, MCPi.OVR (i=1,5), MCSYMF.OVR und MCLIST.OVR
- Symboldateien vom Dateityp SFS (Speichermodell 'SMALL') oder SFL (Speichermodell 'LARGE') für die Module der Laufzeit- und Gleitkommabibliotheken
- Programmverbinder: LINK86.CMD (SCP 1700) oder LINK (DCP)
- die erforderlichen Laufzeitbibliotheken (M2SMALL.L86 oder M2LARGE.L86, Gleitkommabibliotheken, wenn Gleitkomma-Arithmetik durchgeführt wird).

In unserem Beispiel enthält die Diskette im Laufwerk B auch die Quellprogramme.

Die Übersetzung der Module des Beispiels führt zu folgenden Dialogen (DCP, unter SCP 1700 nahezu identisch):

Definitionsmodul

```
m2c elemath.def
Robotron Modula-2 Compiler, Version 1.0 DCP, 1988
result file(ELEMATH(.SFS | .SFL | .OBJ))>
list file(ELEMATH.LST)>
p1
p2
symfile
end compilation
```

Da der Modul in der Datei ELEMATH.DEF mit dem Schlüsselwort DEFINITION beginnt, erkennt der Compiler, daß es sich um einen Definitionsmodul handelt. Auf die Frage nach der Bezeichnung der Ergebnisdatei brauchen wir nur die Taste <--' zu betätigen. Die Datei erhält standardmäßig den Typ SFS. Wir sind auch mit der vom Compiler vorgeschlagenen Bezeichnung für die Datei, die das Übersetzungsprotokoll aufnehmen soll, einverstanden (ELEMATH.LST). Dies bestätigen wir wieder mit der Taste <--'.

Implementationsmodul

```
m2c elemath
Robotron Modula-2 Compiler, Version 1.0 DCP, 1988
result file(ELEMATH(.SFS | .SFL | .OBJ))>
list file(ELEMATH.LST)>
p1
 EleMath:
 ---- file not found
 EleMath> elemath.sfs = B:\elemath.sfs
 InOut:  = InOut.SFS
p2
p3
p4
p5
end compilation
```

Wir haben beim Aufruf des Compilers keine Typbezeichnung der zu übersetzenden Datei angegeben. In diesem Fall sucht der Compiler die Datei ELEMATH.MOD. Das in ihr gespeicherte Programm beginnt mit dem Schlüsselwort IMPLEMENTATION. Daran erkennt der Compiler, daß es sich um einen Implementationsmodul handelt. Er sucht dann nach den Symboldateien der benötigten Definitionsmodule. In unserem Fall findet er die Symboldatei ELEMATH.SFS nicht, so daß wir die Bezeichnung der Datei angeben müssen, die den Definitionsmodul EleMath enthält. Diese Angabe wird vom Compiler auf derselben Zeile bestätigt. Zur Übersetzung eines Definitionsmoduls werden drei Pässe benötigt, zur Übersetzung anderer Module fünf Pässe.

Dialogmodul

```
m2c dialog
Robotron Modula-2 Compiler, Version 1.0 DCP, 1988
result file(DIALOG(.SFS | .SFL | .OBJ))>
list file(DIALOG.LST)>
p1
  InOut:  = InOut.SFS
  EleMath:
  ---- file not found
  EleMath> elemath.sfs = B:\elemath.sfs
p2
p3
p4
p5
end compilation
```

Nun kann der Programmverbinder das ausführbare Programm erzeugen:

```
link/do/noi dialog+elemath

LINK (DCPX) V 1.0


Run File [DIALOG.EXE]:
List File [NUL.MAP]:
Libraries [.LIB]: m2small
```

Mit den Vorschlägen des Programmverbinders für die Bezeichnung der Datei, die das ausführbare Programm aufnimmt, sind wir einverstanden, ebenso damit, daß keine Protokolldatei erstellt wird. Daher antworten wir zweimal mit der Taste <--'. Auf die dritte Frage antworten wir mit der Bezeichnung der erforderlichen Laufzeitbibliothek. Wenn wir nun das entstandene Programm DIALOG.EXE aufrufen, könnte der folgende Dialog stattfinden:

```
dialog
*:Pro; +:Sum; -:Dif: %:Ggt>
Zahl1> 10
Zahl2> 10
        100
Noch eine Aufgabe (J/N)?
*:Pro; +:Sum; -:Dif: %:Ggt>
Zahl1> 234
Zahl2> 567
        801
Noch eine Aufgabe (J/N)?
*:Pro; +:Sum; -:Dif: %:Ggt>
Zahl1> 987
Zahl2> 321
        666
```

```
Noch eine Aufgabe (J/N)?
*:Pro; +:Sum; -:Dif: %:Ggt>
Zahl1> 12345
Zahl2> 54321
          3
Noch eine Aufgabe (J/N)?
```

Sie werden festgestellt haben, daß diejenigen Ihrer Antworten, die nur aus einem Zeichen bestehen, weder auf dem Bildschirm angezeigt noch gedruckt werden, wenn Sie den Drucker mit ^P einschalten. Dies ist eine Eigenschaft der Prozedur Read. Sie übernimmt das eingegebene Zeichen **ohne** Echo. Hätten wir anstelle dieser Prozedur die Prozedur ReadChar verwendet, hätte es ein Echo gegeben.

7. Der Arbeitsplatzcomputer intern

7.1. Register und Hauptspeicher

Wenn Sie verstehen wollen, wie Ihr Arbeitsplatzcomputer "intern" arbeitet, müssen Sie beachten, daß der Computer alle Daten, die er verarbeitet, in Form von Zahlen speichert.

Die Verarbeitung der Daten erfolgt durch die ZVE, deren wichtigster Bestandteil der CPU-Schaltkreis K 1810 WM 86 ist. Auf diesem Schaltkreis befinden sich einige Speicher, die jeweils eine Zahl aufnehmen können. Diese Speicher heißen Register. Weil sich die Register auf dem CPU-Schaltkreis befinden, kann die ZVE besonders schnell zu den in den Registern gespeicherten Zahlen zugreifen. Mit diesen Zahlen kann die ZVE arithmetische und logische Operationen ausführen. Zum Beispiel kann sie zwei Zahlen, die in zwei Registern gespeichert sind, addieren und das Ergebnis in einem der beiden Register speichern, oder sie kann zwei Zahlen miteinander vergleichen und abhängig vom Ergebnis des Vergleichs weitere Operationen ausführen.

Zum Speichern von Daten verfügt die ZVE nur über einige wenige Register. Damit kann sie nicht viel mehr als ein größerer Taschenrechner leisten. Um große Aufgaben lösen zu können, benötigt der Computer einen großen Speicher, in dem viele Daten gespeichert werden können. Die ZVE muß Daten aus diesem Speicher genauso schnell erhalten, wie sie die Daten verarbeiten kann. Auch die Ergebnisse, die die ZVE ermittelt, müssen mit derselben Geschwindigkeit in diesem Speicher abgelegt werden. Diesen Speicher gibt es in jedem Computer. Weil er der wichtigste Speicher des Computers ist, heißt er **Hauptspeicher**.

In fast allen heutigen Computern ist der Hauptspeicher eine lange Folge einzelner Byte. Jedes Byte hat eine fortlaufende Nummer, angefangen mit der Nummer 0. Diese Nummer heißt **Adresse** des Byte.

Ein Hauptspeicher enthält viele Tausend, ja oft viele Millionen Byte. Um diese Mengenangaben zusammenzufassen, verwendet man auch in der Informatik die Vorsilben Kilo und Mega. Allerdings gilt in der Informatik im Unterschied zum üblichen Sprachgebrauch: Kilo bedeutet hier die Zusammenfassung von 1024 Einheiten und Mega die von 1024 * 1024 = 1048576 Einheiten.

In konkreten Angaben werden die Silben Kilo und Mega nicht ausgeschrieben, sondern durch die Anfangsbuchstaben K und M abgekürzt. Ihr Arbeitsplatzcomputer verfügt über einen Hauptspeicher mit mindestens 512 KByte ("Kilobyte"). Das sind also 512 * 1024 Byte = 524288 Byte. Wenn er mit einer Festplatte ausgestattet ist, umfaßt diese möglicherweise 50 MByte ("Megabyte"). Das sind 50 * 1048576 Byte = 52428800 Byte.

Die Register, die vom Programmierer am häufigsten verwendet werden, sind die **Allgemeinen Register** AX, BX, CX und DX, weil sie am flexibelsten eingesetzt werden können. Die höherwertige Hälfte (AH, BH, CH und DH) und die niederwertige Hälfte (AL, BL, CL und DL) dieser Register können auch einzeln als 8-Bit-Register genutzt werden.

Zur Speicherung von Hauptspeicheradressen gibt es die **Adreßregister** SP, BP, SI, DS und IP sowie die **Segmentregister** GS, DS, SS und ES. Diese Register haben jeweils noch eigene Namen, die angeben, wozu sie im Normalfall vewendet werden.

Schließlich gibt es noch das Flag-Register. Die 16 Bit dieses Registers dienen zur Anzeige bestimmter Zustände, die bei der Ausführung von Anweisungen auftreten. Beispielsweise zeigt Bit 6 des Flag-Registers nach jeder arithmetischen Operation an, ob das Ergebnis Null ist (Bit 6 = 1) oder nicht (Bit 6 = 0). Einige Bit dieses Registers werden mit einem Buchstaben bezeichnet, der auf den speziellen Zustand hinweist, der durch das betreffende Bit angezeigt wird.

Alle für den Programmierer wichtigen Register sind in der folgenden Abbildung 13 zusammengestellt:

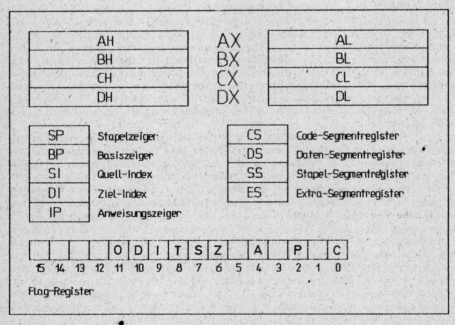

Abbildung 13
Die für den Programmierer wichtigen Register

Sie wissen sicher, daß die größte ganze Zahl, die ein 16-Bit-Register aufnehmen kann, die Zahl 65535 ist, wenn man nur positive Zahlen zuläßt. Andererseits umfaßt der Hauptspeicher Ihres Arbeitsplatzcomputers mindestens 512 KByte. Er kann bis zu einem Megabyte ausgebaut werden. Ein 16-Bit-Register reicht also nicht aus, um die Adresse eines beliebigen Byte des Hauptspeichers aufzunehmen. Dazu sind 20 Bit erforderlich. Daher

haben die Entwickler des CPU-Schaltkreises K 1810 WM 86 ein besonderes
Verfahren gefunden, um dennoch mit 16-Bit-Registern jedes Byte des
Hauptspeichers adressieren zu können: Jede Adresse wird aus zwei Registern
gebildet. Eines dieser Register ist immer ein Segmentregister. Dessen Bit
werden bei der Adreßbildung nicht von 0 bis 15, sondern von 4 bis 19
numeriert. Das andere Register ist auf keinen Fall ein Segmentregister.
Seine Bit werden wie üblich von 0 bis 15 numeriert. Der Inhalt des
Segmentregisters wird **Basisadresse** genannt, der Inhalt des anderen bei der
Adreßbildung beteiligten Registers **Offset** oder **Verschiebung**.

Zur Bildung der 20 Bit langen Adresse werden nun die Inhalte beider
Register bitweise addiert, beispielsweise so:

```
Bit            19 18 17 16 15 14 13 12 11 10  9  8  7  6  5  4  3  2  1  0
Basisadresse    1  0  0  1  1  0  0  0  1  1  0  1  1  0  1  0
Offset                       0  0  1  1  0  0  0  1  0  1  0  0  1  1  0  0
               ---------------------------------------------------------------
20-Bit-Adresse: 1  0  0  1  1  0  1  1  1  1  1  0  1  1  1  0  1  1  0  0
```

Unter dem Strich steht nun eine 20-Bit-Adresse. Wenn im Hauptspeicher 20-
Bit-Adressen gespeichert werden, verwendet man zwei 16-Bit-Worte, die sich
unmittelbar in die zur Adreßbildung vorgesehenen Register laden lassen.
Daher nehmen 20-Bit-Adressen im Hauptspeicher 32 Bit ein.
Zur Bildung der Adressen von Anweisungen verwendet die ZVE stets das
Registerpaar CS + IP. Wenn in einem Programm für die Bildung der Adressen
von Anweisungen und Daten stets dieselben Basisadressen verwendet werden,
brauchen im Hauptspeicher nur die 16-Bit-Offsets gespeichert zu werden.
Anweisungen und Daten können unter diesen Umständen zwar nicht mehr als
jeweils 64 KByte einnehmen, aber dafür ist es bei der Adreßbildung nur
erforderlich, das Register neu zu laden, das den Offset aufnehmen soll.
Weil Adreßbildungen die häufigsten Operationen der ZVE sind, sind solche
Programme viel schneller als Programme, in denen zur Bildung von Adressen
beliebige verschiedene Basisadressen verwendet werden.
Einige Compiler bieten daher eine Wahlmöglichkeit zwischen verschiedenen
"Speichermodellen" an (siehe insbesondere Abschnitt 6.5.2), in denen
unterschiedliche Regeln für die Verwendung von Basisadressen gelten. Recht
einheitlich wird dabei das besonders schnelle Modell mit feststehenden
Basisadressen für Anweisungen und Daten als Speichermodell 'SMALL'
(deutsch: klein) bezeichnet. Das Speichermodell, in dem beliebige
verschiedene Basisadressen genutzt werden, um den gesamten verfügbaren
Hauptspeicher für Anweisungen und Daten zu nutzen, heißt dementsprechend
'LARGE' (deutsch: groß).
Viele Aufgaben lassen sich mit dem Speichermodell 'SMALL' lösen. Wenn man
zusätzlich festlegt, daß Daten und Anweisungen dieselbe Basisadresse
nutzen, kommt das Programm mit einem Hauptspeicher von 64 KByte aus. Auch
dies reicht noch für viele Aufgaben. Unter DCP gibt es sogar die
Möglichkeit, solche Programme besonders zu kennzeichnen: Im Gegensatz zu
den Programmen, bei denen die zuletzt genannte strenge Regel nicht gilt,
und die in Dateien vom Typ EXE gespeichert werden, können Programme mit
einer Basisadresse für Daten und Anweisungen in Dateien vom Typ COM
gespeichert werden. Das DCP erhält durch den Dateityp Kenntnis von dieser
besonderen Eigenschaft des Programms und kann es daher auf besonders
effektive Weise laden. Zur Umwandlung von geeigneten Programmen des Typs
EXE in Programme vom Typ COM dient das Programm EXE2BIN.

7.2. Der interne Aufbau des Betriebssystems SCP 1700

Wenn das Betriebssystem SCP 1700 in den Hauptspeicher geladen wurde, sind seine Komponenten dort so angeordnet:

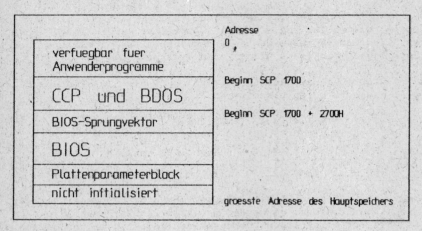

Abbildung 14
Nutzung des Hauptspeichers unter SCP 1700

Als Programmierer können Sie mit dem Betriebssystem außer über Kommandos auch direkt über "**BDOS-Rufe**" in Kommunikation treten. Zu jedem BDOS-Ruf gibt es in der Komponente BDOS des SCP 1700 ein eigenes Unterprogramm, das die Funktion ausführt, die mit dem entsprechenden BDOS-Ruf angefordert wurde.
Die BDOS-Rufe lassen sich, wie schon im Abschnitt 2.3. erwähnt, in die Gruppen
- einfache BDOS-Rufe
- BDOS-Rufe zur Dateiarbeit
- BDOS-Rufe zur Hauptspeicherverwaltung
einteilen.
Die Unterprogramme des BDOS führen viele elementare Funktionen jedoch nicht selbst aus. Insbesondere diejenigen Funktionen, die in Zusammenhang mit der Ein- und Ausgabe von Daten stehen, werden von Unterprogrammen der Komponente BIOS ausgeführt. Die BIOS-Unterprogramme werden aus den BDOS-Unterprogrammen über "**BIOS-Rufe**" aufgerufen.
Im Lieferumfang des VEB Kombinat Robotron ist die Assembler-Datei BIOS.A86 enthalten. Sie können diese Datei verändern und auf diese Weise an Ihre Anwendungserfordernisse anpassen. Sie wird dann wie jedes andere Assemblerprogramm übersetzt, allerdings mit dem Assembler ASM86. Dieser Assembler erzeugt eine Datei vom Typ H86. Aufgerufen wird er genauso wie der Assembler RASM86.
Die Datei vom Typ H86 muß dann mit dem Programm PIP an das Ende der ebenfalls vom VEB Kombinat Robotron gelieferten Datei SCP.H86 angefügt werden. Aus der so entstandenen Datei wird schließlich mit Hilfe des Programms GENCMD das neue Betriebssystem erzeugt, das den Typ CMD erhält. Es muß nun nur noch umbenannt werden.

Wenn ein modifiziertes BIOS vorliegt, zum Beispiel als Datei BIOSTP.A86, genügen diese Kommandos, um aus ihm eine neue Version des SCP 1700 zu generieren:

```
ASM86 BIOSTP
PIP SCP.H86=SCPIX.H86,BIOSTP.H86
GENCMD SCP 8080 CODE[A104]
REN SCP.SYS=SCP.CMD
```

Die Leistungen der BIOS-Rufe sind "elementar". Selbst einfache Handlungen wie das Schreiben eines Sektors erfordern mehrere BIOS-Rufe. Viele Funktionen, die mit BDOS-Rufen realisierbar sind, haben auf der BIOS-Ebene keine Entsprechung. Der einzige BIOS-Ruf, der mit der Verwaltung des Hauptspeichers in Zusammenhang steht, ist der Ruf GETSEGT. Alle weiteren hierfür erforderlichen Leistungen müssen durch Programme des BDOS erbracht werden.
Natürlich können Sie die BIOS-Ebene nutzen, um selbst BDOS-ähnlich komplexere Aufgaben zu lösen. Vielen Nutzern ist bereits aufgefallen, daß bestimmte Softwareprodukte unter SCP 1700 nicht zulassen, den Kursor mit den eigentlich dafür vorgesehenen Tasten, den Kursortasten, zu bewegen. Anstelle der Kursortasten müssen Sie in diesen Softwareprodukten die Tastenkombinationen ^E (Kursor nach oben), ^S (Kursor nach links), ^X (Kursor nach unten) und ^D (Kursor nach rechts) eingeben, wenn Sie den Kursor bewegen wollen. Durch eine geeignete Modifikation des BIOS können Nutzer, die über die entsprechenden Kenntnisse verfügen, diese nicht immer befriedigende Situation beheben.

7.3. Der interne Aufbau des Betriebssystems DCP

Sicher haben Sie schon gehört, daß unter DCP nur bis zu 640 KByte des Hauptspeichers nutzbar sind. Dies liegt daran, daß unter DCP bestimmte Bereiche des Adreßraums von einem Megabyte, der von der ZVE genutzt werden kann, für interne Zwecke reserviert sind. Beispiele hierfür sind der Bildwiederholspeicher, aus dem die auf dem Bildschirm abgebildeten Daten und Grafiken generiert werden und das ROM-IO, das unter anderem den Anfangs-Lader, einen Grafik-Zeichengenerator und die wichtigsten physischen Gerätetreiber enthält. Weitere Bereiche des Adreßraums sind für eventuelle Erweiterungen der Grafik-Möglichkeiten reserviert.
Teilt man den Adreßraum in 16 aufeinanderfolgende 64-KByte-Segmente von 0 bis 15 ein, läßt sich die Nutzung des gesamten Adreßraums tabellarisch darstellen:

```
                von ... bis
Segment(e)      KByte           Inhalt
------------------------------------------------------------------
0                 0  -   64     Komponenten des DCP (nicht voll genutzt)
1 bis 9          64  -  640     für Anwenderprogramme verfügbar
10              640  -  704     reserviert
11              704  -  768     Bildwiederholspeicher
12              768  -  832     reserviert für ROM-IO-Erweiterungen
13, 14          832  -  960     reserviert
15              960  - 1024     ROM-IO, Testprogramme
```

Tatsächlich wird also bis auf die reservierten Bereiche der gesamte verfügbare Adreßraum genutzt.
Das ROM-IO des DCP ist mit der Komponente BIOS des SCP 1700 vergleichbar, allerdings ist es reicher an Funktionen. Dennoch sind auch die Funktionen des ROM-IO elementar. Die Funktionen des ROM-IO werden in vier Gruppen eingeteilt:
- Grundlegende ROM-IO-Dienste
- ROM-IO-Dienste zur Bildschirmsteuerung
- ROM-IO-Dienste zur Steuerung von Disketten- und Festplattenlaufwerken
- ROM-IO-Dienste zur Steuerung der Tastatur.

Insbesondere die Steuerung der Tastatur erfolgt auf eine gegenüber SCP 1700 grundsätzlich andere Weise: Während unter SCP 1700 die meisten Tasten einen 8-Bit-Code und einige Tasten ESC-Folgen, die aus mehreren Byte bestehen, erzeugen, sobald sie niedergedrückt werden, erzeugt unter DCP jede Taste beim Niederdrücken und beim Loslassen unterschiedliche **Scan-Codes** (deutsch: Abtastcodes), die aus einem oder zwei Byte bestehen. Diese Eigenschaft nutzend, können Programme entstehen, die feststellen, ob eine Taste gedrückt oder wieder losgelassen wurde, und die davon abhängig unterschiedlich reagieren. Voraussetzung ist natürlich eine entsprechend ausgerüstete Tastatur, zum Beispiel die Tastatur K 7672.03.

Komplexere Funktionen werden durch **DCP-Rufe** realisiert, die in etwa den BDOS-Rufen des SCP 1700 entsprechen. Sie nutzen die Funktionen des ROM-IO. Beispiele für Aufgaben, die DCP-Rufe lösen, sind:
- Programmbeendigung
- Ein-/Ausgabe unter Nutzung von Tastatur, Bildschirm, Drucker
- Disketten-Ein-/Ausgabe, Festplatten-Ein-/Ausgabe
- Datum-, Zeit-Dienste
- Verwaltung des Hauptspeichers
- Angebot einer allgemeinen Lokalnetz-Schnittstelle

7.4. <u>Ausblick: Musik nach Noten</u>

Kann der Arbeitsplatzcomputer Noten drucken? Abbildung 15 auf Seite 175 beweist es. Mit den in diesem Buch vorgestellten Mitteln ist dies, wenn überhaupt, nur mit außerordentlich großem programmtechnischen Aufwand möglich, und die entstehenden Programme hätten eine unzumutbar hohe Rechenzeit. Abbildung 15 wurde in weniger als 5 Minuten berechnet und in 3 Minuten ausgedruckt. Die Dauer für den Ausdruck hängt nur vom verfügbaren Typ des Nadeldruckers ab, die Dauer für die Berechnung ist nur deshalb so gering, weil zeitkritische Abläufe maschinennah in Assemblersprache und unter Nutzung von BDOS-Rufen zur Hauptspeicherverwaltung programmiert wurden.
Damit das Programm zur Ausgabe von unterschiedlichem Notenmaterial eingesetzt werden kann, mußte eine "rechnerinterne" Darstellung der Notenwerte und der Position der einzelnen Noten entwickelt werden. Auf Seite 176 folgt ein kurzer Ausschnitt aus der Datei, die diese rechnerinterne Darstellung enthält und die ebenfalls mit dem Textprogramm TP erstellt wurde und weiter bearbeitet werden kann.

Abbildung 15
Notenblatt, mit einem AC A 7100 berechnet und mit einem Nadeldrucker gedruckt

```
12 130 800  4/4-Takt-Angabe in Zeile 1 oben
12 130 730  ... in Zeile 1 unten
 . ...  ...
12 130 130  ... in Zeile 4 unten
16 160 729  1. Takt 1. Zeile: Akkord ganze Noten fgc
 4 160 799  ... 1/4 g
 3 190 802  ... 1/2 a
 . ...  ...
```

Rechts stehen Kommentare, die vom Programm ignoriert werden, die aber Veränderungen und Ergänzungen der Datei wesentlich erleichtern.

Die einzelnen **"Font-Elemente"** wurden unter Nutzung des Textprogramms TP aufgebaut. Jedes Element wurde Bildpunkt für Bildpunkt eingegeben. Ein Leerzeichen repräsentierte dabei einen "weißen", jedes andere Zeichen einen "schwarzen" Bildpunkt. Violinschlüssel und Viertelnote wurden zum Beispiel so wie in Abbildung 16 dargestellt.
Vor jedem Symbol steht die Symbolnummer, unter der es "aufgerufen" werden soll, auf die letzte Zeile des Symbols folgt eine Zeile, in deren erster Spalte der Buchstabe E steht.

Dieses Beispiel soll Sie ermutigen, die Leistungsreserven des Arbeitsplatzcomputers zu erforschen. Software bestimmt, wie effektiv Hardware genutzt werden kann. Standard-Software kann zwar bei der Bewältigung der großen Zahl von Standard-Aufgaben helfen, aber zur Lösung besonderer Aufgaben wird besondere Software benötigt. Diese Software kann nur von den Nutzern selbst hergestellt werden, denn nur diese kennen die Aufgabenstellung und die Rahmenbedingungen für ihre Lösung genau genug.
Die folgende kleine Liste enthält die wichtigsten Werkzeuge, mit denen das volle Leistungsvermögen des Arbeitsplatzcomputers erschlossen werden kann:
- Maschinensprache, Assembler RASM86 (SCP 1700) oder MASM (DCP)
- BDOS- und BIOS-Rufe (SCP 1700), DCP-Rufe, ROM-IO-Funktionen (DCP)
- Programm zur Unterstützung bei der Fehlersuche SID86 (SCP 1700) oder SYMDEB (DCP)
- Programmverbinder LINK86 (SCP 1700) oder LINK (DCP)
- Bibliothekar LIB86 (SCP 1700) oder LIB (DCP)
- Systemdienstprogramme unterschiedlicher Art.
Um mit diesen Werkzeugen vertraut zu werden, sollten Sie in erster Linie die entsprechenden Anwenderdokumentationen nutzen. Es soll nicht verschwiegen werden, daß der Weg zur meisterhaften Beherrschung des Instruments Arbeitsplatzcomputer dornenvoll und langwierig ist, aber wenn Sie diesen Weg bis zu seinem Ende verfolgen, werden Sie von den dann erreichbaren Ergebnissen begeistert sein.
Dann können Sie sich bestimmt auch vorstellen, daß ein AC A 7100 oder AC A 7150 Zentrum eines CAMP-Arbeitsplatzes sein kann (CAMP = Computer-Aided Music Production), an dem die Komponenten
- Arbeitsplatzcomputer
- Synthesizer
- Verstärker, Lautsprecher
- Drucker
miteinander verbunden sind (beispielsweise über sogenannte MIDI-Schnittstellen) und an dem zum Beispiel ein technisch interessierter Komponist am Synthesizer neue Musik-Ideen einspielt, die sofort in die rechnerinterne Darstellung übertragen und auf Diskette gespeichert werden.

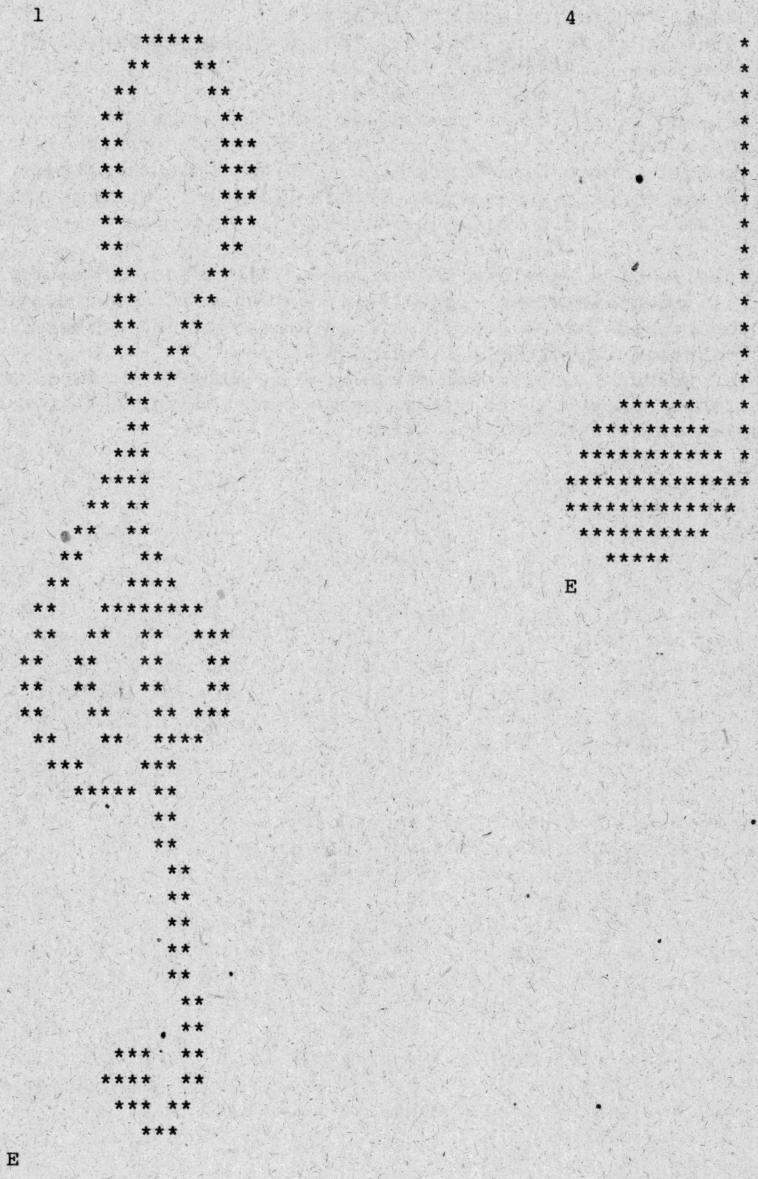

```
        1                                              4
                    *****                                           *
                  **     **                                         *
                 **       **                                        *
                **         **                                       *
                **          ***                                     *
                **           ***                                    *
                **           ***                                    *
                **           ***                                    *
                **          **                                      *
                 **        **                                       *
                  **      **                                        *
                   **    **                                         *
                    ****                                            *
                      **                                            *
                       **                                           *
                      ***                                     ******  *
                     ****                                  ********  *
                    **  **                                *********** *
                   **    **                              ************
                  **      **                             ************
                  **       ****                           **********
                  **       ********                        *****
                  **    **  **   ***                 E
                  **   **   **    **
                  **  **    **    **
                  **  **    **   ***
                   ** **    ****
                    ***     ***
                   *****  **
                         **
                         **
                         **
                         **
                         **
                         **
                    ***  **
                    ****  **
                    ***  **
                     ***
        E
```

Abbildung 16
Zwei Font-Elemente

Wenn der Komponist es wünscht, kann er sich die eingespielten Ideen als Notenmaterial ausdrucken lassen, die Notenblätter korrigieren und ergänzen und dann die Datei, die die rechnerinterne Darstellung enthält, mit dem Textprogramm TP entsprechend verändern. Dazu ist natürlich eine rechnerinterne Darstellung erforderlich, die bei weitem nutzerfreundlicher ist als die hier vorgestellte. Aber wir befinden uns ja erst am Anfang. Schließlich kann der Komponist die veränderte Musik-Idee über Synthesizer, Verstärker und Lautsprecher abspielen und bei Bedarf erneut korrigieren.
Auch andere Arbeiten können an einem solchen CAMP-Arbeitsplatz erfolgen. Zum Beispiel könnten Leihmaterialien, deren Druck sich wegen zu geringer Auflage nicht lohnt, ausgedruckt und an Orchester versandt werden. Dabei kann der Computer gleich die Auszüge für die einzelnen Stimmen anfertigen.

Wenn anstelle des Nadeldruckers eine Fotosatzmaschine genutzt wird (zum Beispiel, indem Disketten erstellt werden, die als Eingabedatenträger für die Fotosatzmaschine dienen), können Notenmaterialien auch in höherer Auflage automatisch hergestellt werden.
Gestatten Sie den Autoren zum Abschluß eine Prognose: Es wird nur noch wenige Jahre dauern, und viele, wenn nicht alle Funktionen des CAMP-Arbeitsplatzes werden Realität sein.

Anhang 1:
Diskettenformate

SCP 1700

Für jedes Disketten- und Festplattenlaufwerk gibt es als Bestandteil des BIOS eine 16 Byte lange Tabelle, den **Plattenparameterkopf** (DPH). Die Byte des DPH sind von 0 bis 15 numeriert. Im DPH sind die Informationen gespeichert, die es dem BIOS ermöglichen, sich auf die physischen Merkmale des Laufwerks einzustellen. In den Byte 10 und 11 des DPH ist der Offset der Adresse des **Plattenparameterblocks** (DPB), der ebenfalls Bestandteil des BIOS ist, gespeichert.
Der DPB beschreibt das Format der Disketten, die in dem entsprechenden Laufwerk verarbeitet werden sollen. Er ist folgendermaßen aufgebaut:

Byte	Name	Bedeutung
0, 1	SPT	Anzahl von logischen Sektoren/Spur (ein logischer Sektor umfaßt 128 Byte)
2	BSH	Umfang eines physischen Blocks in Byte (BIOS führt die Ein- und Ausgabe stets blockweise durch); die Angabe erfolgt kodiert. Der nicht kodierte Wert für den Umfang eines physischen Blocks hat die Bezeichnung BLS.

BSH	1	2	3	4	5	6	7
BLS	256	512	1024	2048	4096	8192	16348

Byte	Name	Bedeutung
3	BLM	Anzahl von logischen Sektoren/Block - 1:

BSH	1	2	3	4	5	6	7
BLM	1	3	7	15	31	63	127

Byte	Name	Bedeutung
4	EXM	Anzahl von Bereichen, die je Eintragung im Dateiverzeichnis angegeben werden können. Der Wert von EXM hängt von BLS ab und ist kodiert:

BLS	2048	4096	8192	16384
EXM	0	1	3	7

5, 6	DSM	Anzahl der Blöcke des Datenträgers - 1 Standard (BLS = 2048): K 5600.20: 153; K 5601: 311
7, 8	DRM	Anzahl der Verzeichnis-Eintragungen - 1; jede Verzeichnis-Eintragung belegt 32 Byte. Standard (BLS = 2048): K 5600.20: 63; K 5601: 128
9, 10	AL0, AL1	die ersten beiden Byte des Plattenbelegungsverzeichnisses
11, 12	CKS	Länge des Prüfvektors; Diskette: CKS = (DRM + 1) / 4; Festplatte: CKS = 0
13, 14	OFF	Anzahl der Systemspuren am Beginn des Datenträgers
15	PSH	Umfang eines physischen Sektors; die Angabe ist kodiert: PSH 0 1 2 3 --- Umfang (Byte) 128 256 512 1024
14	PSM	Anzahl von logischen Sektoren, die ein physischer Sektor umfaßt, - 1
15	DW	Laufwerksbeschreiber. Die einzelnen Bit haben folgende Bedeutung:

Bit	= 0	= 1
7	8"	5.25"
6	Diskette	Festplatte
5, 4	stets = 0	
3	48 Spuren / Zoll	96 Spuren / Zoll
2	Spur 0 muß besonders behandelt werden	-
1	FM-Aufzeichnung	MFM-Aufzeichnung
0	einseitig (SS)	doppelseitig (DS)

Auf den DPB folgen noch weitere Byte, die zum Teil Umrechnungen der Werte des DPB darstellen, zum Teil weitere beschreibende Informationen enthalten:

16, 17	CYL	Anzahl Zylinder
17	FH	Anzahl feststehender Köpfe (trifft für A 7100 und A 7150 nicht zu)
18	MH	Anzahl beweglicher Köpfe
19	PST	Anzahl physischer Sektoren/Spur unter Berücksichtigung der Anzahl der Köpfe
20, 21	BPS	Umfang eines physischen Sektors
22	RC	Anzahl reservierter Zylinder

Weil diese Angaben jederzeit verändert werden können, ist es möglich, das BIOS auf die unterschiedlichsten Diskettenformate einzustellen. Der Hersteller unterstützt dies für eine begrenzte Anzahl von Formaten durch zwei Programme:

- Das Programm GENDEF dient zur Anpassung des SCP 1700 an Disketten- und Festplattenspeicher. Es benötigt hierzu eine Datei, in der die zu unterstützenden Speicher angegeben sind. Diese Datei muß den Typ DEF aufweisen. Das Format der Angaben entnehmen Sie bitte der "Anleitung für den Systemprogrammierer - Steuerprogramm SCPX".
- Das Programm DISKSET (siehe S. 44).

Sie können im Rahmen der physischen Möglichkeiten der Laufwerke nahezu beliebige Diskettenformate verarbeiten, wenn Sie das BIOS entsprechend generieren. Einzelheiten entnehmen Sie bitte ebenfalls der "Anleitung für den Systemprogrammierer - Steuerprogramm SCPX". Zur Generierung des BIOS benötigen Sie die Datei DPB.LIB. In dieser Datei wird für jedes Laufwerk, das vom BIOS unterstützt werden soll, der DPB angegeben. Standardmäßig wird nur das folgende Format für das Laufwerk K 5601 unterstützt:

Byte:	SPT	BSH	BLM	EXM	DSM	DRM	AL1	AL2	CKS	OFF	PSH	PSM	DW
K 5601	64	4	15	0	311	127	192	0	32	2	1	1	139

Byte:	CYL	FH	MH	PST	BPS	RC
K 5601	80	0	2	16	256	1

Es stehen also insgesamt (DSM + 1) * 2 KByte = 624 KByte zur Verfügung. Hiervon werden (DRM + 1) / 4 = 32 Sektoren (4 KByte) vom Dateiverzeichnis belegt, so daß Dateien im Umfang bis zu 620 KByte auf einer Diskette dieses Formats gespeichert werden können. Die genaue Spuraufteilung lautet:

Spur	Format	Inhalt
0, 1	System	reserviert für Betriebssystem SCP 1700
2	2*16*256	Sektoren 1 bis 32: reserviert für Dateiverzeichnis
		Sektoren 33 bis 64: nutzbar für Dateien
3 - 79	2*16*256	nutzbar für Dateien

Ein weiteres verbreitetes Format für das Laufwerk ist das Format "1024*5*80*2", das es erlaubt, zusätzlich zum Betriebssystem 790 KByte auf einer Diskette zu speichern (davon 4 KByte für Dateiverzeichnis). Dieses Format läßt sich mit dem DISKSET-Kommando einstellen. Die genaue Spuraufteilung für dieses Format lautet (128 Verzeichniseintragungen, eine Systemspur):

Spur	Format	Inhalt
0	System	reserviert für Betriebssystem SCP 1700
1	2*5*1024	Sektoren 1 bis 32: reserviert für Dateiverzeichnis
		Sektoren 33 bis 80: nutzbar für Dateien
3 - 79	2*5*1024	nutzbar für Dateien

Das Kommando INIT initialisiert eine Diskette automatisch in dem Format, das durch das Kommando DISKSET eingestellt wurde.

Die RAM-Disk umfaßt (DSM + 1) * 2 KByte = 308 KByte (davon 2 KByte für das Dateiverzeichnis). Die entsprechenden Werte lauten:

Byte:	SPT	BSH	BLM	EXM	DSM	DRM	AL1	AL2	CKS	OFF	PSH	PSM	DW
RAM-Disk	32	4	15	1	153	63	128	0	16	3	1	1	138

DCP

Unter DCP gibt es ein 5.25"-Standard-Diskettenformat für das Laufwerk K 5601 und eine Anzahl weiterer Formate, die unterstützt werden, wenn es die physischen Möglichkeiten der Laufwerke gestatten und wenn entsprechende Treiber vorhanden sind. Die nahezu beliebige Flexibilität bei der Gestaltung von Diskettenformaten, die unter SCP 1700 möglich ist und die unter vergleichbaren Betriebssystemen international zu einigen Hundert verschiedenen "Hausformaten" geführt hat, wurde unter DCP von vornherein ausgeschlossen. Das Standardformat ist das **720-KByte-Format**. Neben diesem Standardformat ist auch das **360-KByte-Format** weit verbreitet, so daß es ebenfalls betrachtet werden soll.
Unter DCP lassen sich Diskettenformate durch folgende Parameter charakterisieren:

Parameter	Format 360	720
Medium-Kennzeichen	FC	F9
genutzte Seiten	2	2
Spuren	40	80
Sektoren/Spur	9	9
Byte/Sektor	512	512
Kapazität (KByte)	360	720
Sektoren/Cluster	1	2

Die ersten Sektoren (der erste Sektor trägt die Nummer 0) jeder Diskette sind für Systeminformationen reserviert:

Systeminformation	reservierte Sektoren bei Format 360	720
Anfangslader	0	0
Dateizuordnungstabelle: (FAT #1)	1 – 2	1 – 3
(FAT #2)	3 – 4	4 – 6
Stammverzeichnis	5 – 11	7 – 13

Wenn außer dem Stammverzeichnis noch weitere Verzeichnisse angelegt werden, reduziert sich der für Nutzerdateien verfügbare Platz weiter.
Mit dem Kommando FORMAT werden Disketten standardmäßig im Format **720 KByte** initialisiert. Geben Sie den Schalter /4 im Kommando an, wird die Diskette im Format **360 KByte** initialisiert. Der Hersteller garantiert nicht, daß Disketten, die mit dem Laufwerk K 5601 im 360-KByte-Format initialisiert wurden, auf Laufwerken anderer Hersteller, die nur 40spurige Disketten lesen können, lesbar sind.

Anhang 2:
Was muß ich tun, wenn ich ...

eine neue Systemdiskette (SCP 1700) anlegen will?

Sie legen eine bereits erstellte Systemdiskette in das Laufwerk A ein, die das Kommando COPYDISK enthält (zum Beispiel die vom Hersteller des Computers ausgelieferte Systemdiskette), und geben dieses Kommando. Alle Ausschriften des Programms COPYDISK erfolgen in englischer Sprache. Der Dialog, der zwischen dem Programm COPYDISK und Ihnen erfolgt, wird im folgenden wiedergegeben. Dabei sind Ihre Antworten unterstrichen. In Klammern ist zu jeder Zeile die deutsche Übersetzung angegeben:

```
COPYDISK  Vx.y

Source disk? a                              (Quelldiskette?)
Using current drive parameters (N/<CR>)?
                                            (aktuelle Laufwerkparameter
                                             nutzen? ja: Taste <--')
Destination disk? b                         (Zieldiskette?)
Format destination disk (Y/N)? y            (Zieldiskette initialisieren?)
Interleave:1                                (Sektorfolge)
Insert destination disk in drive B          (Zieldiskette in Laufwerk B
                                             einlegen)
Type <CR> to continue                       (Taste <--' betätigen,
                                             wenn es weitergehen soll)

   Formatting cyl ..                        (Zylinder .. wird
                                             initialisiert)
Insert source disk in drive A               (Quelldiskette in Laufwerk A
                                             einlegen)
Insert destination disk in drive B          (Zieldiskette in Laufwerk B
                                             einlegen)
Type <CR> to continue.                      (Taste <--' betätigen,
                                             wenn es weitergehen soll)

       Reading cyl ..                       (Zylinder .. wird gelesen)
       Writing cyl .. and verify            (Zylinder .. wird geschrieben
                                             und geprüft)
Copy completed                              (Kopieren beendet)
Copy another disk (Y/N)? n                  (noch eine Diskette kopieren?)
Copy program exiting                        (Kopierprogramm endet)
```

eine neue Systemdiskette (SCP 1700) anlegen will, die nur das Betriebssystem enthält?

Sie legen eine Systemdiskette, die die Dateien SCP.SYS, LDSCP.CMD, PIP.CMD und LDCOPY.CMD enthält, in das Laufwerk A ein und geben das Kommando LDCOPY. In das Laufwerk B legen Sie die neu zu erstellende Systemdiskette ein, die bereits initialisiert sein muß (siehe S. 185f). Alle Ausschriften des Programms LDCOPY erfolgen in englischer Sprache. Der Dialog, der zwischen Ihnen und dem Programm LDCOPY erfolgt, wird im folgenden wiedergegeben. Dabei sind Ihre Antworten, die Sie mit der Taste <--' abschließen müssen, unterstrichen. In Klammern ist zu jeder Zeile die deutsche Übersetzung angegeben:

```
LDCOPY VER x.y
source drive name a                                (Laufwerk mit Quelldiskette?)
function complete                                  (Funktion abgeschlossen)
destination drive name (or return to reboot) b
                                                   (Laufwerk mit Zieldiskette,
                                                   oder Taste <--', für Abbruch
                                                   und Rücksetzen)

function complete
destination drive name (or return to reboot) <--'
```

Anschließend kopieren Sie die Datei SCP.SYS mit dem Kommando PIP auf die neu zu erstellende Systemdiskette (siehe S. 46f):

```
PIP b:=a:scp.sys
```

eine neue Systemdiskette (DCP) anlegen will?

Sie legen eine bereits erstellte Systemdiskette in das Laufwerk A ein, die das Kommando FORMAT enthält. Soll die neue Systemdiskette das 720-KByte-Format erhalten, geben Sie das Kommando

```
format b:/s
```

Neue Diskette in Laufwerk B: einlegen, und wenn bereit, ENTER betätigen

Sie folgen der Aufforderung. Sofort beginnt die Formatierung. Während dieses Vorgangs wird Ihnen angezeigt, wie er fortschreitet. Ist er abgeschlossen, werden Sie informiert:

Formatierung beendet

Nun werden die Dateien des Betriebssystems kopiert. Wenn auch dies erfolgt ist, wird Ihnen das Ergebnis mitgeteilt:

System übertragen

```
    730112 Bytes insgesamt auf Diskette/Platte
     70656 Bytes vom System belegt
    659456 Bytes auf Diskette/Platte verfügbar
```

Zum Abschluß werden Sie gefragt:

Weitere Diskette/Platte formatieren (J/N)?

Je nach Ihren Absichten antworten Sie mit J(a) oder N(ein). Soll die neue Systemdiskette das 360-KByte-Format erhalten, geben Sie das folgende Kommando:

format b:/s/4

Alles weitere verläuft wie beim 720-KByte-Format. Allerdings stehen Ihnen nun weniger Byte zur Verfügung:

```
362496 Bytes insgesamt auf Diskette/Platte
 70656 Bytes vom System belegt
291840 Bytes auf Diskette/Platte verfügbar
```

Die Anzahl Byte, die vom System belegt werden, sind abhängig vom Auslieferungsstand und müssen daher nicht exakt dem angegebenen Wert entsprechen.

eine Diskette neu initialisieren will (DCP)?

Sie müssen bis auf die folgende Abweichung dieselben Schritte ausführen wie bei der Herstellung einer neuen Systemdiskette: Sie geben das Kommando FORMAT **ohne** den Schalter /S.

eine Diskette neu initialisieren will (SCP 1700)?

Sie legen eine Diskette in das Laufwerk A ein, die das Kommando INIT enthält und geben dieses Kommando. Es meldet sich sofort:

INIT Vx.y

Zunächst werden Sie nach dem Laufwerk gefragt, in dem die Initialisierung erfolgen soll:

Disk drive?

Nehmen wir an, Sie wollen im Laufwerk B initialisieren lassen. Dann antworten Sie mit b: und bestätigen die Antwort mit der Taste <--'. Als nächstes werden Sie gefragt, ob das Standardformat (624 KByte) verwendet werden soll (Antwort: <--') oder ob Sie ein eigenes Format definieren wollen (Antwort: N und Taste <--'):

Init SCP1700 disk (N/<CR>)?

Wenn Sie das Standard-Format ausgewählt haben, werden Sie aufgefordert, den Interleave-Faktor zu bestätigen (mit Taste <--') oder zu ändern (indem Sie eine Zahl von 1 bis 9 eingeben - im Normalfall nicht zu empfehlen), die zu initialisierende Diskette in das Laufwerk B einzulegen und anschließend die Taste <--' zu betätigen:

```
Insert scratch disk in drive B
Type <CR> to continue
```

Sie folgen der Aufforderung. Sofort beginnt die Initialisierung. Während dieses Vorgangs wird Ihnen angezeigt, wie er fortschreitet. Ist er abgeschlossen, werden Sie gefragt:

```
Init more disks (Y/N)?
```

Wenn Sie mit Y(es) (=Ja) antworten, wird eine weitere Initialisierung in demselben Laufwerk und demselben Format ausgeführt. Andernfalls werden Sie gefragt:

```
Init another disk (Y/N)?
```

Wenn Sie mit Y antworten, beginnt der Ablauf des Kommandos INIT wieder bei der Frage

```
Disk drive?
```

Sonst wird das Programm INIT beendet. Nehmen wir nun an, Sie haben auf die Frage

```
Init SCP1700 disk (N/<CR>)?
```

mit N(ein) geantwortet. Nun gibt Ihnen INIT Gelegenheit, das gewünschte Format genau zu beschreiben. Jedesmal wird der Wert genannt, den INIT verwendet, wenn es Disketten im Standardformat initialisiert. Wollen Sie einen anderen Wert, müssen Sie ihn neben den Standardwert schreiben. Wenn Sie nur die Taste <--' betätigen, wird der Standardwert übernommen. Es folgen die Fragen, die Init stellt (in Klammern die deutsche Übersetzung):

```
Cyls    /Disk   :80           (Zylinder auf Diskette)
Tracks  /Cyl    :2            (Spuren je Zylinder)
Sectors/Track   :16           (physische Sektoren je Spur)
Bytes   /Sector:256           (Bytes je physischer Sektor)
Track 0 handling? Yes         (Spur 0 in Systemformat? Ja)
Interleave:1                  (Verschiebung bei Sektornumerierung)
```

Wenn Sie alle diese Werte bestätigt oder geändert haben, läuft das Programm INIT genau wie beim Standardformat ab.

den Inhalt einer Diskette vollständig auf eine andere Diskette kopieren will (SCP 1700)?

Sie beginnen genauso wie beim Herstellen einer neuen Systemdiskette. Wenn Sie aufgefordert werden:

`Insert source disk in drive A`

tauschen Sie die Diskette, die das Kommando COPYDISK enthält, gegen die zu kopierende Diskette aus.

den Inhalt einer Diskette vollständig auf eine andere Diskette kopieren will (DCP)?

Sie legen die Quelldiskette in das Laufwerk A und die Zieldiskette in das Laufwerk B. Dann geben Sie das Kommando

`diskcopy a: b:`

eine Datei DATEI.TYP von der Diskette im Laufwerk A auf die Diskette im Laufwerk B kopieren will? (SCP 1700)

Sie legen eine Diskette, die das Kommando PIP enthält, in eines der beiden Laufwerke und geben das Kommando PIP. PIP meldet sich mit seinem Aufforderungszeichen, dem Stern. Nun legen Sie die Diskette mit der Datei DATEI.TYP in Laufwerk A und die Diskette, auf die diese Datei kopiert werden soll, in Laufwerk B ein. Dann geben Sie das Kopierkommando:

`B:=A:DATEI.TYP`

Nach Abschluß des Kopiervorgangs meldet sich PIP wieder mit seinem Aufforderungszeichen.

alle Dateien vom Typ CMD von der Diskette im Laufwerk A auf die Diskette im Laufwerk B kopieren will? (SCP 1700)

Sie legen eine Diskette, die das Kommando PIP enthält, in eines der beiden Laufwerke und geben das Kommando PIP. PIP meldet sich mit seinem Aufforderungszeichen, dem Stern. Nun legen Sie die Diskette mit den CMD-Dateien in Laufwerk A und die Diskette, auf die diese Dateien kopiert werden sollen, in Laufwerk B ein. Dann geben Sie das Kopierkommando:

`B:=A:*.CMD`

Nach Abschluß des Kopiervorgangs meldet sich PIP wieder mit seinem Aufforderungszeichen.

eine Datei DATEI.TYP, die sich im Verzeichnis \MEINS der Diskette im Laufwerk A befindet, auf die Diskette im Laufwerk B und dort in das Verzeichnis \DEINS kopieren will? (DCP)

Sie geben das Kommando

copy a:\meins\datei.typ b:\deins\datei.typ

alle Dateien vom Typ EXE, die sich im aktuellen Verzeichnis der Diskette im Laufwerk A befinden, auf die Diskette im Laufwerk B und dort in das Verzeichnis \bin kopieren will? (DCP)

Sie geben das Kommando

copy *.exe b:\bin

alle Eintragungen von Dateien mit dem Dateityp BAK im Dateiverzeichnis des aktuellen Laufwerks als gelöscht kennzeichnen will (SCP 1700)?

Sie geben das Kommando

era *.bak

alle Eintragungen von Dateien mit dem Dateityp BAK im Verzeichnis \texte auf dem Laufwerk B als gelöscht kennzeichnen will (DCP)?

Sie geben das Kommando

erase b:\texte*.bak

das Verzeichnis \junk auf der Diskette im Laufwerk B entfernen will (DCP)?

Zuerst müssen Sie alle Dateien dieses Verzeichnisses als gelöscht markieren lassen:

erase b:\junk*.*

DCP fragt zurück:

Sind Sie sicher (J/N)?

Sie antworten mit J(a). Daraufhin werden alle Dateien dieses Verzeichnisses als gelöscht markiert. Nun können Sie das Verzeichnis entfernen:

rd b:\junk

den Inhalt einer Datei, die nur Zeichen des ASCII-Codes enthält, ausdrucken will (SCP 1700)?

Angenommen, die Datei heißt TEXT.TXT. Wenn Sie keinen Wert auf ein "schönes" Druckbild legen, genügt es, wenn Sie den Drucker mit ^P einschalten und dann das folgende Kommando geben:

```
type text.txt
```

Wenn Sie das Druckbild beeinflussen wollen, sollten Sie die Druckfunktion des Textprogramms, das Sie zur Erstellung der Datei verwendet haben, einsetzen.
Außerdem können Sie das Kommando PIP verwenden. Mit ihm können Sie die Form des Ausdrucks in begrenztem Umfang beeinflussen. Dazu müssen Sie eine oder mehrere der folgenden Optionen in eckige Klammern eingeschlossen hinter die zu druckende Datei schreiben. Wenn Sie mehrere Optionen angeben, werden die Optionen unmittelbar hintereinander geschrieben und nicht durch ein Trennzeichen voneinander getrennt.

Option	Bedeutung
F	Alle Zeichen "Seitenvorschub", die die auszudruckende Datei enthält, werden ignoriert.
L	Alle Großbuchstaben werden als Kleinbuchstaben ausgedruckt.
N	Die Ausgabezeilen werden numeriert.
Pn	Alle n Zeilen erfolgt ein Seitenvorschub.
Qs^Z	Sobald die Zeichenkette s in der auszudruckenden Datei erkannt wurde, wird der Ausdruck beendet.
Ss^Z	Erst wenn die Zeichenkette s in der auszudruckenden Datei erkannt wurde, beginnt der Ausdruck.
Tn	Die Tabulatorschrittweite beträgt n Spalten.
U	Alle Kleinbuchstaben werden als Großbuchstaben ausgedruckt.

Das PIP-Kommando zum Drucken lautet:

```
pip lst:=text.txt
```

den Inhalt einer Datei ausdrucken will (DCP)?

Angenommen, die Datei heißt TEXT.TXT. Wenn Sie keinen Wert auf ein "schönes" Druckbild legen, genügt es, wenn Sie den Drucker mit ^P einschalten und dann das folgende Kommando geben:

```
type text.txt
```

Wenn Sie das Druckbild beeinflussen wollen, sollten Sie die Druckfunktion des Textprogramms, das Sie zur Erstellung der Datei verwendet haben, einsetzen. Außerdem können Sie das Kommando PRINT verwenden. Mit ihm können Sie zwar nicht die Form des Ausdrucks beeinflussen, es gibt Ihnen aber die Möglichkeit, während des Ausdruckens, das ja manchmal recht lange dauern kann, andere Kommandos auszuführen. Es arbeitet sozusagen im Hintergrund. Sie können das Kommando PRINT mehrmals hintereinander geben oder in einem Kommando mehrere auszudruckende Dateien nennen, auch wenn die erste Datei noch nicht fertig ausgedruckt ist. Das Kommando PRINT baut sich eine **Warteschlange** auf, in der es sich die Bezeichnungen aller noch zu druckender Dateien merkt. Wenn Sie zum Beispiel das folgende Kommando geben

```
print text1.txt, text2.txt
```

antwortet PRINT:

Name der Ausgabeeinheit [PRN]:

Sie akzeptieren den Vorschlag und betätigen die Taste <--'. PRINT teilt Ihnen nun mit

```
Residenter Teil von PRINT geladen
A:\text1.txt wird gerade gedruckt
A:\text2.txt ist in der Warteschlange
```

Wenn Sie PRINT aufrufen, ohne eine Datei anzugeben, überprüft PRINT die Warteschlange. Ist sie leer, antwortet PRINT:

Die Druckerwarteschlange ist leer.

eine RAM-Disk anlegen will (DCP)?

Sie nutzen das Textprogramm TP in der Arbeitsweise N, um die Datei CONFIG.SYS, die sich auf der Systemdiskette befindet, zu ändern. Sie ergänzen die Datei unmittelbar vor der Anweisung **echo off** um die folgende Anweisung:

```
device=vdisk.sys hhh sss dd
```

Anstelle der Buchstaben hhh geben Sie an, welchen Umfang die RAM-Disk aufweisen soll (in KByte). Anstelle der Buchstaben sss geben Sie die Sektorgröße in Byte an und anstelle der Buchstaben dd die Anzahl von Verzeichnis-Eintragungen. Wirksam wird die Änderung erst, wenn Sie das System neu laden. Haben Sie die Anweisung

```
device=vdisk.sys 128 512 64
```

verwendet, meldet sich DCP beim Laden auf diese Weise:

```
VDISK V1.00/DCP V3.20 Virtuelles Laufwerk E:
    Puffergröße:            128 KB
    Sektorgröße:            512
    Verzeichniseinträge:     64
```

Sachwortverzeichnis

ACT-Programm	17, 27ff.
aktuelles Laufwerk	34, 51
Assembler	32, 49, 131f., 135, 137, 141f., 157f., 176
Basisadresse	171
Bibliothekar	131f., 176
Bildschirm	12
BIOS (SCP 1700)	18, 37, 172f., 179
Dateiverzeichnis	33ff., 41f., 51f., 94, 125
Digitalisiergerät	13
Diskettenlaufwerk	11f., 24f., 31, 44, 180
Editor	71, 114
Festplattenspeicher	11f., 25, 31f., 52, 60, 111, 180
Formatieren	43, 185
Frontbaugruppe	25
Graphisches Tablett	13f., 98
Initialisieren	43, 181, 185
Konfiguration	10
Logikmodul	9f., 14ff.
Nadeldrucker	13f., 91, 101, 114ff.
Offset	171
Partition	31f.
Pfadname	54f.
Plotter	13f., 91, 101
Programmverbinder	131f., 135, 138, 140, 142f., 154ff., 158, 165, 167, 176
RAM-Disk	37f., 83, 91, 135, 190
Register	21, 169f.
ROM-IO (DCP)	17, 60, 173f.
Scan-Code	174
Schnittstellen (IFSS, V.24)	15
Serienbriefverarbeitung	66f.
Speichermodell	44, 141, 148, 165
Stammverzeichnis	52ff., 182
Stapeldatei	49, 58f., 133, 155
Systemdiskette	29, 36f., 51, 53, 183f.
Tastatur	12, 23f., 30, 73, 93, 98
Tortendiagramm	102
Umgebungsparameter	149ff.
Unterverzeichnis	54ff.

Literaturverzeichnis

/ 1/ Betriebsdokumentation A 7100 Arbeitsplatz-Computer
Band 1: Rechner und Geräte;
VEB Robotron-Elektronik Dresden, Ausgabe 9/86
/ 2/ Betriebsdokumentation A 7150 Arbeitsplatz-Computer
Band 1: Rechner und Geräte;
VEB Robotron-Elektronik Dresden, Ausgabe 11/87
/ 3/ Kernighan, B. W., Ritchie, D. M.: The C Programming Language;
Prentice-Hall, Inc., Englewood Cliffs, 1978
/ 4/ Claßen, L., Oefler, U.: UNIX und C Ein Anwenderhandbuch;
VEB Verlag Technik, Berlin 1987
/ 5/ Stegmann, H.-W.: POESY - ein neues Softwarekonzept für ökonomische
Standardsoftware; NTB 32(88)1, S. 11
/ 6/ Jensen, K., Wirth, N.: PASCAL rukovodstwo dlja polzovatelja i
opisanije jasyka; Izdat. "Finansy i Statistika", Moskau 1982
(Übersetzung aus dem Englischen)
/ 7/ Hempel, U., Loley, H.: Datenbanken mit Personalcomputern;
Verlag Die Wirtschaft, Berlin 1987
/ 8/ Stamer, E.: FORTRAN; Verlag Die Wirtschaft, Berlin 1987
/ 9/ Wendler, F.: DCP - ein gemeinsames Betriebssystem der 16-Bit-
Arbeitsplatz- und Personalcomputer des VEB Kombinat Robotron;
NTB 31(87)5, S. 136-138
/10/ Liedtke, H.-G.: Das Betriebssystem BOS 1810 aus der Sicht von Anwendung und Konfiguration; NTB 31(87)4, S. 124-127
/12/ Strottmann, J.: GRAFIK/M16 - ein System zur grafischen Darstellung
numerischer Informationen; NTB 31(87)5 S. 142-143
/13/ Breitschuh, H.: Einsatz des Arbeitsplatzcomputers robotron A 7100
oder A 7150 mit Grafikgrundsoftware SCP-GX als grafikfähiger
Arbeitsplatz; NTB 32(88)2, S. 33-39
/14/ Behnke, D.: ARIADNE/DCP - ein integriertes Softwaresystem;
NTB 32(88)1, S. 12